es 1432
edition suhrkamp
Neue Folge Band 432

Jahrhundertelang waren die Städte die Zentren wirtschaftlicher und gesellschaftlicher Entwicklung – heute sind viele von ökonomischem Niedergang bedroht. Kennzeichen der neuen Situation ist nicht so sehr der Unterschied zwischen Stadt und Land, sondern der zwischen wachsenden und schrumpfenden Städten. Im vorliegenden Band wird gezeigt, in welcher Form diese regionale Ungleichheit, die in der Bundesrepublik unter dem irreführenden Schlagwort vom »Nord-Süd-Gefälle« diskutiert wird, aus dem ökonomischen Strukturwandel resultiert, der vor allem die Kernstädte der Agglomerationen trifft. Die Analyse der Veränderungen, die sich daraus für die Lebenswelt Stadt, also die Sozial- und Berufsstruktur, die räumlichen Zusammenhänge ergeben, bildet die Grundlage für Überlegungen zu einer Stadtpolitik, die die vorherrschenden Trends als Chance für eine neue Zukunft des städtischen Arbeitens und Lebens begreift.

Hartmut Häußermann und Walter Siebel sind Professoren für Stadt- und Regionalsoziologie an der Universität Bremen bzw. Oldenburg.

Hartmut Häußermann
Walter Siebel
Neue Urbanität

Suhrkamp

edition suhrkamp 1432
Neue Folge Band 432
Erste Auflage 1987
© Suhrkamp Verlag Frankfurt am Main 1987
Erstausgabe
Alle Rechte vorbehalten, insbesondere das der Übersetzung,
des öffentlichen Vortrags
sowie der Übertragung durch Rundfunk und Fernsehen,
auch einzelner Teile.
Satz: Memminger Zeitung, Memmingen
Druck: Nomos Verlagsgesellschaft, Baden-Baden
Umschlagentwurf: Willy Fleckhaus
Printed in Germany

4 5 6 7 8 9 – 98 97 96 95 94 93

Inhalt

Einleitung

Stadt – was für ein knappes Wort für eine Vielfalt von Wirk-
lichkeiten: das sündige Babel, das heilige Jerusalem, Oldenburg
in Oldenburg und Kalkutta, Sparta und Athen, die deutschen
Städte des frühen Mittelalters mit im Durchschnitt 500 Einwohnern und Mexico City heute mit über dreißig Millionen. Die
Stadt, wie sie uns noch auf Merian-Stichen gegenübertritt, war
früher eine mauerbewehrte Insel der Zivilisation im Meer der Natur. Heute bildet die Natur kleine, sorgfältig gehegte Inseln im
Siedlungsbrei des Ruhrgebiets oder von Boswash, dem Städte-
band, das sich an der amerikanischen Ostküste von Boston bis
Washington zieht. Macht es da noch einen Sinn, gleichermaßen
von »Stadt« zu sprechen? Gemeinsam ist diesen Gebilden nur,
daß in ihnen Menschen leben und arbeiten, die von landwirtschaftlicher Produktion freigestellt sind – und selbst das gilt nur
mit Einschränkungen.
  Die deutschen Städte sind überwiegend im 11. und 12. Jahrhundert entstanden im Zuge einer agrartechnischen Revolution, die
einen Überschuß an Nahrungsmitteln und damit Lebensmöglichkeiten außerhalb der ländlichen Wirtschaft schuf. Die Stadt ist
Ort der besonderen Lebensform derer, die nicht in der Landwirtschaft tätig sind. Ob dies nun Krieger, Tempeldiener oder Ver-
waltungsbeamte sind wie in der asiatischen Stadt oder Handwerker und Händler wie in der mitteleuropäischen, das hängt von der
Gesellschaft ab, in der sich diese Städte gebildet haben. Nur bezogen auf eine bestimmte historische Epoche und eine bestimmte
Gesellschaft läßt sich sinnvoll über Stadt sprechen. Gegenwärtig
scheint eine solche Epoche an ihr Ende zu kommen. Es zeichnet
sich ein Umbruch ab, der dazu zwingt, unsere Vorstellungen von
Stadt und vom richtigen Stadtleben neu zu formulieren.
  Seit Beginn der Industrialisierung sind unsere Städte gewachsen.
Zwar gab es für manche Städte mehr, für andere weniger Wachstum, aber die großen Städte waren doch die Zentren der gesellschaftlichen Dynamik. Die Zahl der Menschen, die in ihnen
lebte, explodierte förmlich, die Landbevölkerung drängte auf die
städtischen Arbeitsmärkte, die Städte dehnten sich aus zu riesigen
Agglomerationen. Und im Zuge dieser Prozesse wurden die

Städte saniert, umgebaut, reformiert und vor allem erweitert, kurz: seit über 150 Jahren ist Stadtentwicklung identisch mit Wachstum.

Dies hat sich grundsätzlich gewandelt. Seit über einem Jahrzehnt wachsen die Städte nicht mehr, ihre Einwohnerzahlen gehen zurück, die Arbeitslosigkeit nimmt zu, Fabrikhallen stehen leer, ebenso die neuesten Sozialwohnungen, die städtische Brache wird zum gewohnten Anblick, Schulen und Schwimmbäder werden geschlossen, sogar die Immobilienpreise fallen, und all dies sind nur schwache Indizien für das, was sich ab dem Jahr 2000, wenn die Bevölkerung der Bundesrepublik massiv zurückgehen wird, in den großen Städten abspielen könnte.

Während bis vor nicht allzu langer Zeit immer mehr Menschen in unsere Städte wanderten, weil dort Arbeit, Einkommen und sozialer Aufstieg realisierbar erschienen, nimmt heute die Zahl der Sozialhilfeempfänger und der Armen zu: Modernisierung von Altbauten, schicke Cafés und Luxusboutiquen auf der einen, Verfall und die Entstehung von Armenvierteln auf der anderen Seite. Das städtische Leben ist nicht mehr einheitlich von der Teilhabe am wirtschaftlichen Wachstum geprägt.

Unsere Städte erleben eine doppelte Spaltung: einmal zerbricht das bislang einheitliche Muster städtischer Entwicklung in zwei einander entgegengesetzte Typen. Einigen wenigen Städten, die noch das gewohnte Bild von wachsendem Wohlstand, neuen Arbeitsplätzen und spektakulären Neubauten bieten, stehen stagnierende oder gar schrumpfende Städte gegenüber. Zum andern vollzieht sich innerhalb jeder einzelnen Stadt eine Spaltung, nicht ganz so sichtbar noch, aber doch nicht weniger tiefgreifend: die Spaltung zwischen jenen mit sicheren Arbeitsplätzen mit gesicherter Lebensperspektive und den an den Rand Gedrängten, den Ausländern, den Armen, den dauerhaft Arbeitslosen.

Um beide Formen der Spaltung und ihre Konsequenzen geht es in diesem Buch: um die innere Spaltung jeder einzelnen Stadt in eine national und international konkurrenzfähige Stadt der Integrierten und Wohlhabenden und in eine Stadt der Marginalisierten, der Armen, der für den Arbeitsmarkt Uninteressanten, der Ausgegrenzten; und um die Polarisierung der Städte zwischen weiterhin prosperierenden wie München, Stuttgart oder Frankfurt und schrumpfenden wie Duisburg, Bremen oder Wuppertal; also um neue räumliche Erscheinungsformen gesellschaftlicher Ungleichheit, die, den alten Gegensatz von Stadt und Land überlagernd, auf der Ebene der großen Städte sichtbar werden.

Dieser Wandel von Stadtsystem, Stadtentwicklung und Stadtstruktur hat seine Ursachen in einem grundlegenden gesellschaftlichen Wandel, der mit Begriffen wie Ende der Arbeitsgesellschaft, Postfordismus, Krise des Wohlfahrtsstaats oder postindustrielle Gesellschaft in den verschiedensten Theoriezusammenhängen schlagwortartig bezeichnet wird. Wir werden uns in diesem Band auf die Konsequenzen dieses Strukturwandels für Stadtentwicklung, Stadtpolitik und Stadtkultur konzentrieren.

Wir beginnen mit einer Skizze der widersprüchlichen Entwicklung der großen Städte zwischen Yuppie-Urbanität und Stadtflucht. Kapitel 3 diskutiert, ob die neuen Medien eine Umkehr der dominanten Trends der Stadtentwicklung, die heute gegen die Kernstädte gerichtet sind, mit sich bringen könnten. In Kapitel 4 wird dann die Polarisierung der Großstädte, die mit dem Schlagwort vom Süd-Nord-Gefälle angedeutet ist, als das entscheidend neue Phänomen in der räumlichen Entwicklung der Bundesrepublik beschrieben und mit den gegenwärtigen, tiefgreifenden Umstrukturierungen der Produktionsweise erklärt. Das 5. Kapitel relativiert diese Entwicklung in einer knappen Darstellung der Faktoren und Tendenzen, die die Entfaltung des mitteleuropäischen Stadtsystems seit seiner Entstehung im 11. Jahrhundert geprägt haben. Auf dieser Basis folgt in Kapitel 6 eine Kritik der heute fast überall dominierenden Stadtpolitik. Es ist eine Politik der Wachstumsförderung mit allen Mitteln, die angesichts der grundlegend gewandelten Rahmenbedingungen der Stadtentwicklung längerfristig verheerende räumliche, soziale und ökologische Konsequenzen haben wird, ohne das Schrumpfen in Wachstum umkehren zu können. Kapitel 7 begründet die Notwendigkeit und beschreibt die Besonderheiten einer Stadtpolitik, die sich auf das Steuern von Schrumpfen einläßt, während in Kapitel 8 Grundzüge einer solchen Politik skizziert werden. Die letzten Kapitel konzentrieren sich auf die Darstellung und Kritik der städtischen Lebensformen und der Kulturpolitik und auf Ansätze zu einer neuen Qualität von Urbanität.

Beschwörungen der alten Qualitäten der urbanen Metropole haben ihre objektive Basis verloren. Unsere Vorstellungen von Stadtleben, Stadtkultur, Stadtentwicklung, und damit auch die Ziele von Stadtpolitik sind geprägt von der bürgerlichen Stadt des europäischen Mittelalters. Damals entfaltete sich Urbanität als eine besondere Lebensform – das Gegenüber von Privatheit und Öffentlichkeit – als besondere Form der Politik – die bürgerliche Demokratie – und als besondere Form der Ökonomie – der Kapitalismus. Zum anderen sind unsere Vorstellungen von Stadt geprägt von der industriellen Revolution. Seit Mitte des vorigen Jahrhunderts war Stadtentwicklung identisch mit Wachstum der Bevölkerung, der Arbeitsplätze und in deren Folge auch Wachstum der besiedelten Fläche. Urbanität als die besondere städtische Lebensform und Wachstum als das einheitliche Muster städtischer Entwicklung haben beide ihre objektive Basis verloren. Das macht differenziertere Vorstellungen von Stadtentwicklung, andere Modelle vom »richtigen Leben« in der Stadt und eine andere Stadtpolitik notwendig. Die Stadtpolitik orientiert sich heute noch an der Fiktion einer sozialen, politischen und ökonomischen Einheit »Stadt«. Aber die Städte sind für die zunehmend international organisierte Wirtschaft fast beliebig austauschbare Standorte geworden; für die nationale Politik sind sie Mülleimer geworden, in denen Folgeprobleme, etwa Arbeitslosigkeit, abgelagert werden. Als Wirtschafts- und Gesellschaftspolitik hat die Politik der Kommunen faktisch keine Handlungsspielräume mehr, seit es »die Stadt« als besondere und politische Einheit jenseits der Zufälligkeiten administrativer Gliederung und der Finanzverfassung nicht mehr gibt. Was städtische Politik heute und in Zukunft noch als ihren spezifischen und eigenen Gegenstand hat, ist die Organisation des alltäglichen Lebens ihrer Bewohner zwischen Arbeit, Freizeit, Erholung und Verkehr. Stadtpolitik ist Gestaltung des Alltagslebens von Menschen. Dazu bedarf es einer Vorstellung von städtischem Leben, einer Reformulierung von Urbanität.

Ohne ein grundlegend gewandeltes Bild vom städtischen Leben, so die These, werden die Probleme der Städte und der Menschen in den Städten sich nicht lösen lassen.

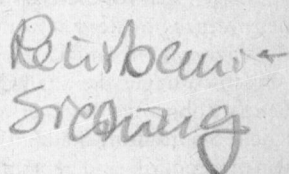

Kapitel 1
Vom Müsli zum Kaviar oder
Die Renaissance der Innenstädte

Viele Großstädte erleben gegenwärtig eine Renaissance städtischer Lebensformen. Immer mehr, vor allem jüngere Leute bevölkern wieder alte innerstädtische Wohnquartiere, »neue Urbaniten«, wie sie in den USA genannt werden. Sie verändern das Gesicht der alten Viertel: Altbauwohnungen sind wieder in, Fassaden werden nicht mehr nur möglichst praktisch mit Plastikramsch, sondern möglichst schön mit edlem Material renoviert. Baulücken werden nicht lediglich funktional aufgefüllt, Neubauten werden »gestaltet«. Der anscheinend wieder wichtig gewordene Straßenraum wird zur kunstvoll stilisierten Kulisse. Die postmoderne Architektur ist der augenfällige Ausdruck dieser Tendenz, in der Ästhetik wieder ungeniert über die Funktion triumphieren darf.

Diese äußeren Veränderungen sind Vermarktungsstrategien. Haus- und Grundbesitzer orientieren sich an der Nachfrage einer zahlungskräftigen Schicht, für die die ästhetische Qualität der Häuser und der Wohnumgebung schon immer wichtig war – und sei es nur als ein Teil ihrer Lebensinszenierung, die um so bedeutsamer wird, je diffiziler die soziale Profilierung angesichts einer immer geringeren Sichtbarkeit von Statusunterschieden wird. Aber gerade diese Schicht war es, die bis vor wenigen Jahren in Massen aus den Großstädten auszog, um sich in den umliegenden Gemeinden niederzulassen. Die Abwanderung gerade der einkommensstarken Bewohner hatte zu einer schleichenden Erosion der Innenstädte geführt, als deren Ergebnis Entleerung, Verfall, sogar Verslumung drohten. Die Tendenz »raus aus der Stadt« war lange Zeit stabil, das ganze 20. Jahrhundert hat sie die Entwicklung unserer Städte beherrscht. Seit einiger Zeit kommt hinzu, daß die Bevölkerung der Bundesrepublik insgesamt zurückgeht. Und ausgerechnet in dieser Situation reden wir von »Reurbanisierung«? Gerade jetzt, wo es weniger Menschen überhaupt gibt, sollen die Effekte der Suburbanisierung durch neue Innenstadtbewohner kompensiert werden?

Was hat sich geändert? Erleben wir eine urbane Renaissance? Ha-

demographische Ver

ben die früheren »Stadtflüchtlinge« tatsächlich ihre Wohnpräferenzen verändert? Trägt man wieder »Stadt«? Dann wäre zu fragen, ob es sich nur um eine Mode handelt, um einen möglicherweise labilen Trend, oder ob es Anzeichen für eine Stabilisierung des städtischen Kreislaufs gibt, der doch vor dem Kollaps stand.

So paradox es klingt: Die gleichen Ursachen, die für die Bevölkerungsabnahme verantwortlich sind, wirken dahingehend, daß die Abwanderungstendenz abflacht und sich neues Leben in jenen Stadtvierteln zeigt, die bis vor kurzem noch zu veröden drohten. Grob gesagt: Es ist die Tendenz, keine Kinder zu haben oder doch nur wenige und diese auch erst später zu bekommen, die beides erklärt: sinkende Bevölkerungszahlen und ein steigender Anteil jener, die die Innenstadt nicht lediglich als vorübergehendes Übel betrachten, sondern diesen Standort zum Wohnen geradezu suchen. Was sind das für Leute?

Die Antwort ist kaum überraschend: Es sind die, die schon immer in den Innenstädten gewohnt haben – aber davon gibt es heute mehr. Ihr Anteil an der Gesamtbevölkerung ist größer geworden, und er steigt weiter.

Zunächst sind es die sogenannten neuen Haushaltstypen (Spiegel 1976): Die Singles – nicht mehr Junggesellen genannt, weil auch Frauen dazugehören, und Jungfer oder Jungfrau nicht ganz treffende Bezeichnungen für ihren neuen und durchaus erwünschten Lebensstil wären – , ferner die unverheiratet oder auch verheiratet zusammenlebenden Paare ohne Kinder und schließlich – als Folge vor allem der gestiegenen Scheidungsraten – die Alleinerziehenden, also Vater oder Mutter mit Kind(ern). Diese neuen Haushalte bevorzugen meist die Innenstadt als Wohnstandort. Die amtliche Statistik läßt das kaum erkennen, da ihre Kategorien blind sind gegenüber diesen neuen Phänomenen: ob Witwer, Single, Wohngemeinschaft oder unverheiratet zusammenlebend, ob kinderloses Ehepaar, Eltern, deren Kinder bereits ausgezogen sind, oder Alleinerziehende mit einem Kind, all das erscheint als Ein- bzw. Zwei-Personen-Haushalt.

Deren Zahl hat rapide zugenommen: um 1900 hatten 7452000 Haushalte 4 und mehr Mitglieder. Das waren weit mehr als die Hälfte aller Haushalte, während die damals 871000 Alleinlebenden 7,2% aller Haushalte ausmachten (Statistisches Bundesamt 1985, 85). 1950 waren bereits 19,4% aller Haushalte Ein-Personen-Haushalte. 30 Jahre später sind es mit 7,5 Mio. 30%.

Dahinter stehen grundlegende Veränderungen in den Einstellungen zu Ehe und Kindern, die sich wandelnde Rolle der Frau, aber auch die Lockerung der christlichen Sexualmoral und des Scheidungsrechts, die Verbreitung der Pille, gestiegene Einkommen, ein besseres Angebot in Teilbereichen des Wohnungsmarktes etc. Dieses Geflecht aus objektiven und subjektiven Faktoren hat sich auf die Größe der Haushalte und auf das Entstehen der »neuen Haushaltstypen« insbesondere durch drei Tendenzen ausgewirkt. Erstens wird weniger und wenn, dann später geheiratet: 1950 gab es 10,7 Eheschließungen auf 1000 Einwohner, 1978 nur noch 5,4 – also weniger als die Hälfte. Zweitens werden weniger Kinder geboren: 1982 kamen in der Bundesrepublik 621000 Kinder zur Welt, 42% weniger als 1964, aber immer noch 8% mehr als 1978, dem Jahr mit der niedrigsten Geburtenzahl seit dem Zweiten Weltkrieg. Aber dieser leichte Anstieg markiert keine Wende der Einstellungen zu Ehe und Kindern. Er hängt vielmehr mit den geburtenstarken Jahrgängen zusammen, die seitdem ins heiratsfähige Alter kamen. Drittens werden mehr Ehen geschieden: von 35 Scheidungen pro 10000 Einwohnern 1960 auf über das Doppelte, nämlich 78,4 Scheidungen pro 10000 Einwohnern 1982, stieg die Zahl. Heute endet ungefähr jede dritte Ehe durch Scheidung (vgl. Statistisches Bundesamt 1985).

Ein- und Zwei-Personen-Haushalte sind vor allem typisch für die großen Städte. Die lange als »normal« angesehenen Familien aus Eltern und mindestens zwei Kindern sind in Großstädten eine verschwindende Minderheit, teils weil sie längst in die Vororte abgewandert sind, teils aber auch, weil es sie immer seltener gibt. Der normale (im Sinne von häufigste) Großstadthaushalt ist heute ein Ein-Personen-Haushalt. In Städten über 100000 Einwohnern sind 40% aller Haushalte Ein-Personen-Haushalte. In Bremen stellen die Ein- und Zwei- Personen-Haushalte zusammen annähernd 70%, in Berlin 80%, in Stockholm 90% aller Haushalte. Das sind nun keineswegs alles »neue Haushaltstypen«. Ein Großteil sind alte Menschen, Rentner und Verwitwete. Aber hier kommt es auf die Tatsache an, daß der Anteil der klassischen »Normalfamilien« rapide zurückgegangen ist. Sie waren diejenigen, die den Trend hinaus in die Suburbs getragen haben. Demgegenüber ist der Anteil der sehr kleinen Haushalte gewachsen, und diese waren schon immer innenstadtorientiert. Dies verstärkt sich nun durch die Zunahme der sogenannten neuen Haushaltstypen (vgl. Wagner et al.

1983). Kein Wunder also, daß die Innenstädte eine Renaissance erleben. Aber sehen wir uns die »*neuen Urbaniten*« näher an.

Auf den ersten Blick scheint es sich um zwei sehr verschiedene Gruppen zu handeln: Einmal die young urban professionals, die Yuppies. Sie sind beruflich erfolgreich und pflegen jenen chic-dynamischen Lebensstil, der einen Hauch von Freiheit und Luxus verbreitet. Andererseits die »Alternativen«. Sie negieren alles Bürgerliche und propagieren neue Lebens- und Arbeitsformen. Aber obwohl es so scheint, als gehörten sie zwei verschiedenen Welten an, sind sie doch aus einer gemeinsamen Wurzel kulturellen Wandels in die Welt und in unsere Städte gekommen. Diese Wurzel ist die Krise des bürgerlichen Lebensmodells. Die Innenstädte, einst die Hochburgen eines stolzen und selbstbewußten Bürgertums, erfahren ihre Renaissance ausgerechnet aus Strömungen, die alles andere kultivieren wollen, nur nicht jene »methodische Lebensführung«, die uns seit Max Webers Beschreibung als kultureller Kern des Bürgerlichen gilt.

Die Studentenbewegung der sechziger Jahre war Teil einer Art Kulturrevolution, deren langfristige Wirkungen wir heute erleben. Abkehr vom leistungsbetonten und konsumorientierten Lebensstil, Kritik der Industriegesellschaft, Entwicklung neuer Lebens- und Arbeitsformen, das sind die Stichworte, die ein neues gesellschaftliches Bewußtsein umreißen, von dem große Teile vor allem der jüngeren Generation geprägt sind. Was sich in der Studentenbewegung und in nachfolgenden sozialen Bewegungen in der Bundesrepublik ausdrückt, ist die Erschütterung der Faszinationskraft jenes Lebensmodells, das sich um berufliche Karriere und ordentliche Kleinfamilie dreht.

Die Kritik an der bürgerlichen Lebensform und all ihren sie karikierenden kleinbürgerlichen Varianten im Eigenheim oder im normierten sozialen Wohnungsbau hätte freilich nicht eine so durchschlagende Wirkung entfalten können, wenn nicht einem großen Teil der jungen Generation objektiv die Möglichkeit versperrt wäre, diese Lebensform für sich Realität werden zu lassen: denn als Angehörige geburtenstarker Jahrgänge sind für sie die Chancen, auf einem ohnehin sehr eng gewordenen Arbeitsmarkt den Startpunkt für eine berufliche Karriere zu ergattern, äußerst gering geworden. Die antibürgerliche Kritik und der Zwang der Verhältnisse ergänzen sich. Zusammen führen sie zu Lebensperspektiven und Wohnformen, die sich im nun frei werdenden städtischen

Raum ausbreiten können. Die als Bürgerschreck berühmt gewordene »Kommune«, in der mit den traditionellen Formen von Ehe und Erziehung sowie mit geschlechtsspezifischer Rollenteilung gründlich aufgeräumt werden sollte, ist sozusagen der Urtyp für jene Vielfalt von Wohn- und Lebensformen, die wir heute in städtischen Altbauquartieren beobachten können. War sie zunächst als Wohngemeinschaft auf studentisches Milieu beschränkt, so hat die »Alternativszene« inzwischen ihr Erbe angetreten, den Anspruch auf umfassende kulturelle Revolution einerseits abgemildert, andererseits radikalisiert: in Form jener neuen Lebensweisen, die unbürgerliches Wohnen und Arbeiten vereinigen sollen.

Um die eigene Existenz zu sichern, sind manche, vor allem ökologisch orientierte Aussteiger aufs Land ausgewichen. Aber überwiegend sind diese neuen Wohn- und Lebensformen typisch städtisch. Die meisten Produkte oder Dienstleistungen, die die Alternativszene anzubieten hat, sind auf ein städtisches Publikum zugeschnitten. Kulturelle Inszenierungen, sozial orientierte Arbeit, Bücherläden und Gastronomie gedeihen im Milieu der Szene, das sie zugleich konstituieren und als Absatzmarkt brauchen.

Gerade die Kritik an der isolierten Lebensform der Kleinfamilie verbindet sich mit einem eher öffentlichen Lebensstil, der den Stadtraum einbezieht und sich in einem dichten Kommunikationsnetz vollzieht, an dem viele beteiligt sind. Die politischen Aktivitäten der Alternativszene sind auf ein informelles Kommunikationssystem angewiesen, das eine rasche und gezielte Information zuläßt – man denke an die Telefonketten, mit denen in der Zeit der Hausbesetzerkämpfe binnen Stunden Demonstrationen auf die Straße gebracht werden konnten. Diese Aktionen lebten von der ständigen Präsenz der Sympathisanten auf kleinem Raum.

Die sich entleerenden Altbaugebiete der Städte sind zu prädestinierten Orten für diese neuen Lebensformen geworden. Läden, die im Marktwettbewerb nicht mehr standhalten konnten, werden von Angehörigen der Szene übernommen, die sich an dieser Konkurrenz erst gar nicht beteiligen, weil sie ein besonderes Angebot für eine spezifische Klientel bieten. Und die niedrigen Mieten in heruntergekommenen Altbauten entsprechen der notorischen Geldknappheit von »Aussteigern«. Selbst für alte Fabrikgebäude und Lagerschuppen haben die Alternativen noch Nutzungsideen – als Wohngelegenheit, Kommunikationszentrum oder Kulturraum. So richten sie sich in jenen Quartieren ein, die aus dem Umwälzungsprozeß der kapitalistischen Stadt sozusagen herausgefallen sind. Stadtökonomisch waren diese Gebiete entwertet, weil es keine zahlungskräftige Nachfrage mehr gab (vgl. Kujath 1986).

Die Yuppies sind anders. Sie sind von allem Modernen fasziniert, gleich ob sie als »soft-ware-Schickeria« aus der Kultur- und Modebranche Sympathien für weiche Technologien und »wenig verstrahlte Vollwertkost« hegen, oder aber als »hard-ware-Schickeria« zu den »Modernisierungshardlinern« zählen (Macke 1987, 19), die die High-Tech-Revolution vorantreiben. Sie verkörpern einen neuen Lebensstil, der zwar schick, aber ebensowenig bürgerlich sein soll wie der der Alternativen. Ihre gelebte Kritik beschränkt sich aufs Private, vor allem auf eines: auf die Befreiung von den Zwängen eines Familienlebens. Und das hat Folgen für das Wohnen. Solange die Gründung einer Familie selbstverständlicher Orientierungspunkt eines »normalen« Lebenslaufs war, materialisierten sich die typischen Biographien in einer Verlagerung des Wohnstandorts in eine Randgemeinde aus Anlaß von Eheschließung und nachfolgendem Kindersegen.

Das Interesse an diesem biographischen Modell läßt nun seit einiger Zeit nach. Die Familie, früher der gesellschaftliche Ort sozialer Sicherung, hat lebenswichtige Funktionen verloren. Seitdem die Geburtenregelung kulturell akzeptiert, das Kinderkriegen also wirklich freiwillig ist, ist die Ehe als Lebensform disponibel geworden – in zunehmendem Maße auch von seiten der Frauen, weil die Rolle der Ehefrau als unbezahlte Arbeitskraft bei der Versorgung der Männer und bei der Erziehung der Kinder stark an Attraktivität eingebüßt hat. Die Emanzipation vom Zwang, sich über die »natürlichen« Funktionen einer Frau gesellschaftliche Anerkennung und ein angemessenes Auskommen verschaffen zu müssen, wird wohl noch für lange Zeit die Geburtenrate niedrighalten und die Zahl der Nicht-Verheirateten vermehren.

Diese Entwicklung ist nicht auf eine irgendwie als alternativ zu bezeichnende Lebensweise beschränkt. Im Gegenteil, gerade bei Frauen, die einen beruflichen Einstieg gefunden haben, ist der (früher übliche) Ausstieg zugunsten eigenen Nachwuchses immer weniger beliebt. Im neudeutschen Begriff des »Single« drückt sich eine soziale Umbewertung des Alleinlebens aus, denn er signalisiert Assoziationen von Ungebundenheit und Lebenslust, Selbstbestimmung, Dynamik und Individualität. Wie hausbacken klang dagegen »Junggeselle«; er war sozusagen negativ zum Ehemann definiert, nie so richtig erwachsen geworden. Oder gar die »alte Jungfer«! Dieser Begriff unterstellte schon der Frau in mittlerem Alter, daß sie etwas verpaßt hatte – an lustvolles, emanzipiertes Leben mit oder ohne Sexualität erinnerte das gewiß nicht. Ganz anders beim »Single«: da schwingt Abenteuer mit.

Auch bei den beruflich etablierten und an die Normen der Leistungsgesellschaft durchaus angepaßten Bevölkerungsgruppen zeigen sich starke Erosionserscheinungen gegenüber jenem Lebensmodell, das früher zu einer kontinuierlichen Auswanderung aus den Städten in die familienfreundlichen Vororte geführt hat.

Für die Yuppies, ob weiblich oder männlich, ist der städtische Raum die Bühne von Selbstdarstellung und demonstrativem Konsum, egal, ob es sich dabei um einen Drink, Haute Cuisine oder sonstige Kultur handelt. Für die Singles und die kinderlosen Paare ist die vielfältige Infrastrukturausstattung der städtischen Quartiere das Element, in dem sie ihr stark berufsbezogenes Leben, für das Haushalt und alltägliche Versorgung nur marginale Bedeutung gewinnen dürfen, problemlos organisieren können. Die »In-Kneipe« und die Clique funktionieren nicht wie ein Kegelverein, sie müssen ohne eigene Organisationsarbeit einfach vorhanden sein, man muß immer wissen, wo man jemanden trifft. Die (tatsächliche oder eingebildete) Individualität und absolute Freiheit gehören zum Credo – und dafür zahlt man schließlich auch. Denn dieser Teil der neuen Stadtbevölkerung ist durchaus zahlungskräftig. Er leistet sich die teuer und stilvoll modernisierte Wohnung oder den postmodernen Neubau. Da die Erhaltung der Leistungsfähigkeit (gesunde Ernährung, Joggen oder Squash) durchaus zum Stil gehört und man Neues und Unkonventionelles aufregend findet, trifft man sich mit den Alternativen auch im Bioladen oder macht sich mal in einem alternativen Theater einen netten Abend. Berührungspunkte zwischen den so unterschiedlich scheinenden Gruppen neuer Stadtbewohner gibt es also durchaus.

Und zwar mehr, als es zunächst den Anschein hat. Insbesondere in ihrer Wirkung für die Umnutzung oder Aufwertung von Altbauquartieren arbeiten Alternative und Yuppies Hand in Hand. In der Regel sind es junge Leute, die gezwungenermaßen oder bewußt kein »normales« Leben führen, die zuerst in die Altbauquartiere eindringen, wo Wohnungen zu relativ günstigen Preisen zu haben sind. Neben dem Mietpreis machen die innenstadtnahe Lage und besonders die Wohnungsgrundrisse die Attraktivität aus.

Die neuen Haushaltstypen meiden Neubauten, weil diese in der Regel auf einen spezifischen »modernen« Lebensstil zugeschnitten sind, der nach den Vorstellungen der Architekten offensichtlich vor allem durch zweckloses Beisammensein sämtlicher Bewohner geprägt ist. Anders kann man sich kaum erklären, warum das »Wohnzimmer« in der Regel so riesig, die übrigen Räume vergleichsweise winzig sind. Schon durch Lage und Zuschnitt wird deutlich gemacht, was in den jeweiligen Räumen passieren soll und wer eigentlich Herr im Hause ist. Die Grundrisse sind eindeutig hierarchisiert, sie spiegeln die Herrschaftsstruktur der Kleinfamilie wider. Altbauwohnungen bestehen dagegen aus mehr oder weniger gleich großen Räumen, die verschiedene Nutzungen erlauben. Die Aufteilung in Wohn-, Schlaf- und Kinderzimmer wird nicht baulich erzwungen. Dies kommt einer Lebensweise entgegen, bei der sich die verschiedenen Haushaltsmitglieder als gleichberechtigt verstehen.

Diese Eigenschaft der Altbauwohnungen ist nicht auf große bürgerliche Wohnungen beschränkt – dort findet man wohl noch am ehesten eine Hierarchisierung, die sich aber nicht so sehr auswirkt, weil auch die übrigen Räume eine passable Größe aufweisen. Auch die Wohnungen der »kleinen Leute« sind aus unterschiedlich vielen, etwa gleich großen Zimmern zusammengesetzt, denn ein Zimmer für ein einzelnes Kind konnte man sich früher gar nicht leisten. In den für Arbeiter gebauten Mietskasernen kann man sich heute sogar ganz nach eigenen Entwürfen einrichten, weil nicht einmal Küche oder Bad als separate Räume vorhanden waren. Aus einer Anzahl undefinierter Räume läßt sich mit heutigen Mitteln eine flexible Wohnform entwickeln, die differenziertesten Wünschen entgegenkommt. Dies hat z. B. Kreuzberg zu einem bevorzugten Wohngebiet für solche Bevölkerungsgruppen gemacht, die sich unkonventionelle Lebensformen nicht durch die Wohnungsgrundrisse erschweren lassen wollen.

In den Quartieren, wo früher eher das Kleinbürgertum wohnte – nicht ganz so schmucklos und dicht gebaut wie die Arbeiterquartiere, aber auch ohne die Großzügigkeit und Repräsentativität der Bürgerviertel –, können sich heute alternative Nutzer zunächst unbehindert ausbreiten, wenn sich die Nachfrage durch die Abwanderung der früheren Bewohner in die Suburbs entspannt hat. Sie bringen zwar wenig Geld, dafür aber um so mehr »kulturelles Kapital« mit. Die »Szene« ist geprägt durch einen hohen Anteil von

Personen mit höherer Bildung und künstlerischen Neigungen, mit hohen Ansprüchen an Selbstverwirklichung auch im alltäglichen Lebensvollzug. Dies äußert sich in einer lockeren Haltung gegenüber konformistischen Ansprüchen und schlägt sich in einem offensiven und kreativen Umgang mit der Wohnung und ihrer Umgebung nieder. Da der Wohnbereich realer Lebensmittelpunkt und nicht nur Raststätte für ein fremdbestimmtes Arbeitsleben ist, können sich die schöpferischen Kräfte stärker auf dieses Feld richten – sofern es Hausordnungen und Mietverträge zulassen. Die aktive Nutzung des Raumes außerhalb der Häuser, ökologische Regeneration von Abstandsflächen und vor allem der Kampf gegen den zerstörerischen Autoverkehr geben solchen Quartieren ein neues soziales Gepräge, wenn eine gewisse Konzentration dieses neuen Bewohnertypus erreicht ist. Natürliche Farben, die Vorliebe für den Baustoff Holz und das Ikea-Design verändern zusätzlich den optischen Eindruck, an dem nun auch langsam verwöhntere ästhetische Ansprüche Gefallen finden können.

Ist durch Begrünung und Verkehrsberuhigung ein Quartier erst einmal äußerlich und durch die neuen Bewohner auch sozial »aufgewertet«, verändert sich sein Stellenwert auf dem Wohnungsmarkt: die zahlungskräftigeren Yuppies rücken nach, durchmischen die Szene und ziehen kapitalintensive Aufwertungsmaßnahmen nach sich, die weit über die Ansprüche und die finanziellen Möglichkeiten der ursprünglichen Revitalisierer hinausgehen. Nun kann es soweit kommen, daß das Quartier »umkippt« und mehrheitlich von jener Goldkettchen-Seilschaft übernommen wird, die den urbanen Charakter des Wohngebiets goutiert.

Die Alternativen können also die Funktion von »Pionieren der Reurbanisierung« haben und einen Aufwertungsprozeß einleiten, der die Voraussetzungen zerstört, die ihnen die Besetzung eines bestimmten Viertels ermöglicht hatten. Statt Müsli und naturtrübem Saft stehen dann Sekt und Kaviar auf dem Tisch. Ob es dabei lediglich zu einer neuartigen Mischung oder zu einem Verdrängungsprozeß kommt, hängt davon ab, wie groß der Anteil von Yuppies an der Bevölkerung in der jeweiligen Stadt ist.

Alternativszene und Yuppie-Kultur haben, trotz ihres so unterschiedlichen Erscheinungsbildes, einen gemeinsamen kulturellen Hintergrund. In dem Film »Männer« von Doris Dörrie ist dies karikierend zum Thema geworden: das alternative Wohngemeinschafts-Mitglied macht eine gar nicht so wundersame Wandlung zum Yuppie mit, nachdem ihm die Möglichkeit zur Berufskarriere eröffnet worden ist.

Das Schicksal der Arbeitslosigkeit trifft, weil es zum Massenphänomen geworden ist, zunehmend auch solche Gruppen, die traditionell zur Mittelschicht gehören. Bürgerliche Sozialisation und qualifizierte Berufsausbildung garantieren heute nicht mehr den gradlinigen Einstieg in eine Erwerbstätigkeit. Arbeitslosigkeit aber kann von Menschen mit höherer Bildung anders bewältigt werden als von jenen, denen weiterführende Bildungsmöglichkeiten vorenthalten worden sind, weil in der Fabrikarbeit nur ihre Arbeitskraft, nicht aber selbständiges Denken gefragt war.

Das Alternativ-Milieu in den Großstädten ist daher weitgehend ein Phänomen der Mittelschichten und der Expansion des Bildungswesens. Deshalb hat es mit der professionellen Kultur der Yuppies mehr gemeinsam als mit der Situation der großen Masse jener Arbeitslosen, die aufgrund des ökonomischen und technischen Strukturwandels aus der Produktionsarbeit ausgesperrt sind. Dies schlägt sich in den Städten auch räumlich nieder: die Räume von Yuppies und Alternativen überschneiden sich im innerstädtischen Altbaubestand, konsekutiv oder konkurrierend; die Trennungslinie zur »normalen« Arbeitslosigkeit ist relativ scharf. Diese hat vor allem in den Großsiedlungen des sozialen Wohnungsbaus ihren Ort. Dort haben auch die Sozialämter Belegungsrechte, wenn sie Haushalte unterbringen müssen, die ihre Miete nicht mehr bezahlen können. Die Situation in diesen Stadtteilen wird sich bei zunehmenden Leerständen, einer Verschärfung der sozialen Segregation und bei weiteren Kürzungen im System der sozialen Sicherheit noch zuspitzen.

Der gegenwärtig zu beobachtende Wandel in der Nutzung innerstädtischer Altbaugebiete ist ein Resultat veränderter Berufssituationen und neuer Lebensstile. Die »Reurbanisierung« wird getragen von beruflich Erfolgreichen *und* von Alternativlern, denen (wenigstens teilweise) der alternative Lebensstil aufgezwungen worden ist. Eine große Zahl Arbeitsloser bringt aber nicht automatisch eine Alternativ-Kultur hervor, die den alten Vierteln neue Perspektiven bieten könnte, denn: Arbeitslosigkeit ist nicht gleich Arbeitslosigkeit, und Selbsthilfe ist nicht gleich Selbsthilfe.

Deshalb müssen wir noch einmal auf das »Kapital« der Alternativ-Kultur zu sprechen kommen. Intellektuelle Fähigkeiten und

Kreativität reichen natürlich nicht für eine Subkultur aus, wenn kein Geld für die Gründung eines Betriebs vorhanden ist – sei er noch so selbstverwaltet oder ökologisch orientiert. Die Berlin-Werbung kann heute deshalb stolz auf die neue urbane Szene in der Stadt verweisen, weil dort Geld und ökonomisch uninteressantes Terrain reichlich vorhanden sind. Kreuzberg ist ein hoch subventioniertes Gebiet. Doch was soll in einer Stadt passieren, in der eine solche Generosität nicht durch Bonner Alimente ermöglicht wird? Wo nicht eine große Bildungs- und Wissenschaftsmaschinerie, sondern vor allem stillgelegte oder umgebaute Produktionsanlagen Menschen »freisetzen« in die Arbeitslosigkeit?

Dort wird es in absehbarer Zeit ganz anders aussehen: zunehmende Entlassungen wegen der Rationalisierung der Produktion, dagegen nur schwache Zunahme bei den Dienstleistungstätigkeiten. Das Resultat ist steigende Arbeitslosigkeit vor allem bei den wenig Qualifizierten. Für diese Betroffenen sind die Möglichkeiten zur »Selbsthilfe« so fern wie ihre Arbeitsplätze, die z. T. in Brasilien oder Korea wieder aufgebaut werden. Bei ihnen wird sich eher eine »Kultur der Armut« herausbilden.

Der Wandel der Innenstädte wird sich also nicht überall gleichförmig und mit denselben Ergebnissen abspielen. Die oben beschriebene Reurbanisierung hat Voraussetzungen, die nicht in allen Städten gegeben sind. Nur dort, wo bei einem größeren Teil der Bevölkerung, der vom Arbeitsmarkt ausgeschlossen ist, durch längere und bessere Ausbildung genügend soziale Fähigkeiten für die Organisierung einer Arbeits- und Lebens-Alternative und eine entsprechende Unterstützung durch die Stadtpolitik vorhanden sind, kann sich eine alternative Szene entfalten. Nur dort, wo Mode, Kultur, Banken und High Tech prosperieren, entwickelt sich auch ihr Erfolgszwilling, die Yuppie-Kultur. Ansätze beider Lebensformen zeigen sich in fast allen Großstädten. Aber nur in sehr wenigen erreichen sie solches Gewicht, daß sich sinnvoll von Reurbanisierung sprechen ließe.

Kapitel 2
Von vollen zu leeren Schüsseln oder
Der Verfall der Großstädte

[handschriftliche Notiz: Metropolenbildung / Suburbanisierung]

Noch vor wenigen Jahren malten Stadtpolitiker in einem Memorandum das Menetekel an die Wand: »Die Großstädte veröden vom Zentrum aus«. Sie hatten dabei Prozesse vor Augen, die schon seit langem und auch heute noch die Entwicklung der großen Städte prägen. Was gegenwärtig als Renaissance der Städte gepriesen wird, bedeutet demgegenüber eine auf wenige Städte beschränkte und an der Oberfläche bleibende Modifikation. Wir kommen dem auf die Spur, wenn wir uns die Geschichte städtischer Entwicklung vergegenwärtigen.

In der vorindustriellen Stadt war das Wohnen im Zentrum ein Zeichen hoher sozialer Stellung. Das Bürgertum beherrschte die Stadt ökonomisch und politisch, das Rathaus im Zentrum war der deutliche und sichtbare Ausdruck seiner Herrschaft als Klasse. In den Bürgerhäusern um dieses Zentrum stellten sich die Kaufleute und reichen Handwerker als Mitglieder dieser Klasse dar.

Mit der Industrialisierung verlor das Zentrum seine Anziehungskraft für die vermögenden Schichten, die Stadtentwicklung wurde fortan von zentrifugalen Kräften bestimmt. In den Innenstädten wurde es schmutzig und laut. Das Bürgertum floh schon im 19. Jahrhundert in die Vorstädte. Die Villa, seit dem 16. Jahrhundert das Wohnideal des städtischen Patriziats in Italien, entfaltete auch in Deutschland ihre Faszination. Und dazu gehörte der private Park, sei er auch noch so klein, gerade noch Garten. Den Arbeitern wurden Unterkünfte in Fabriknähe gebaut, hoch verdichtet und von miesester Qualität – aber da sie in der Nähe der Arbeitsplätze lagen, hatten sie bei langen Arbeitszeiten und niedriger Entlohnung doch den entscheidenden Vorteil, daß die Arbeitswege kurz und zu Fuß zu bewältigen waren.

Mit dem raschen Wachstum der Großstädte wurde die Suburbanisierung zu ihrem dominanten räumlichen Entwicklungsmuster. Das kommerzielle Zentrum dehnte sich aus und verdrängte die Wohnbevölkerung. Die Abwanderung war aber nicht nur Zwang, denn die Wohnwünsche der Bevölkerung, ihre Vorstellungen vom schönen Wohnen, ließen sich am ehesten draußen vor der Stadt, in den Vororten verwirklichen. Was zunächst Privileg der Reichen war, wurde im Bauboom der Zeit nach dem Zweiten Weltkrieg auch für die Mittelschichten möglich. Zwar ist es nicht die Villa, die verallgemeinert wurde, aber ihre kleine Schwester, das Einfamilienhäuschen. Je höher die ökonomischen Wachstumsraten, je stabiler die Einkommenssteigerungen, desto verbreiteter das Automobil und desto realistischer wurde der Wunsch nach mehr Wohnfläche im eigenen Haus im Grünen. Eigenheim und glückliche Familie wurden synonym. Bis zum Ende der siebziger Jahre versiegte der Strom der »Auswanderer« nicht mehr.

Stadtökonomen erklären dies so: Die Verteilung der Funktionen im städtischen Raum ist ein Ergebnis des Bodenpreises. Jeder, der einen Standort sucht, ob für eine kommerzielle Nutzung oder für das Wohnen, verfährt nach dem Kosten-Nutzen-Kalkül. Daraus ergibt sich ein Wettbewerb zwischen verschiedenen Nutzungen, der in der Regel zu folgendem Muster führt: Die kommerziellen Nutzungen, die auf viel Laufkundschaft angewiesen sind, sind bereit und fähig, mehr Geld zu zahlen. Sie verdrängen also die Wohnnutzungen. Diejenigen, die viel Wert auf Fläche zum Wohnen legen, ziehen vom Zentrum weg, weil sie »draußen« mehr Fläche für das gleiche Geld bekommen – die Kosten für Pendelwege fallen um so weniger ins Gewicht, je besser ausgebaut die Verkehrswege sind und je geringer die Kosten für das Auto oder für die Bahn beim gesamten Haushaltsbudget zu Buche schlagen.

Für die Wohnnutzung ergibt sich daraus ein familienorientierter Zyklus: Als Alleinstehende wohnen jüngere Leute bevorzugt in der Innenstadt, weil sie wenig Fläche beanspruchen, auf Komfort weniger Wert legen und auch noch stärker »stadtorientiert« sind. Sie suchen und nutzen die Gelegenheiten zum Amüsement wie Kneipen, Kinos usw., sie nehmen die Dienstleistungen der Innenstadt in Anspruch, insbesondere die Bildungs- und Kultureinrichtungen, bis sie in ein anderes Stadium ihres Lebenszyklus eintreten. Mit der Familiengründung, die in der Regel mit der beruflichen Etablierung zusammenfällt, wird der Flächenbedarf größer, und dann werden auch sie von der zentrifugalen Kraft städtischer Strukturen erfaßt: Kinderkriegen, Eigentumsbildung und Umzug an den Stadtrand waren bei den Mittelschichten dominante Merkmale eines ordentlichen und angenehmen Lebens.

Die Suburbanisierung hätte schon früh für die Großstädte problematisch werden müssen, wenn sie nicht überlagert gewesen wäre von einem dauernden Wachstum. Die Suburbanisierung war zum Teil direkt notwendige Konsequenz des Wachstums, weil schlicht die Zahl der Bewohner wuchs und weil die expandierenden Betriebe mehr Fläche brauchten. Zur Bezeichnung dieses Wachstums erschiene der Begriff »Stadterweiterung« angemessener, wenn der Zuwachs jeweils an den Rändern stattgefunden hätte. Das war aber nicht der Fall; das Wachstum vollzog sich in der Form der Suburbanisierung, d. h., Arbeitssuchende, Jüngere, häufig noch Unverheiratete zogen aus ländlichen Regionen in die Stadt. Später kamen die Flüchtlinge der Kriegs- und Nachkriegszeit hinzu, zuletzt die im Ausland angeworbenen Arbeitskräfte. Sie alle strömten vorrangig in die innerstädtischen, älteren, daher auch oft schlechteren Wohnquartiere, um im Zuge ihrer Integration in Beruf und Familie langsam an den Rand der Stadt zu wandern. In die Innenstädte drängten also von außen dauernd neue Menschen hinein und ersetzten dort die Abgewanderten. Zu Beginn der industriellen Verstädterung überwog dieser Zustrom noch bei weitem die Verluste durch Abwanderung oder Tod, abgesehen davon, daß die Städte ihr Gebiet damals noch keineswegs ausgefüllt hatten und später durch Eingemeindungen ihre Stadtflüchtlinge wieder in eigene Grenzen zurückholen konnten. All das hat vor allem seit der Reichsgründung zu einem explosionsartigen Wachstum der Städte beigetragen.

Der Anteil der in den Städten wohnenden Bevölkerung stieg von 36 % im Jahre 1871 auf 60 % im Jahre 1910. Der Anteil der Großstadtbevölkerung wuchs von 4,8 % auf 21,3 %. Die großen Städte wuchsen also am stärksten (Marschalck 1984, 50), die Zahl der Großstädte (mit mehr als 100.000 Einwohnern) stieg von 8 auf 48 (Reulecke 1985, 68).

Diese rasante Verstädterung ist das Resultat des größten Bevölkerungswachstums in der deutschen Geschichte (+ 24 Mio. Menschen!) bei gleichzeitig explosiver Industrialisierung. Der Verstädterungsprozeß vollzog sich in einer kaum glaublichen Mobilität der deutschen Bevölkerung (Langewiesche 1979). Das starke Bevölkerungswachstum in Stadt und Land sowie die neu sich herausbildenden Arbeitsplatzstrukturen haben dazu geführt, daß sich faktisch die Hälfte der Bevölkerung buchstäblich einen neuen Ort in der entstehenden Industriegesellschaft suchen mußte. 1907 waren nur noch 53 % der deutschen Bevölkerung an dem Ort geboren, wo sie gerade lebten; in den Großstädten war dies nicht einmal bei der Hälfte der Fall! 76 % der Großstadtbevölkerung waren im Jahre 1890 unter 40 Jahren alt (Reulecke 1985, 208), weshalb Tenfelde (1982) von der »Jugendlichkeit der Großstädte« gesprochen hat. Einmal, weil überwiegend Jüngere zuwanderten. Zum anderen, weil diese häufig erst als Städter heirateten und – damals noch zahlreiche – Kinder bekamen, so daß die Städte entgegen einem landläufigen Vorurteil auch »natürlich«, also durch ihren Geburtenüberschuß, wuchsen.

Zwischen 1890 und 1915 war die Bevölkerung des Deutschen Reichs mit doppelstelligen jährlichen Raten gewachsen. Der Erste Weltkrieg reduzierte die Bevölkerungszahl insgesamt um etwa 10 %, danach war wieder ein Anstieg zu verzeichnen, der allerdings nie mehr die Vorkriegsraten erreichte. Bevölkerungsverluste durch den Zweiten Weltkrieg, geringe Geburtenraten während des Krieges, Wiederbelebung der Fruchtbarkeit nach Kriegsende und Zuströme von Flüchtlingen summierten sich zu einem Wachstum der Bevölkerung auf dem Gebiet der heutigen Bundesrepublik zwischen 1939 und 1950 von etwa 18 %. Da die Flüchtlinge und Vertriebenen hauptsächlich in die ländlichen Regionen gelenkt wurden, wo noch mehr Wohnraum als in den bombardierten Städten und immerhin auch etwas zu essen vorhanden waren, nahm die Zahl der städtischen Bevölkerung in diesem Zeitraum ab. Schwerpunkt des Bevölkerungszuwachses war das *Umland* in den Stadtregionen, wo die Einwohnerzahlen doppelt so schnell zunahmen wie die Bevölkerung insgesamt.

Der Anteil der Großstädte an der gesamten Bevölkerung war nach dem Zweiten Weltkrieg auf das Niveau von 1890 zurückgefallen, der Anteil der verstädterten Regionen von 51,6 % auf 47,8 % gesunken. Da diese »Entstädterung« bei der Bevölkerungsverteilung kriegsbedingt war, stellten sich mit der Wiederaufnahme der Produktions- und Handelstätigkeit sowie mit dem raschen Wiederaufbau von Wohnraum in den Städten bald wieder die alten Verhältnisse her. Im Boom der fünfziger Jahre füllten sich die Städte. Ihr Bevölkerungswachstum übertraf in der Phase zwischen 1950 und 1961 sogar das ihres Umlandes; Städte und Stadtregionen hatten Wachstumsraten, die dreimal so hoch waren wie die der Bevölkerung in der Bundesrepublik insgesamt. Dies änderte. sich ab 1961: Die Städte selbst steigerten ihre Bevölkerungszahlen kaum noch, ihr Wachstum bis 1970 lag lediglich bei 1,1 %; rasant nahm dagegen weiterhin das Umland der Städte zu, in derselben Zeit mit einer Wachstumsrate von 22,3 %.

Darin deutet sich an, was später zu der zitierten Warnung vor der Verödung der Innenstädte geführt hat: Während die Wohnbevölkerung weiterhin an den Rand der Städte umzieht und dabei zunehmend auch die Grenzen von Kommunen überschreitet, läßt der Zustrom neuer Einwohner in die Kernstadt nach. Zum erstenmal werden auch die Wanderungssalden negativ – das Verhältnis von Geburten zu Sterbefällen war für die Großstädte schon seit längerem ungünstig geworden. Bis 1974 ist die Bevölkerung in der Bundesrepublik noch gewachsen auf 62 Mio. Ab dann ging sie zurück. Bis 1984 um 1 Mio. auf 61 Mio. Dramatisch verlief die Entwicklung der Geburten. Läßt man die (steigenden) Geburten der Ausländer außer acht, so hat sich die Zahl der Lebendgeborenen innerhalb einer Dekade von ihrem Höchststand 1964 von über 1 Mio. fast genau halbiert auf 518 103 im Jahre 1974.

Zwischen 1978 und 1984 hat die Bevölkerung der Bundesrepublik um 0,5 % abgenommen. Dies ging vollständig zu Lasten der hochverdichteten Regionen. Sie verloren als einzige, und zwar 1,4 % ihrer Bevölkerung. Innerhalb dieser Regionen wiederum waren es die Großstädte, die den Bevölkerungsverlust zu tragen hatten: während die Großstädte (alle Städte mit mehr als 100.000 Einwohnern) im Durchschnitt 4,2 % ihrer Bevölkerung verloren haben, nahm ihr Umland um 1,5 % zu (Tabelle 1).

Tabelle 1: *Bevölkerungsentwicklung in den Großstadtregionen der Bundesrepublik 1978-1984 (in 1000)*

Kernstädte			Umland		
1978 20541	1984 19681	Veränderung −4,2 %	1978 31246	1984 31733	Veränderung + 1,5 %

Quelle: Angaben aus der Laufenden Raumbeobachtung der Bundesforschungsanstalt für Landeskunde und Raumordnung (BfLR)

Die Suburbanisierung der Bevölkerung setzte sich also, wenn auch gegenüber früheren Perioden verringert, fort. Die einzige Bevölkerungsgruppe, bei der die Großstädte zwischen 1978 und 1984 noch eine Zunahme zu verzeichnen hatten, waren die 18- bis 25jährigen; dabei handelt es sich wohl überwiegend um »Ausbildungswanderer«, denn dies ist auch die einzige Bevölkerungsgruppe, bei der das Umland der Städte Verluste aufweist. Die Jugendlichen, die während der Schulzeit mit ihren Eltern in den Randgemeinden der großen Städte wohnten, ziehen, wenn sie den elterlichen Haushalt verlassen, offensichtlich in größerer Zahl wieder in die Großstädte.

Die kontinuierlichen *Bevölkerungsverluste* der Großstädte begannen schon Mitte der sechziger Jahre. Die 12 größten westdeutschen Städte (mit mehr als 500000 Einwohnern) verloren zwischen 1964 und 1985 mehr als 9 % ihrer Wohnbevölkerung, obwohl die gesamte Bevölkerungszahl der Bundesrepublik bis 1974 noch zunahm. Diese Durchschnittszahl verdeckt aber das tatsächliche Ausmaß ihrer Verluste, weil Gebietsreformen bei einigen Städten zeitweilig die Einwohnerzahl erhöht hatten, außerdem nahm in München als einziger Stadt dieser Größenordnung die Einwohnerzahl noch um 6,2 % zu. Legt man die alten Gebietsabgrenzungen zugrunde, dann belaufen sich die durchschnittlichen Verluste auf 14 %. Die Veränderungen bei der Einwohnerdichte machen dies deutlich, sie ist 1985 im Durchschnitt um 23,4 % niedriger als 1965; in den 12 größten Städten lebten 1985 durchschnittlich 797 Einwohner weniger auf einem Quadratkilometer. Das ist eine gewaltige Veränderung, selbst wenn man bedenkt, daß sie zum Teil durch Einverleibung dünn besiedelter Randgemeinden bedingt ist.

Die Randwanderung der Bevölkerung charakterisierte, wie gesagt, die Entwicklung der Städte seit der Industrialisierung. Neu ist nur, daß mit der Ausdehnung der Siedlungsfläche und der Entwicklung des Verkehrs, insbesondere des Automobils, diese Abwanderung mehr und mehr auch die Grenzen der großen Städte übersprungen hat. Erst das aber läßt die Suburbanisierung statistisch als Bevölkerungsverlust der Großstädte sichtbar werden. Hinzu kam, daß bei insgesamt rückläufiger Bevölkerung und nach dem Ende von Landflucht, Ostflucht, Republikflucht und Arbeitsimmigration nicht mehr genügend neue Einwohner in die Großstädte wanderten.

Aber die Kernstädte konnten immer noch auf einen anderen Zustrom als Ausgleich hoffen, nämlich auf Arbeitsplätze. Sie haben durch Sanierung für diesen Zuwachs sogar gezielt Wohnbevölkerung verdrängt oder doch deren Verdrängung lange Zeit in Kauf genommen und durch Wohnungsbau am Stadtrand die Abwanderung gefördert. Einzelne Großstädte haben Nachbargemeinden finanziell unterstützt, damit diese Wohnungen für die Stadtflüchtlinge bauten. Aber auch bei den Arbeitsplätzen verläuft die Entwicklung seit einiger Zeit zu Lasten der großen Städte.

Seit der Industrialisierung hatten sich nicht nur die Zuwächse bei der Bevölkerung, sondern ebenso bei den Arbeitsplätzen auf die großen Städte konzentriert. Sie waren die Kristallisationskerne der Entwicklung. Am Rand des vorindustriellen Kerns lagerten sich die Fabriken und Bahnhöfe an, der Innenstadtbereich verwandelte sich allmählich zum ausschließlich kommerziell genutzten Zentrum: Kaufhäuser beanspruchten die zentralen Lagen, die von allen Stadtteilen aus am besten erreichbar waren, spezialisierte Einzelhandelsgeschäfte für den gehobenen Konsum fanden dort die repräsentativen und frequentierten Plätze. Banken und Verwaltungen bevorzugten die Stadtmitte, nicht nur, weil sie im kapitalistischen Zeitalter den Kirchen und Rathäusern die Dominanz sichtbar streitig machen wollten, sondern auch, weil ihre Beschäftigten aus allen Richtungen hierher den kürzesten Weg zur Arbeit hatten. So konnte der zunächst noch kleine Arbeitsmarkt der Angestellten gut ausgeschöpft werden.

Sehr bald begann aber auch bei den Arbeitsplätzen ein Prozeß der Randwanderung. Ein Teil der Betriebe, deren Leistungen sehr häufig von Haushalten in Anspruch genommen werden, zog der abwandernden Bevölkerung hinterher. Sie müssen – wie z. B. die Lebensmittelgeschäfte – nahe bei ihren Kunden sein. Aber auch Industrie und Großhandel rückten immer weiter vom Zentrum ab – gezwungenermaßen diejenigen Unternehmen, die sich neu ansiedelten und innerhalb der bereits bebauten Gebiete keinen Platz fanden, zunehmend aber auch jene, die an ihren angestammten Standorten in der Stadt keine Ausdehnungsmöglichkeiten mehr hatten. Denn der Wandel in den Produktionstechniken und die immer umfangreicheren Warenlager verlangten mehr Fläche. Moderne Fertigungstechniken sind in den verwinkelten Hinterhöfen nicht mehr unterzubringen, die wachsenden Transportverflechtungen führen in den verstopften Stadtstraßen zu Zeitverlusten. Die modernen Betriebe ziehen um auf größere, verkehrstechnisch günstiger gelegene Flächen an den Stadtrand. Mit der umfassenden Automobilisierung der Geschäftsbeziehungen wurden die Autobahnanschlüsse zum wichtigsten Standortkriterium. Industrie und Handel verstärken also den Prozeß der Suburbanisierung. Schließlich zieht auch ein Teil der Büros in die Entlastungsstandorte wie die Hamburger City-Nord oder im Rhein-Main-Gebiet Niederrad und Eschborn, ein Prozeß, der sich mit den geplanten Bürokomplexen an großen Flughäfen noch fortsetzen wird.

Die Prozesse der Abwanderung ansässiger Betriebe und der Neuansiedlung am Rand oder außerhalb der Kernstadt, also die Suburbanisierung auch der Arbeitsplätze, begann im Jahrzehnt zwischen 1960 und 1970. Damals wurde das auf die Großstädte konzentrierte Wachstum durch eine dekonzentrierte Konzentration abgelöst: Innerhalb der Agglomerationsgebiete konzentrierte sich das Wachstum auf die Ränder, aber die Agglomerationen insgesamt wuchsen weiter.

Dagegen verloren die Agglomerationen zwischen 1976 und 1983, gemessen an der Zahl der sozialversicherungspflichtig Beschäftigten, an Gewicht. Sowohl die geringer verdichteten als auch die ländlichen Gebiete erhöhten ihre Anteile an der Zahl der Beschäftigten insgesamt zu Lasten der Agglomerationen (Tabelle 2).

Während bei einem Beschäftigungszuwachs von insgesamt 1,2 % in der Bundesrepublik zwischen 1976 und 1983 die Zahl der Beschäftigten in den Agglomerationen um 0,7 % zurückging, nahm sie in den übrigen Regionen um 3,6 % zu. Das Beschäftigungswachstum hat also vor allem in kleineren Städten und in ländlichen Regionen stattgefunden.

Wie bei den Einwohnerzahlen verläuft der Prozeß innerhalb der Agglomerationen weit dramatischer: Während in den Randgemeinden die Zahl der besetzten Arbeitsplätze um 4,7 % stieg, nahm sie in den Kernstädten um 3,6 % ab. Im Zeitraum von 1980 bis 1985, als die Zahl der Beschäftigten im gesamten Bundesgebiet um 1,5 % wuchs, nahm sie in den 42 Großstädten um 2,5 % ab, während die Beschäftigung sich in deren Umland um 4,6 % ausdehnte.

Den Ursachen der Beschäftigungsverluste der Agglomerationen und insbesondere der Großstädte kommt man auf die Spur, wenn man die Struktur der Arbeitsplatzumschichtungen genauer betrachtet (Tabelle 2). Bei sektoraler Aufgliederung verteilte sich der *Beschäftigungsrückgang im sekundären Sektor*, der zwischen 1976 und 1983 für die gesamte Bundesrepublik bei 5,8 % lag, ungleich auf die Regionstypen: in den Agglomerationen betrug der Rückgang 8,5 %, außerhalb nur 2,6 %. Ebenso ungleich war der *Beschäftigungszuwachs im tertiären Sektor:* Der bundesdurch-

Tabelle 2: *Beschäftigungsentwicklung nach Wirtschaftszweigen (1976-1983) in Prozent*

Wirtschaftszweig	BRD	Aggl.	Nicht-Aggl.	Agglomerationen Kerne	Ränder	übrige Gebiete gering verdichtete	periphere
Energie, Wasser, Bergbau	− 3,9	− 7,1	2,4	− 8,7	− 4,3	2,5	1,7
Verarbeitendes Gewerbe	− 6,4	− 9,2	− 3,2	− 13,2	− 3,4	− 4,0	− 0,8
Bau	− 3,2	− 5,3	− 1,0	− 9,4	− 1,1	− 1,1	− 0,5
Sekundärer Sektor insges.	− 5,8	− 8,5	− 2,6	− 12,3	− 2,8	− 3,2	− 0,7
Handel	0,0	− 1,9	2,9	− 6,0	8,1	2,4	4,6
Verkehr, Nachrichten	1,6	− 1,5	1,9	− 1,6	12,9	1,4	3,3
Kredit, Versicherung	9,4	6,0	16,2	3,2	18,0	15,1	20,0
Haushaltsorient. DL	19,3	17,4	21,9	14,0	25,6	21,0	25,3
Unternehmensorient. DL	28,5	25,7	35,0	22,2	37,9	33,5	40,9
Org. ohne Erwerbscharakter inkl. Staat	5,8	4,5	7,4	2,4	8,8	6,3	11,0
Tertiärer Sektor insgesamt	8,9	7,1	11,7	3,8	15,7	11,0	14,0
Gesamtbeschäftigung	1,2	− 0,7	3,6	− 3,6	4,7	3,0	5,7

Quelle: Zusammengestellt nach Bade 1987, 230

schnittliche Zuwachs (+ 8,9 %) schlug außerhalb der Agglomerationen (+ 11,7 %) stärker zu Buche als in diesen (+ 7,1 %). Der negative Saldo der Beschäftigungsentwicklung in den Agglomerationen kommt also durch stärkeres Schrumpfen des sekundären Sektors und schwächeres Wachstum des tertiären Sektors als in den übrigen Regionen der Bundesrepublik zustande. Innerhalb der Agglomerationen gab es wieder, wie schon bei der Bevölkerungsentwicklung, erhebliche Unterschiede zwischen Kernstädten und deren Umland. Während in den Großstädten die Beschäftigung im sekundären Sektor um 12,3 % abnahm, betrug in den Randgemeinden die Abnahme nur 2,8 % – und ähnlich, wenn auch insgesamt positiv, ist das Verhältnis bei der Beschäftigung im tertiären Sektor: In den Kernstädten nahm diese um 3,8 % zu, in den Randgemeinden dagegen um insgesamt 15,7 % !

Wir haben es also mit einem dramatischen Strukturwandel der Wirtschaft in den großen Städten zu tun: einem starken Arbeitsplatzabbau im sekundären Sektor, insbesondere im verarbeitenden Gewerbe, steht ein nur unterdurchschnittliches Wachstum der Arbeitsplätze im tertiären Sektor gegenüber. Und einzig in den Großstädten gibt es auch innerhalb des tertiären Sektors Bereiche mit abnehmender Beschäftigtenzahl: Im Handel, im Verkehrs- und Nachrichtenwesen sind ebenfalls Schrumpfungstendenzen sichtbar geworden, obwohl diese bundesweit ihr Beschäftigungsniveau halten konnten.

In den übrigen Gebieten der Bundesrepublik, selbst auf dem flachen Land, war die Beschäftigungsentwicklung in allen Wirtschaftszweigen besser als in den großen Städten. Zwar haben die Agglomerationen und in ihnen die Großstädte aufgrund der historischen Entwicklung nach wie vor die meisten Arbeitsplätze und, gemessen an der Brutto-Wertschöpfung, das größte wirtschaftliche Gewicht, aber die *Deglomerationstendenzen* in den letzten zehn Jahren sind unübersehbar. Insbesondere in den großen Städten verlief die Beschäftigungsentwicklung deutlich negativer als in den übrigen Gebieten. Die Veränderungen sind am stärksten negativ in den Agglomerationskernen, am positivsten an deren Rändern. So ergibt sich eine wellenförmige Bewegung von den Agglomerationskernen weg, mit dem Höhepunkt im Umland der größten Städte und einem Abflachen in Richtung Peripherie – aber immer noch auf höherem Niveau als in den Städten selbst (Bade 1987).

Die Beschäftigungsbereiche, denen die Städte in der Industrialisierung ihr Wachstum zu verdanken hatten, nehmen am stärksten ab. Der sekundäre Sektor in den Kernen der Agglomerationen hat innerhalb von nur sieben Jahren 12,3 % seiner Beschäftigten verloren, das verarbeitende Gewerbe trug dazu am meisten bei (vgl. Tabelle 2). Obwohl die Kernstädte der Agglomerationen im Vergleich zu den übrigen Gebieten schon 1976 den niedrigsten Anteil von Beschäftigten im sekundären Sektor besaßen (durchschnittlich 45,7 %), hatten sie in diesem Bereich die weitaus stärksten Verluste. Ihr geringes Wachstum bei den Beschäftigten des tertiären Sektors (+ 3,8 %) ist dagegen weniger verwunderlich, weil sich *hier* Niveaueffekte bemerkbar machen: Schon 1976 war in den Großstädten ein sehr viel größerer Teil der Beschäftigten im tertiären Sektor tätig als außerhalb der Städte.

Der wirtschaftliche Strukturwandel, der zu einer Abnahme der Beschäftigungszahlen im sekundären Sektor und zu einer Zunahme in tertiären führt, macht sich offensichtlich in den größten Städten am deutlichsten bemerkbar. Und er bewirkt dort per Saldo einen absoluten Verlust an Arbeitsplätzen. Der Strukturwandel ist also auch mit Veränderungen der räumlichen Verteilung der Arbeitsplätze verbunden, die zu Lasten der Großstädte verlaufen.

Das seit der Mitte des 19. Jahrhunderts vertraute Muster der räumlichen Entwicklung von Bevölkerung und Arbeitsplätzen hat sich grundsätzlich verändert: nicht mehr die großstädtischen *Zentren* verzeichnen Wachstumsraten, ja nicht einmal mehr die großstädtischen *Ballungsräume* insgesamt, sondern die Klein- und Mittelstädte in den Regionen, deren wirtschaftliche und soziale Erosion bislang immer befürchtet und beklagt wurde.

Land ist nicht mehr notwendig assoziiert mit »Entleerungsraum«, Großstadt nicht immer gleich Wachstum. Die »schrumpfende« Stadt ist ein neues Phänomen in der Geschichte seit der Industrialisierung.

Kapitel 3
Neue Medien – Trendverstärker oder Deus ex machina?

Für die Entstehung der großen Städte und ihre Ausbreitung ins Umland war vor allem eine entwickelte Verkehrstechnik Voraussetzung. Mit der Verbreitung elektronischer Informations- und Kommunikationsmedien, die die Transportmöglichkeiten zumindest von Informationen revolutionieren, können sich ebenfalls neue räumliche Strukturen ergeben. Wenn über die Veränderungen von städtischen Funktionen und Strukturen gesprochen wird, müssen daher auch die möglichen Wirkungen der neuen Informations- und Kommunikationstechniken thematisiert werden. Verstärken sie den Trend zur Entleerung der Städte oder tragen sie zu einer Stabilisierung städtischer Funktionen bei?

Die neuen Kommunikationsmedien können die Standortbedingungen für viele wirtschaftliche und private Aktivitäten nachhaltig verändern: der Zugang zu und die Übermittlung von Informationen werden weitgehend standortunabhängig. Viele Fahrten von Personen werden überflüssig, viele direkte Kontakte können durch Telekommunikation ersetzt werden. Entfernungen werden sozusagen enträumlicht. Dies könnte vor allem Auswirkungen auf die Struktur der Verdichtungsräume haben, die Zentren wirtschaftlicher Verflechtung und zentrale Märkte sind.

Die bisher vorliegenden wissenschaftlichen Analysen über die räumlichen Wirkungen der neuen Medien kommen zu dem Ergebnis, daß die unmittelbaren Folgen offen sind, d. h. politisch und sozial bestimmt werden können. Ihre Konsequenzen sind ambivalent, sie können zentralisierend und dezentralisierend, trennend und verbindend sein (z. B. Winkelhage 1982, Naylor/Türke 1982, Goddard 1980, Henckel u. a. 1984, Hall/Markusen 1985, Henckel 1985, Fritsch/Ewers 1985). Bevor wir auf Wirkungen im einzelnen eingehen, müssen wir den Charakter der neuen Medien kurz erläutern (vgl. Kubicek/Rolf 1985). Grundsätzlich zu unterscheiden sind die »Verteil-Kommunikationen« und die dialogfähige »Individual-Kommunikation«. Unter Verteil-Kommunikation werden solche Systeme verstanden, bei denen es einen Sender mit einem allein von ihm bestimmten Inhalt und viele potentielle Empfänger gibt, die aber nur ein- bzw. ausschalten können (»passive Kommunikation«); Programme werden laufend gesendet, unabhängig davon, wie viele Empfänger tatsächlich die Informationen aufnehmen. So funktioniert das herkömmliche Rundfunk- und Fernsehsystem. Diese Art von »Kommunikation« wird es auch weiterhin geben – durch den Ausbau der Übertragungskapazitäten wird lediglich die Zahl der Programme und Dienste gesteigert. Die Verkabelung der Haushalte, die derzeit von der Bundespost durchgeführt wird, hat in diesem Rahmen lediglich die Funktion einer sehr guten Antenne: dadurch können mehr und sonst nicht zugängliche Programme in guter Qualität ins Haus geholt werden; mit einer Antenne können maximal sechs Programme, über das Koaxial-Kupferkabel dagegen 12 bis 24 Programme gleichzeitig ohne Störung empfangen werden. Qualitativ ändert sich dabei gegenüber den bisherigen Mediensystemen seit einiger Zeit, daß auch privatwirtschaftliche Programmanbieter bei Rundfunk und Fernsehen zugelassen werden – dies hat mit der neuen Technik jedoch nur insofern zu tun, als die Landesregierungen sich medienpolitisch auf eine Zukunft einrichten, in der jeder Anbieter jedes Gebiet ohne Lizenz erreichen kann, nämlich über Satelliten.

Von diesen »passiven« Medien sind jene zu unterscheiden, bei denen die Teilnehmer selbst aktiv werden können oder müssen: entweder nur dadurch, daß sie von einem in einer Zentrale bereitgehaltenen Angebot diejenigen Teile auswählen, die sie speziell interessieren (das kann sich auf Informationen beziehen, später auch auf einzelne Filme); oder dadurch, daß die Teilnehmer selbst zu »Sendern« werden, also selbst Mitteilungen in ein Netz geben können, und dadurch eine nicht vorprogrammierte Kommunikationsmöglichkeit (wie beim Telefon) haben. »Dialog« nennen die Experten der neuen Medien beides, aber im ersten Fall beschränkt sich die Kommunikation auf die Auswahl vorgefertigter und bereitgehaltener Versand-Informationen.

Ein Teil der heute schon eingerichteten und der geplanten Kommunikationstechniken stützt sich auf die bereits vorhandene Infrastruktur, also auf das Telefon- und das Rundfunknetz. Da das Telefonnetz inzwischen weit ausgebaut ist (ca. 90 % aller Haushalte), und Fernsehempfänger schon in über 90 % der Haushalte stehen, sind Kommunikationsdienste, die über diese Netze laufen, faktisch überall erreichbar. Dies sind Videotext und Bildschirmtext

(Btx), wobei Videotext »durch die Luft« mit dem Fernsehsignal, Btx dagegen über die Telefonleitung ins Haus kommen.

Btx und Videotext sind passive Medien wie das Fernsehen selbst, der Empfänger kann nur auswählen. Sie bieten ein großes Informationsangebot, wie z. B. Lexikon-Wissen, Wetterberichte, Testergebnisse, Börsenkurse, Fahrpläne, Angebote von Kaufhäusern oder Versandhandel, Statistiken usw., in dem der Benutzer mit der Fernbedienung seines Fernsehers »blättern« kann. Damit ersetzen sie bislang nur gedruckt vorliegende Informationsquellen und bieten den Vorteil, daß auch sonst schwer zugängliche Informationen jeweils auf dem neuesten Stand und sofort verfügbar sind, vorausgesetzt natürlich, daß es einen entsprechenden Anbieter gibt, der seine Informationen über die Btx-Zentralen der Post oder die Sendezentralen der Rundfunkanstalten in das Netz einspeist.

Btx ist insofern »dialogfähig«, als über die Zentrale, die die Informationen bereithält und Verbindungen zu den kommerziellen Anbietern herstellt, auch Anweisungen gegeben werden können, wie z. B. Bestellungen von Waren, das Buchen einer Reise oder die Erledigung von Bankgeschäften. Dafür müssen die gewerblichen Anbieter ebenso bezahlen wie der einzelne Nutzer, der außer den Installationskosten für die Vermittlungsgeräte vom Telefon zum Fernseher auch noch die Fernmeldegebühren zu tragen hat; in den USA werden die Fernmeldegebühren allerdings meistens von den Anbietern übernommen. Das Fernsprechnetz ermöglicht außerdem einige andere Kommunikationsdienste, die vor allem von gewerblichen Teilnehmern genutzt werden: bei TELETEXT werden die Textverarbeitungssysteme der Teilnehmer direkt miteinander verbunden, womit die sekundenschnelle Übertragung von schriftlichen Mitteilungen in perfekter Form möglich ist; bei DATEL werden Computer direkt miteinander verbunden, um große Datenmengen in kürzester Zeit zu übertragen; TELEFAX macht das Fernkopieren möglich, wobei Zeichnungen, Grafiken oder einfache Bildreproduktionen zwischen den Teilnehmern ausgetauscht werden können.

Das vorhandene »schmalbandige« Fernsprechnetz mit seinen dünnen Kupferleitungen bietet allerdings nur begrenzte Transportkapazitäten. Über das Telefonnetz können einige Tausend Informationseinheiten (bit) pro Sekunde übertragen werden; das Breitbandnetz, das mit der derzeitigen Verkabelung – ebenfalls auf Kupferbasis – durch die Bundespost installiert wird, transportiert schon mehrere Millionen bits pro Sekunde. Nahezu beliebig große Informationsströme, einige Milliarden bits pro Sekunde, ermöglicht aber erst das Glasfaser-Breitbandnetz, mit dessen Ausbau in den neunziger Jahren begonnen werden soll (Holzer/Betz 1983).

Dieses Netz wird unabhängig von der heute vorhandenen Infrastruktur im Bundesgebiet neu verlegt werden. In einigen Großstädten werden z. Z. Versuche mit dem Glasfaser-Netz durchgeführt (breitbandiges integriertes Glasfaser-Fernmeldeortsnetz = Bigfon), um unterschiedliche Systeme verschiedener Hersteller zu testen. Die Kupferverkabelung, die die Bundespost gegenwärtig vornimmt, ist nur ein Zwischenspiel, um die vorhandenen Kapazitäten sofort auszuweiten – den Durchbruch in die unbegrenzte Kommunikationswelt wird erst das Glasfaser-Netz schaffen. Danach wird das Kupferkabel überflüssig; was also gegenwärtig mit hohen Kosten in unseren Städten verbuddelt wird, ist in absehbarer Zeit obsolet.

Das Glasfaser-Breitbandnetz wird die Kapazitäten so erweitern, daß neben einer großen Menge von Massenkommunikationsprogrammen jede Art von Individualkommunikation zwischen einzelnen Teilnehmern möglich sein wird, also auch die Übertragung von bewegten Bildern zwischen den einzelnen Teilnehmern. Beim Bildschirm-Telefon kann man dann dem Gesprächspartner auch Dinge zeigen, was insbesondere für die Anbieter von kommerziellen Gütern und für die Kommunikation unter Experten in bestimmten Bereichen bedeutsam ist; Geschäftskonferenzen und sogar Kongresse könnten dann über dieses Fernmeldenetz abgewickelt werden. Welche Bedeutung hat dies alles für die Stadtentwicklung und für die räumliche Struktur der großstädtischen Regionen?

Zunächst ist offensichtlich, daß viele Kontakte, die bisher das persönliche Zusammentreffen von mehreren Personen voraussetzten, durch Telekommunikation ersetzt werden könnten. Dies hat auch schon das Telefon bewirkt; das Telefon erfordert aber immer zwei Gesprächspartner und überträgt nur Worte. Da bei einem Anruf die sprechenden Personen über die gesamte Zeit, die zur Befriedigung des Informationsbedürfnisses notwendig ist, nichts anderes tun können, ist es ein sehr personalintensives Kommunikationsmittel. Die Einrichtung von automatischen Ansagediensten (wie bei der Bahn oder bei den Kinoprogrammen) löst dieses

Problem nur sehr unbefriedigend, da sie für die Anrufenden deshalb lästig sind, weil sie sich – insbesondere bei einem komplexen Informationsbedürfnis – auch viele Mitteilungen anhören müssen, die sie gar nicht interessieren. Beide Probleme werden durch solche Kommunikationssysteme beseitigt, die über Computer laufen: Man kann in kürzester Zeit mehr und präzisere Informationen abrufen, ohne am anderen Ende der Leitung eine Person dadurch zu binden. Außerdem sind die Angaben frei von Vermittlungsfehlern, man kann sie so lange auf dem Bildschirm stehen lassen, bis man sie wirklich aufgenommen hat. Da die Informationen außerdem vollständig sind, werden Gänge zu verschiedenen Kooperationspartnern, Läden oder öffentlichen Einrichtungen überflüssig.

Umfangreiche Informationen, Listen, Angebote usw. können sehr schnell von einem Teilnehmer zu anderen transportiert werden und liegen dann, falls gewünscht, in schriftlicher Form vor. Das Telefon ermöglicht dagegen nur eine Vorinformation, der in der Regel noch der Transport von Material oder der persönliche Besuch folgen müssen, wenn etwas verbindlich festgelegt werden soll. Die neuen Formen der Datenübermittlung ersparen diesen Aufwand, und nach Auswertung der Information kann ebenso schnell geantwortet, geordert oder bezahlt werden. Außerdem ist der Informationstransport zeitlich nicht beschränkt; man muß nicht auf die nächste Zustellung warten oder einen Boten losschicken, Öffnungszeiten spielen keine Rolle – auch kleinere Unternehmen, z. B. kleine Selbständige, werden dadurch voll »kommunikationsfähig«.

Das Telefon erhöhte die Geschwindigkeit der Raumüberwindung der gesprochenen Information, der Telegraf auch die der geschriebenen, aber er erfordert immer noch einen zusätzlichen Arbeitsgang, weil der Text in den Telegrafen eingegeben werden muß. Mit den neuen Telekommunikationstechniken, das ist das qualitativ Neue, können Worte, Daten und Bilder ohne zusätzliche Arbeitsgänge übermittelt und gespeichert werden.

Die starke Konzentration von Dienstleistungsbetrieben, Verwaltungen und freien Berufen in den Innenstädten ist bisher vor allem mit der Möglichkeit zu Kontakten mit verschiedenen Kooperationspartnern begründet worden, die in räumlicher Nähe angesiedelt sind. Die Entscheidungsträger von Banken, Versicherungen und produzierenden Unternehmen können sich leicht zur Besprechung von Finanzierungsfragen treffen; Groß- und Einzelhändler können mit den Herstellern der von ihnen gehandelten Produkte die Logistik planen; Werbeagenturen können schnell mal mit den Entwürfen für die neue Werbekampagne beim Auftraggeber vorbeischauen; Rechtsanwälte können zwischendurch Gerichtstermine wahrnehmen; die Herren aus den Vorstandsetagen tagen beim gemeinsamen Arbeitssessen. Der Begriff »Fühlungsvorteile«, mit dem die Attraktivität der Großstadt für Management, Forschung und Entwicklung erklärt wird, betont die Notwendigkeit persönlicher Kontakte. Die Wichtigkeit solcher face-to-face-Kontakte wird bei den Standortentscheidungen der privaten Verwaltungen immer wieder ins Feld geführt. Mit diesem Argument wurde Frankfurt/Main vor einigen Jahren dazu gebracht, die rechtlichen Voraussetzungen für die Ausbreitung jener »städtebaulichen Erektionen« (wie Stadtplaner Adrian die Hochhäuser in der City nannte) zu schaffen, die heute das Frankfurter Stadtbild prägen. Wäre dies alles, und wären die damit verbundenen Zerstörungen im Westend sowie die Hausbesetzerkämpfe überflüssig gewesen, wenn sich die Konturen der neuen Telekommunikationsmedien schon vor zwei Jahrzehnten abgezeichnet hätten? Hätten sich die Standorte von Banken und anderen privaten Verwaltungen dezentralisieren lassen, wenn die umfassenden Möglichkeiten der Telekommunikation schon damals nutzbar gewesen wären?

Seit wir die Möglichkeiten der Telekommunikation kennen, ist viel über die Notwendigkeit der face-to-face-Kontakte spekuliert worden. Die Wahrscheinlichkeit, daß die neuen technischen Medien sie überflüssig machen werden, ist eher skeptisch zu beurteilen. Nach Überlegungen von Picot (1985) sind es folgende Merkmale von Kommunikationsbeziehungen, die den *persönlichen* Kontakt der Verhandlungspartner erfordern:
– die Notwendigkeit, einen persönlichen Eindruck von der Kompetenz, der Vertrauenswürdigkeit und Kooperationsfähigkeit des Verhandlungspartners zu bekommen und eine *soziale Beziehung* aufzubauen bzw. zu pflegen;
– *diffuser Informationsbedarf*, also die Einkreisung eines Problems und die Bewertung von Handlungsmöglichkeiten im Gespräch, in dem der Informationsbedarf erst präzisiert werden kann bzw. bisher unbekannte Informationen eingebracht werden können;

– *schwierige Probleme*, die in einem komplexen Informationsaustausch analysiert, diskutiert und arbeitsteilig gelöst werden sollen.

Kommunikationsbeziehungen, auf die diese Merkmale zutreffen, können nicht oder nur sehr unzureichend über technische Medien abgewickelt werden, weil es dabei sehr darauf ankommt, ob »man miteinander kann«; informelle Aspekte der Begegnung und des Umgangs miteinander scheinen dabei eine große Rolle zu spielen. Der Ersatz solcher Meetings durch Tele-Konferenzen oder Computer-Dialoge wäre demnach kaum möglich.

Umgekehrt können durch diese Merkmale auch diejenigen Kommunikationsbeziehungen definiert werden, bei denen ein persönliches Zusammentreffen der Partner nicht nötig ist, wo die Informationsübertragung also technisiert und die Standorte der kommunizierenden Einrichtungen somit dezentralisiert werden könnten. Dies ist dann der Fall,
– wenn soziale Beziehungen keine besondere Rolle spielen, weil die Aufgaben eindeutig vorgegeben und nicht von der persönlichen Beziehung der Kooperanden abhängig sind;
– wenn der Informationsbedarf klar und eindeutig definiert ist;
– und wenn es sich um einfache Aufgaben in dem Sinne handelt, daß die Lösungswege bekannt sind.

Solche Kommunikationsbeziehungen sind also entweder durch eine klare Hierarchie und/oder durch die Routinisierung der Aufgaben geprägt. Sie verlangen wenig persönlichen Kontakt; die Kommunikationspartner können daher auch räumlich separiert ihren Standort haben, wenn sie telekommunikativ miteinander vernetzt sind. Nun gibt es drei Wege, auf denen Unternehmen diese Möglichkeiten ausnutzen könnten: die Verlagerung des gesamten Betriebes aus dem Zentrum, die Dezentralisierung einzelner Betriebsteile oder die Auslagerung einzelner Arbeitsplätze in Form von Heimarbeitsplätzen.

Die Verlagerung von ganzen Betrieben nur aus dem Grunde, daß nun die Möglichkeit zur telekommunikativen Vernetzung besteht, ist relativ unwahrscheinlich, wenn nicht andere, zwingendere Gründe wie hohe Bodenpreise im Zentrum, fehlender Platz zur räumlichen Ausdehnung, Arbeitskräftemangel usw. hinzukommen. Die stärkste Wirkung ist dagegen in Richtung einer funktionalen Standortdifferenzierung von Unternehmen zu erwarten, bei der standardisierbare und lediglich ausführende Funktionen an die

Peripherie verlagert und die kommunikationsintensiven Managementfunktionen im Zentrum verbleiben; dies gilt für Produktions- wie für Verwaltungsaufgaben.

Der Suburbanisierung der Bevölkerung, die in den sechziger und siebziger Jahren einen Höhepunkt erreicht hat, folgten auch der Einzelhandel und andere personenbezogene Dienstleistungsbetriebe. Mit einer längerfristig absehbaren Dezentralisierung der Arbeitsplätze dürfte das arbeitsbezogene Verkehrsaufkommen zwischen Innenstadt und Umland abnehmen, das Pendeln mit dem eigenen PKW zwischen Wohnorten und Arbeitsplätzen an den Stadträndern und im Umland dagegen zunehmen; denn das System des öffentlichen Personennahverkehrs ist überall radial aufs Zentrum ausgerichtet. Das neue Verkehrsaufkommen, das sich quer zu diesen Radialen bewegt, kann von diesem Verkehrssystem nicht absorbiert werden. Dieses Problem würde erst wieder geringer werden, wenn die Arbeitswege entfielen: bei der Teleheimarbeit.

In Zukunftsentwürfen einer von Telekommunikation durchdrungenen Gesellschaft sind viele Arbeitsplätze, die mit der Speicherung und Bearbeitung von Informationen oder mit der Produktion von Texten zu tun haben, nicht mehr an einem zentralen Ort, dem Betrieb, zusammengefaßt, sondern in Form eines Computerterminals in die Wohnungen verlagert. Eine weniger radikale, aber wahrscheinlichere Variante ist die Einrichtung von Telearbeitszentren in Wohngebieten (»electronic cottages«), wo Beschäftigte verschiedener Unternehmen an denselben Geräten zu unterschiedlichen Zeiten ihre Arbeit verrichten, die dann in der jeweiligen Rechenzentrale eines Betriebes zusammengebracht werden. Der Betrieb ist dann räumlich und zeitlich »diffus«; er existiert nur noch als Organisation. In den USA gibt es schon heute Unternehmen, die nur noch elektronisch zusammengehalten werden. Die einzelnen Mitarbeiter hängen mit ihren Terminals an einem Netz, in dessen Zentrum ein kleines Büro alle Fäden in der Hand hält. Zur gemeinsamen Besprechung trifft man sich nur noch selten (vgl. Milzkott 1982).

Nach Berechnungen von Fritsch/Ewers (1985, 48) umfassen die Tätigkeiten, die für eine Auslagerung in die mit einem Terminal versehene Wohnung in Frage kommen, ganze 4 % des gesamten Arbeitspotentials in der Bundesrepublik. Obwohl das Thema »neue Heimarbeit« in der öffentlichen Diskussion um die neuen

Medien immer wieder hochgespielt wird, dürfte deren Bedeutung also relativ sehr klein sein.

Wie stark die Veränderungen sind, die sich für die Städte ergeben, läßt sich noch nicht absehen. Ihre Funktionen werden sich wahrscheinlich weiter spezialisieren, weil einerseits der Drang zu zentraler Lage bei nachgeordneten Tätigkeitsbereichen nachlassen, andererseits aber die Nachfrage für zentrale Standorte wegen weiterhin notwendiger räumlicher Nähe zu anderen Einrichtungen bestehen bleiben wird. Allerdings wird das für viele Einrichtungen bisher so wichtige Kriterium der »Erreichbarkeit« für Kunden oder Geschäftspartner, das zur Bevorzugung von zentralen Standorten führte, unter den Bedingungen moderner Kommunikationstechnik in einem viel größeren Raum erfüllt: nicht nur in der Innenstadt, nicht nur im Bereich der Großstadt, sondern auch an der Peripherie. D. h., der Trend zur Suburbanisierung könnte auch einen Teil der dispositiven Funktionen von Forschung, Entwicklung und Organisation erfassen, Funktionen also in die Randzonen der Agglomerationen entlassen, die heute noch als eine der wenigen Quellen gelten, aus denen die Innenstädte neue Arbeitsplätze schöpfen.

Trendverstärkung durch die neuen Medien kann auch hinsichtlich der sich abzeichnenden, großräumigen Polarisierung zwischen schrumpfenden und prosperierenden Stadtregionen erwartet werden. Entscheidend dafür wird die Art und Weise sein, in der die neuen Informationsmedien eingeführt werden, also die sozialen, ökonomischen und politischen Rahmenbedingungen, unter denen die neue Technik angewandt wird.

Soweit die neuen Kommunikationsmöglichkeiten auf der gegebenen Infrastruktur aufbauen, werden bestehende räumliche Differenzierungen eher nivelliert. Die Hochleistungs-Systeme, die auf das Glasfaser-Netz angewiesen sind, werden dagegen nur an Standorten zugänglich sein, die an dem neu zu verlegenden Netz liegen. Diese neue Infrastruktur wird zunächst, wie es schon die Eisenbahn und das Telefon getan haben, die großen Zentren miteinander verbinden und so die qualitativen Unterschiede zwischen zentralen und peripheren Standorten erneut befestigen. In der großräumigen Perspektive werden die neuen Medien trotz aller Enträumlichungs-Effekte eine neue qualitative Raumdifferenzierung schaffen. Das Kooperationsmodell zwischen Kapitalinteressen und Bundespost beim Netzausbau, das in der Vergangenheit schon bei verschiedenen Anlässen zu beobachten war, wird auch in diesem Fall funktionieren.

Die Verbreitung der Nutzung neuer Kommunikationsmedien wird sich von der Einführungsgeschichte des Telefons kaum unterscheiden: der Netzausbau begann im Jahre 1881, zunächst wurde das Telefon ausschließlich kommerziell genutzt. Erst nach 1960 fand es eine massenhafte Verbreitung auch in den Privathaushalten (Arnold 1982). Die Orientierung auf die gewerbliche Nutzung hatte zur Folge, daß zunächst die Großstadt-Telefonnetze ausgebaut und miteinander verbunden wurden. Nach dem gleichen Muster verläuft die derzeitige Verkabelung durch die Bundespost, und nach dem gleichen Muster wird der Ausbau des Breitband-Glasfasernetzes geplant: zuerst erfolgt die Erschließung der lokalen Netze von Hamburg, Hannover, Dortmund, Düsseldorf, Frankfurt, Stuttgart, Nürnberg und München, die durch eine Fernleitung untereinander verbunden werden. Dies sind die überregional bzw. international bedeutsamen Dienstleistungszentren bzw. die Standorte von Produzenten elektronischer Kommunikationsmittel. Damit werden nicht nur die Entwicklungschancen großräumig ungleich verteilt, sondern es wird auch der Trend zur Differenzierung zwischen den Agglomerationsräumen verstärkt; denn ein nicht angeschlossener Standort wird in ähnlicher Weise abgewertet, wie dies durch fehlende Eisenbahnanschlüsse im 19. Jahrhundert der Fall war. Der flächendeckende Ausbau wird nach und nach, wahrscheinlich erst im nächsten Jahrhundert erfolgen.

Die hier diskutierten Möglichkeiten und Grenzen von räumlichen Strukturveränderungen führen insgesamt zu der verschiedentlich schon entwickelten These, daß keine Anzeichen für eine diesen Medien eigentümliche Raumstruktur zu erkennen sind. Das muß nicht heißen, daß das auch auf längere Sicht so bleibt, denn über eine Veränderung der Kommunikationsgewohnheiten aufgrund veränderter technischer Möglichkeiten läßt sich nur beschränkt spekulieren. Wir können heute nur das beschreiben, was uns bekannt und vorstellbar ist. Sicher ist, daß ceteris paribus von den Kommunikationsmedien keine revolutionären Konsequenzen für die bestehenden regionalen Strukturen zu erwarten sind. Die in ihrer diesbezüglichen Wirkung »neutrale« Technik würde eine tiefgreifende Veränderung der raumfunktionalen Zusammenhänge erlauben, nämlich den von der Raumordnungspolitik seit langem angestrebten Ausgleich der Standortqualitäten für Gewerbe- und Wohnnutzung. Ihr Einführungsmodus aber verhärtet für lange Zeit die bestehenden Strukturen und deren inhärente Entwicklungstendenzen. Die neuen Medien sind nicht der deus ex machina, mit dessen Auftritt alle Schwierigkeiten, mögen sie auch noch so groß sein, zum überraschend guten Ende gebracht werden.

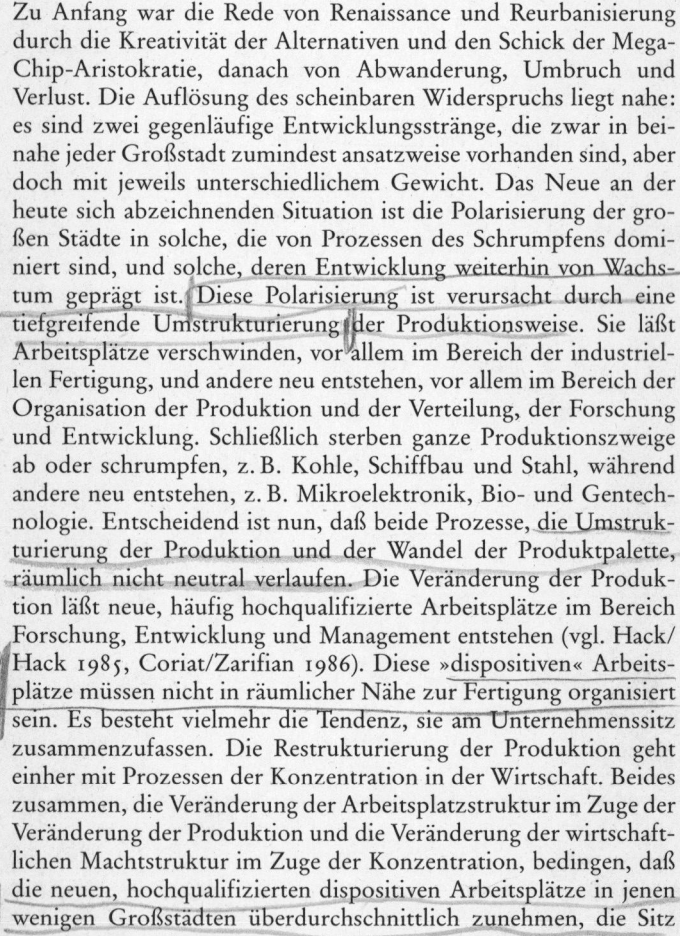

Kapitel 4
Champagner und leere Gläser
oder Die Polarisierung der großen Städte

Zu Anfang war die Rede von Renaissance und Reurbanisierung durch die Kreativität der Alternativen und den Schick der Mega-Chip-Aristokratie, danach von Abwanderung, Umbruch und Verlust. Die Auflösung des scheinbaren Widerspruchs liegt nahe: es sind zwei gegenläufige Entwicklungsstränge, die zwar in beinahe jeder Großstadt zumindest ansatzweise vorhanden sind, aber doch mit jeweils unterschiedlichem Gewicht. Das Neue an der heute sich abzeichnenden Situation ist die Polarisierung der großen Städte in solche, die von Prozessen des Schrumpfens dominiert sind, und solche, deren Entwicklung weiterhin von Wachstum geprägt ist. Diese Polarisierung ist verursacht durch eine tiefgreifende Umstrukturierung der Produktionsweise. Sie läßt Arbeitsplätze verschwinden, vor allem im Bereich der industriellen Fertigung, und andere neu entstehen, vor allem im Bereich der Organisation der Produktion und der Verteilung, der Forschung und Entwicklung. Schließlich sterben ganze Produktionszweige ab oder schrumpfen, z. B. Kohle, Schiffbau und Stahl, während andere neu entstehen, z. B. Mikroelektronik, Bio- und Gentechnologie. Entscheidend ist nun, daß beide Prozesse, die Umstrukturierung der Produktion und der Wandel der Produktpalette, räumlich nicht neutral verlaufen. Die Veränderung der Produktion läßt neue, häufig hochqualifizierte Arbeitsplätze im Bereich Forschung, Entwicklung und Management entstehen (vgl. Hack/Hack 1985, Coriat/Zarifian 1986). Diese »dispositiven« Arbeitsplätze müssen nicht in räumlicher Nähe zur Fertigung organisiert sein. Es besteht vielmehr die Tendenz, sie am Unternehmenssitz zusammenzufassen. Die Restrukturierung der Produktion geht einher mit Prozessen der Konzentration in der Wirtschaft. Beides zusammen, die Veränderung der Arbeitsplatzstruktur im Zuge der Veränderung der Produktion und die Veränderung der wirtschaftlichen Machtstruktur im Zuge der Konzentration, bedingen, daß die neuen, hochqualifizierten dispositiven Arbeitsplätze in jenen wenigen Großstädten überdurchschnittlich zunehmen, die Sitz der Unternehmen sind, zu deren Gunsten der Konzentrationsprozeß verläuft. Im Fall der deutschen Flugzeugindustrie war das z. B. München und nicht Bremen. Es verschärft sich also die Hierarchie unter den Großstädten.

Ähnlich räumlich selektiv verläuft das Auf und Ab der Produktionszweige. Die Standorte einer neuen Industrie sind selten die, an denen eine alte sich entwickelt hat. Die Chemieindustrie wurde überwiegend außerhalb der Montanstandorte aufgebaut, und die Elektroindustrie wiederum an anderen Standorten. Jene wenigen Städte, bei denen alles zusammentrifft: Standort von Konzernzentralen und Standort der neuen Wachstumsindustrien (und Hochschulstandort), können am ehesten hoffen, von Wachstum und neuen Urbaniten geprägt zu sein. Jene, die weder bedeutende Unternehmenssitze noch große High-Tech-Produzenten, noch Massenuniversitäten haben, werden nicht vom Wachstum der neuen Arbeitsplätze im dispositiven und High-Tech-Bereich und damit auch nicht vom Zusammenspiel einer modernen Schickeria mit der Alternativszene profitieren können. Sie werden schrumpfen. Im Kapitel über Stadtgeschichte werden wir deutlich machen, daß schon früher Veränderungen der Produktion bestimmte Städte auf-, andere absteigen ließen. Aber dies war ein relatives Mehr oder Weniger, bedingt durch das alles überdeckende Anwachsen der Bevölkerung und die Expansion der Arbeitsmärkte. Heute und für die absehbare Zukunft schrumpft die Bevölkerung. Das aber bedeutet, daß die heute »schwachen« Städte einen massiven, bisher nicht erlebten absoluten Rückgang zu erwarten haben. Erst dieses Zusammentreffen von Arbeitsplatzverlusten und Rückgang der deutschen Bevölkerung macht die Situation gegenwärtig zu einer bisher unbekannten Bedrohung für die Städte.

Wir wollen im folgenden diese Prozesse einer Hierarchisierung und Polarisierung der Großstadtentwicklung, die den Kern des sogenannten Süd-Nord-Gefälles ausmachen, näher beschreiben und erklären.

Ursachen für Arbeitsplatzverluste der Städte

Seit Beginn der weltweiten Wirtschaftskrise haben sich die Rahmenbedingungen für die bundesdeutsche Industrie entscheidend verändert. Im Gegensatz zur früher vorherrschenden expansiven

Investitionspolitik der Unternehmen, die – weitgehend auf erreichtem technischem Niveau – in einer Erweiterung der Produktionskapazitäten für einen aufnahmefähigen Weltmarkt bestand, sind seitdem vor allem Rationalisierungsinvestitionen vorgenommen worden, die die Position der deutschen Industrie in der schärfer gewordenen internationalen Preiskonkurrenz verbessern sollen. Rationalisierung der Produktion bedeutet, wenn nicht gleichzeitig der Absatz erheblich gesteigert werden kann, Rückgang der Beschäftigung. Da die Fähigkeit zur Reorganisation der Produktion in einzelnen Betrieben von der Kapitalausstattung abhängt, sind Rationalisierung und technologischer Wandel in der Regel mit Unternehmens-Konzentrationsprozessen verbunden.

In ihrer Analyse raumstruktureller Veränderungen bei der Industrie Großbritanniens haben Massey und Meegan (1982) die räumlichen Implikationen verschiedener Formen der Neuorganisation von Produktionsprozessen in einem Schema zusammengefaßt (vgl. Tabelle 3).

Alle Verfahren der Reorganisation der Produktion haben Konsequenzen für die lokalen Arbeitsmärkte: die Intensivierung der Arbeit (Beschleunigung, höhere Akkordvorgaben, Ausnutzung freier Momente innerhalb des Arbeitsvorgangs...) führt zu Beschäftigungsverlusten, wenn nicht gleichzeitig der Absatz gesteigert werden kann. Rationalisierung (Einführung arbeitssparender Techniken und Organisationsformen), insbesondere wenn sie mit einem grundlegenden Wandel der Fertigungstechnik und Produktionsorganisation verbunden ist, verlangt andere Gebäude (statt Stockwerksgebäuden Flachbauten) und mehr Flächen; da beides am alten Standort in den Städten meist nicht möglich ist, werden alte Standorte aufgegeben und neue Betriebe in weniger dicht bebauten Regionen auf von den Gemeinden günstig angebotenen Gewerbeflächen errichtet. Der gestiegene Kapitalaufwand führt zur Konzentration von Unternehmen und dann weiter zur Konzentration der Produktion an weniger Standorten, was Beschäftigungsabbau und Betriebsschließungen an den alten Standorten zur Folge hat.

Konzepte, die von einer Veränderung der betriebswirtschaftlich optimalen Produktionsstandorte im Verlaufe des Lebenszyklus eines Produktes ausgehen (Vernon 1966, Thompson 1977), versuchen, diese räumlichen Verschiebungen theoretisch zu erfassen. Mit der Produkt-Lebenszyklus-Theorie wird die Standorttheorie

Tabelle 3: *Räumliche Auswirkungen verschiedener Formen von Reorganisation der Produktion*

Formen d. Reorganisation d. Produktion \ Veränderungen im output	sinkend	stabiles durchschnittliches Wachstum	steigend
Intensivierung	Beschäftigungsverluste am bestehenden Standort		—
Rationalisierung	Beschäftigungsverluste am bestehenden Standort Betriebsschließungen Möglicherweise kleine Beschäftigungszuwächse als Resultat von Betriebskonzentration Keine neuen Standorte		—
Technischer Wandel	Beschäftigungsverluste am bestehenden Standort oder Neue Standorte und Schließungen	Verschiedene Kombinationen von Beschäftigungsverlusten am bestehenden Standort, neue Standorte und Betriebsschließungen	

Quelle: Massey/Meegan 1982, 127

sozusagen dynamisiert: Die Kriterien für den betriebswirtschaftlich günstigsten Standort einer Produktion wandeln sich im Verlauf des »Lebens« eines Produkts.

Der Lebenszyklus eines Produkts durchläuft nach dieser Theorie verschiedene Stadien: von der »Erfindung« zur Entwicklung der Marktfähigkeit und dann über eine allmähliche Ausreifung zu normierten, standardisierbaren Produkten, die in großen Mengen mit einer kaum mehr verbesserbaren Produktionstechnik hergestellt werden können. Die *Entwicklung* eines Produkts ist forschungs- und kostenintensiv sowie mit hohen Risiken behaftet. Sie findet in den Zentren der wirtschaftlichen Entwicklung statt, wo technisches Know how, innovatorisches Potential und der Zugang zu Risikokapital vorhanden sind. Auch wenn ein Produkt auf den Markt gekommen und eine kaufkräftige Nachfrage entwickelt ist, wird noch an der Beseitigung von »Kinderkrankheiten« und an der Verbesserung der Gebrauchsfähigkeit bzw. Verkäuflichkeit gearbeitet – bis das Stadium der »Reife« erreicht ist, in dem keine wesentlichen Verbesserungen mehr möglich erscheinen, das Produkt standardisierbar ist. Die Anstrengungen der Ingenieure konzentrieren sich dann auf die *Fertigungstechnik*, um eine kostengünstige Massenfabrikation zu ermöglichen. Die Herstellung kann auch von Unternehmen übernommen werden, die an der Entwicklung des Produkts nicht beteiligt waren, sie kaufen eine »fertige« Technologie. Die Kosten der Arbeitskraft werden dann zu einem wichtigen Standortkriterium. Der Anteil der qualifizierten Arbeitskräfte, die teuer und vor allem in den Zentren verfügbar sind, wird geringer; der Anteil der unqualifizierten Arbeitskräfte, die in peripheren Regionen billig und in großer Zahl zur Verfügung stehen, dagegen größer. Die Verschränkung von Lebenszyklus- und Produktionskostenstruktur führt zum Wandel des optimalen Produktionsstandorts. Man kann daher auch von einem »Profit-Zyklus« sprechen (Massey 1979). Die Richtung, in der sich die Standortvorteile mit der Ausreifung eines Produkts und der Produktionstechnik verändern, weist vom Zentrum zur Peripherie. Mit zunehmender Reife des Produkts wird die Produktion räumlich mehr und mehr dezentralisiert.

Eine Dezentralisierung der Fertigung war in der Bundesrepublik in den sechziger Jahren zu beobachten, als die Großunternehmen ihre Produktion auf erreichtem technischen Niveau ausdehnten. Zu diesem Zweck entwickelten sie »verlängerte Werkbänke« in ländlichen Standorten, wo vor allem einfache Montage-Arbeiten verrichtet wurden.

Die Dezentralisierung der Fertigung macht aber nicht an den nationalen Grenzen halt, sondern greift in die Länder der Dritten Welt hinaus, die – nach betriebswirtschaftlicher Kalkulation – besonders kostengünstige Produktionsmöglichkeiten bieten: niedrige Lohnkosten und Bodenpreise, weniger Arbeitsschutzvorschriften, geringe Sozialversicherung und, zunehmend wichtig, keine Umweltschutzauflagen. Insbesondere die multinationalen Konzerne nutzen die jeweils günstigsten Verwertungsbedingungen in verschiedenen Regionen der Erde aus und organisieren ihre Produktion in weltweiter Verflechtung (vgl. Borner 1980; Läpple 1985). Die »Entwicklungsländer« selbst beteiligen sich an diesem Prozeß, seit sie ihre Entwicklungsstrategie von einer komplementären zu einer substituierenden Industrialisierung verändert haben (Fröbel u. a. 1986). Während in einer komplementären internationalen Arbeitsteilung die jeweiligen Nationen unterschiedliche Güter exportieren und importieren (z. B. Rohstoffe gegen Industriewaren), begeben sich die nationalen Industrien bei einer importsubstituierenden Strategie in eine gegenseitige Konkurrenz auf dem Weltmarkt. Denn die zunächst auf Substitution gerichtete Industrialisierungsstrategie der Entwicklungsländer wird so weit vorangetrieben, daß sie selbst zu Exportländern von Industrieprodukten werden. Eine derartige Industrialisierung (in Südamerika und Südostasien) wird vor allem von multinationalen Konzernen organisiert, die Arbeitsplätze im Fertigungsbereich aus den entwickelten Industrieländern abziehen und in den Ländern, die billigere Produktionsbedingungen bieten, aufbauen. Exportiert werden dann nicht mehr Produkte, sondern Produktionsmittel bzw. Kapital. Dies führt zu absolutem Beschäftigungsabbau im produzierenden Bereich in den Industrieländern – und dort natürlich vor allem in jenen Gebieten, in denen bisher die Arbeitsplätze mit jenen Produktionsverfahren konzentriert waren, die »ausgereift« sind.

Seit Jahren wachsen die Investitionen der deutschen Industrie im Ausland stärker als im Inland (Junne 1979, Welzk 1986). Im produzierenden Gewerbe sind zwischen 1975 und 1983, als im Inland über 1 Mio. Arbeitsplätze abgebaut wurden, von deutschen Unternehmen im Ausland fast eine halbe Mio. Arbeitsplätze zusätzlich errichtet worden (Fröbel u. a. 1986, 267). Dafür ist insbesondere auch die Höherbewertung der DM am internationalen Kapitalmarkt verantwortlich, die die Lohnkosten vergleichsweise so verteuerte, daß nun auch die Produktion in den entwickelten Industrieländern eine rentable Standortalternative darstellt, in die zuvor von der Bundesrepublik aus exportiert wurde. Am stärksten betroffen sind von Rationalisierung und »Arbeitsplatzexport« die großen Industriestädte.

Die Beschäftigtenzahlen im produzierenden Bereich in den großen Städten gehen in jedem Fall zurück, auch wenn inländische Standorte noch eine profitable Alternative zur Auslandsinvestition darstellen. Denn bei ausgereiften Produkten und Produktionsprozessen kann die Marktposition nur gehalten werden, wenn die Lebensdauer des Profitzyklus verlängert wird, wofür es im Prinzip nur zwei Möglichkeiten gibt: Rationalisierung oder Verbilligung der Arbeitskosten. Die starke Abhängigkeit des Akkumulationsprozesses in der Bundesrepublik von den Exporten der vier dominierenden Branchen (Maschinenbau, Fahrzeugbau, Elektrotechnik, Chemie) zwingt das deutsche Kapital in einen kontinuierlichen Modernisierungsprozeß. Daraus folgt zwangsläufig eine Reorganisation der Produktionsstruktur in den Metropolen, »die mit massenhafter Kapitalvernichtung und -entwertung einhergeht und bei der der Anteil von Neu- und Erweiterungsinvestitionen gering, von Rationalisierungsinvestitionen aber hoch ist« (Simonis 1979, 43).

In vielen Untersuchungen zur Gewerbeentwicklung in den Städten wurde festgestellt, daß der fehlende Raum zur Expansion der dominante Grund für die Arbeitsplatzverluste ist. Allein durch die Zunahme der Fläche pro Arbeitsplatz könnte, so argumentieren Fothergill und Gudgin (1983, 41), 25 % der Arbeitsplatzverluste Londons zwischen 1966 und 1975 erklärt werden. Nur durch eine erhebliche Ausdehnung der Betriebsflächen hätte also das Beschäftigungsniveau gehalten werden können. Der Flächenengpaß führt aber keineswegs immer zu Betriebsverlagerungen, denn diese setzen hohe Kapitalausstattung und unternehmerische Flexibilität voraus, die beide gerade bei den mittelgroßen und kleinen Unternehmen mit langer Standorttradition oft nicht vorhanden sind. Diese halten an ihrer alten Betriebsstruktur fest, bis sie nicht mehr rentabel produzieren können und dichtmachen müssen oder von kapitalkräftigeren Unternehmen aufgekauft werden. Selbst noch rentabel produzierende Betriebe werden von Konkurrenten manchmal nur zu dem Zweck übernommen, sie stillzulegen, um die eigenen, neuen Kapazitäten am Rande der Agglomerationen ganz auslasten zu können (vgl. Smith 1979). Die Dezentralisierung der Produktion vollzieht sich also weniger in der Form von Betriebsverlagerungen als in einem Prozeß von Schrumpfung in den Großstädten und Wachstum außerhalb der Metropolen.

Die Auslagerung der Produktion bei größeren Betrieben wie die Konzentration in der Wirtschaft verstärken die *funktionale Arbeitsteilung* zwischen den verschiedenen Gebietstypen: beim Aufkauf von konkurrierenden Unternehmen werden, selbst wenn die Produktion bestehen bleibt, üblicherweise die leitenden Betriebsfunktionen am Unternehmenssitz des Aufkäufers zusammengezogen. Der früher selbständige Betrieb wird weitgehend auf Fertigungsfunktionen reduziert. Und umgekehrt verbleiben auch bei einer Auslagerung von Produktion und Lagerstätten der Großbetriebe die »Headquarter-Funktionen« in der Regel am alten Stammsitz in den Städten. Der Verlust von Fertigungsarbeitsplätzen und der Zuwachs von Dienstleistungsaktivitäten (innerhalb des sekundären und tertiären Sektors) sind also durchaus komplementäre Prozesse.

In der räumlichen Verteilung der Produktion zeigt sich mit zunehmender Reife der Produkte eine Tendenz zur Dezentralisierung. Die großstädtischen Zentren bleiben aber die Orte der »Innovation und Entwicklung« von Produkten und Verfahren. Dort konzentrieren sich die Betriebe des tertiären Sektors, die auf technische und gedankliche Vorleistungen für die Entwicklung von Produkten, auf die finanzielle und organisatorische Absicherung von Unternehmensstrategien spezialisiert sind: Ingenieurbüros, Forschungslabors, Banken, Versicherungen, Ausbildungseinrichtungen, Marketing-Firmen, Makler-Büros usw. Auch in den Betrieben des sekundären Sektors selbst verschieben sich die Tätigkeitsstrukturen immer mehr zugunsten solcher, die der eigentlichen Produktion vor- bzw. nachgelagert sind. Im Jahre 1984 waren nur noch 62 % der sozialversicherungspflichtig Beschäftigten des *sekundären* Sektors in der Fertigung tätig, über ein Drittel also in Dienstleistungsaktivitäten (vgl. Bade 1987).

Diese Veränderungen in der funktionalen Zusammensetzung der beruflichen Aktivitäten machen den Strukturwandel noch deutlicher als die sektoralen Verschiebungen, und sie lassen die funktionale Bedeutung der großstädtischen Zentren noch klarer werden als die oben dargestellten sektoralen Gliederungen (vgl. Tabelle 4).

Tabelle 4: *Entwicklung der funktionalen Beschäftigungsstruktur in der Bundesrepublik 1976-1983 (in %)*

| | Agglomerationen | | | | | | übrige Gebiete | | |
| | Kernstädte | | | Umland | | | | | |
	1976	1983		1976	1983		1976	1983	
Fertigungstätigkeiten	31.3	28.2	− 11.5	43.4	40.6	− 2.2	44.2	41.8	− 2.0
Dienstleistungstätigkeiten darunter:	67.4	71.0	+ 1.6	55.5	59.2	+ 11.7	54.7	58.0	+ 9.8
Produktionsdienste	34.4	37.0	+ 3.5	24.6	26.5	+ 13.0	22.6	24.3	+ 11.3
Distributionstätigkeiten	18.7	18.2	− 6.4	17.9	17.9	+ 5.1	17.7	17.4	+ 2.3
personenbezogene Dienste	14.3	15.9	+ 7.4	13.1	14.7	+ 18.2	14.4	16.2	+ 16.6
alle Beschäftigten			− 3.6			+ 4.7			+ 3.6

Quelle: Bade 1987, 253 ff.

Die einzigen Wachstumsbereiche in den Kernstädten waren zwischen 1976 und 1983, wie die Tabelle 4 zeigt, die produktionsorientierten Dienste und die Dienstleistungen für den individuellen Konsum. Unter »Produktionsdiensten« sind hier folgende Aktivitäten zusammengefaßt: Forschung und Entwicklung, Techniker, Verwaltung, Unternehmensberatung, Marketing und EDV. Der Anteil solcher Aktivitäten macht den entscheidenden Unterschied im Beschäftigungsprofil der Kernstädte zu ihrem Umland und zu allen anderen Regionen aus; dies sind die zentralörtlichen wirtschaftlichen Funktionen. Der größere Anteil der Städte in diesem Bereich wird durch den niedrigen Anteil bei den Fertigungsaktivitäten kompensiert. Und der Abbau bei diesen geht besonders rasch vonstatten, durch das Wachstum jener kann er nicht mehr ausgeglichen werden: einem Verlust von ca. 270.000 Fertigungsarbeitsplätzen zwischen 1976 und 1983 in den Großstädten steht lediglich ein Zuwachs von ca. 90.000 Beschäftigten in den produktionsorientierten Diensten gegenüber. Auf drei verlorene Arbeitsplätze kam also lediglich ein neuer.

Polarisierung der Stadtentwicklung

Bisher haben wir über Entwicklungstendenzen der Großstädte insgesamt gesprochen. Diese sind durch Einwohner- und Beschäftigungsverluste gekennzeichnet, wobei der Verlust von Arbeitsplätzen in der Fertigung im Mittelpunkt steht. Die Erklärungen dafür stützten sich vor allem auf die Produkt-Lebenszyklus-Theorie, nach der sich eine Peripherisierung der Standorte mit zunehmender »Reife« der hergestellten Güter ergibt. Dies trifft alle Großstädte gleichermaßen; aber in der Wirtschaft werden ja nicht nur »ausgereifte« Produkte hergestellt, vielmehr findet ständig eine Produktinnovation statt, die auf der Entwicklung von Wissenschaft und Technik beruht: Rohstoffe werden substituiert und verdrängen andere, völlig neue Produktions- und Konsumgüter entstehen – die Modernisierung von Fertigung und Verwaltung setzt neuartige Investitionsgüter voraus.

In den Wirtschaftswissenschaften gab es in der Vergangenheit mehrere Versuche, die langfristige wirtschaftliche Entwicklung der Produktion weltweit und für einzelne Volkswirtschaften auf der Grundlage von technischen Neuerungen zu erklären. In den

Theorien der »langen Wellen«, auf die wir später noch eingehen, werden »Basisinnovationen« als erklärende Faktoren für die langfristige zyklische Entwicklung des wirtschaftlichen Wachstums benutzt. Die Schlüsselindustrien dieser Zyklen haben ihren räumlichen Schwerpunkt jeweils an verschiedenen Orten, und daraus ergeben sich jeweils neue Muster regionaler Disparitäten.

Daß die wirtschaftliche Entwicklung in der Bundesrepublik seit einiger Zeit in neuer regionaler Differenzierung verläuft, ist in der Öffentlichkeit in den letzten Jahren unter dem Schlagwort »Süd-Nord-Gefälle« diskutiert worden (vgl. Friedrichs/Häußermann/ Siebel 1986). Damit wird die Tatsache umschrieben, daß die süddeutschen Bundesländer Bayern, Baden-Württemberg und Hessen niedrigere durchschnittliche Arbeitslosenquoten und höhere wirtschaftliche Wachstumsraten aufweisen. Das Schlagwort selbst ist aber insofern irreführend, als es großflächige Entwicklungsunterschiede zwischen Bundesländern oder gar zwischen Teilen der Republik suggeriert. Dabei wird jedoch übersehen, daß es innerhalb der Bundesländer zwischen den ländlichen Regionen und den Agglomerationen nach wie vor sehr drastische Unterschiede gibt bei den Arbeitslosenquoten, bei den Indikatoren der Wirtschaftskraft und bei den Individualeinkommen. Richtig aber ist, daß sich die Zustände und Perspektiven der großen wirtschaftlichen Zentren der drei südlichen Bundesländer von denen des übrigen Bundesgebietes unterscheiden: Sie haben höhere Wachstumsraten und niedrigere Arbeitslosenquoten. Den brisanten Kern des Süd-Nord-Gefälles bildet also die unterschiedliche Entwicklung der Agglomerationen (vgl. Häußermann/Siebel 1986).

Das Schlagwort vom Süd-Nord-Gefälle ist noch in einem zweiten Sinn mißverständlich. Die damit angesprochenen Entwicklungsunterschiede haben wenig zu tun mit Himmelsrichtung und Geographie. Das Saarland wäre geographisch dem Süden zuzurechnen, die im Vergleich dazu prosperierende Rheinschiene Bonn/Köln/Düsseldorf dem Norden. Natürliche Faktoren wie Alpen und Wetter, die oft als Erklärung genannt werden, sind für die Entwicklung Münchens irrelevant im Vergleich zu historischen, politischen und rein ökonomischen Faktoren. Überspitzt gesagt: München, Stuttgart und Frankfurt könnten ceteris paribus ebenso gut im geographischen Norden liegen.

Das bisher gezeichnete Bild großstädtischer Entwicklung ist zu differenzieren: zwar treten die oben beschriebenen Prozesse der

Dezentralisierung und Deindustrialisierung überall auf, sie werden aber in einigen Regionen überlagert von einem neuen Wachstum.

Die drei großen süddeutschen *Regionen* mit den Kernen München, Stuttgart und Frankfurt hatten zwischen 1980 und 1985 einen Beschäftigungsrückgang um insgesamt – 0,4 %, wobei die Zahl der Arbeitsplätze in der Münchener Region sogar um 1,5 % zunahm (Daten aus der Laufenden Raumbeobachtung der BfLR). Alle übrigen hochverdichteten Regionen hatten dagegen einen durchschnittlichen Beschäftigungsverlust von 4,7 % zu verzeichnen, der aus stärkeren Rückgängen im sekundären Sektor (– 10,8 % im »Norden«; – 5,7 % im »Süden«) und geringerem Wachstum im tertiären Sektor (1,1 % im »Norden«; 4,4 % im »Süden«) resultiert. Diese Tatsache ist deshalb bemerkenswert, weil in der öffentlichen Diskussion regionalwirtschaftlicher Probleme die Aufmerksamkeit vor allem auf die Regionen gerichtet ist, in denen schrumpfende Branchen (Kohle, Stahl, Werften) konzentriert sind; die Zahlen zeigen dagegen, daß sich in allen wirtschaftlichen Zentren die krisenhaften Entwicklungen bemerkbar machen – nicht nur im Ruhrgebiet und im Saarland sowie an der Küste.

Wir haben in Kapitel 2 dargestellt, daß die eigentlich Leidtragenden die *Kernstädte* sind. Ihre Verluste an Arbeitsplätzen und Bevölkerung führen teilweise zu den Gewinnen in den Randzonen der Verdichtungsräume. Vergleicht man die Entwicklung der großen süddeutschen *Städte* mit derjenigen der übrigen Kernstädte in den Regionen mit großen Verdichtungsräumen, dann zeigen sich sowohl strukturelle Ähnlichkeiten in der Entwicklung, die sich aus den oben geschilderten allgemeinen Trends zur Entdichtung und Dezentralisierung ergeben, als auch gewichtige Unterschiede, die vor allem für die zukünftigen Perspektiven der Städte von Bedeutung sind.

Im Zeitraum von 1980 bis 1985 wiesen *alle* Städte Bevölkerungs- und Beschäftigungsverluste auf – die drei süddeutschen Städte in etwas geringerem Umfang als die übrigen (vgl. Tabelle 5). Starke Verluste sind in allen Städten bei den Beschäftigungszahlen des sekundären Sektors zu beobachten, in den süddeutschen Großstädten wieder in etwas geringerem Ausmaß, aber dennoch in einer Größenordnung von knapp 10 %. Diese Tendenzen, die alle Städte gemeinsam haben, spiegeln die Suburbanisierung und den natürlichen Bevölkerungsrückgang wider sowie den Strukturwan-

Tabelle 5: *Vergleich von Kernstadtgruppen in hochverdichteten Regionen 1980-1985*

	Frankfurt Stuttgart München	übrige Kernstädte
Bevölkerung	− 4,1 %	− 5,2 %
Beschäftigte	− 3,2 %	− 5,8 %
Anteil des 2. Sektors an der Gesamtbeschäftigung 1985	36,5 %	41,1 %
Veränderung 1980-85	− 9,8 %	− 12,3 %
Anteil des 3. Sektors 1985	63,2 %	58,4 %
Veränderung 1980-85	1,1 %	− 0,6 %
Arbeitslosenquote 30. 9. 85	5,6 %	12,0 %

Quelle: BfLR, Laufende Raumbeobachtung

del der Wirtschaft, der vor allem zu einer Vernichtung von Arbeitsplätzen in den großstädtischen Zentren führt.

Gegenläufige Tendenzen zwischen den beiden Städtegruppen sind bei der Entwicklung des tertiären Sektors zu erkennen: obwohl die drei süddeutschen Städte schon 1980 einen höheren Anteil hatten, ist die Beschäftigung in diesem Bereich noch gewachsen, während sie im Durchschnitt der übrigen Städte von einem geringeren Niveau aus sogar noch gefallen ist. Dabei ist zu bedenken, daß sich unter den »übrigen« Kernstädten ebenfalls ausgesprochene Dienstleistungszentren wie Düsseldorf oder Bonn befinden.

Betrachten wir, wie schon zuvor, die Struktur und Entwicklung der Beschäftigung in den beiden Städtegruppen nun auch funktional, also nach Tätigkeitsarten quer zur sektoralen Gliederung der Betriebe, so ergibt sich folgendes Bild:

Bei den Fertigungsaktivitäten ist der Rückgang in der süddeutschen Städtegruppe mit −6,9 % nur halb so hoch wie in den übrigen Kernstädten (−13 %), bei den Dienstleistungstätigkeiten ist die Differenz gewaltig: *Zunahme* in den südlichen Zentren um 10,7 %, *Abnahme* in den übrigen um durchschnittlich − 6,7 % (vgl. Tabelle 6).

Bade (1987) hat in einer differenzierten Analyse der regionalen Beschäftigungsentwicklung gezeigt, daß die Arbeitsmarktsituation dort am wenigsten dramatisch ist, wo speziell die Dienstlei-

Tabelle 6: *Veränderungen der Tätigkeitsstruktur in den Kernstädten der*
Agglomerationen in der Bundesrepublik (1976-1983) in %

	Süden	übrige
Fertigung	− 6,9	− 13,0
Dienstleistungen	+ 10,7	− 6,7
− produktionsorientierte Dienste	+ 8,9	+ 1,1

Quelle: Bade 1987, eigene Berechnungen

stungstätigkeiten am stärksten wachsen, die als »produktionsorientierte Dienste« zusammengefaßt werden können, also For-
schungs-, Entwicklungs- und Planungstätigkeiten. Der Anteil und
das Wachstum dieser Aktivitätsbereiche in den Betrieben weisen
auf fortschreitende Rationalisierung und auf Anstrengungen in der
Produktinnovation hin – beides trägt zur Sicherung der Marktposition bei, und beides verringert vor allem den relativen Anteil von
Produktionsarbeitern, die die Verlierer dieser Entwicklung sind.

Bei diesen Tätigkeiten haben die drei süddeutschen Kerne einen
höheren Anteil an der Gesamtbeschäftigung als die übrigen Städte:
während sie 1983 27,6 % aller Beschäftigten in den großen Städten
auf sich vereinigten, waren dies bei den produktionsorientierten
Diensten 32 %. Und die Entwicklung war bei ihnen gegenüber
1976 mit 8,9 % Wachstum erheblich positiver als bei den übrigen
Städten mit 1,1 %.

Die hohen Anteile bei den produktionsorientierten Dienstleistungstätigkeiten in den süddeutschen Kernstädten weisen darauf
hin, daß dort Industrien konzentriert sind, die einen vergleichsweise hohen Aufwand für Forschung und Entwicklung treiben.
Diese Industrien werden heute üblicherweise als »hochtechnolo-
gisch« bezeichnet, weil sie sich vor allem in der Entwicklung und
Vermarktung von neuen Technologien engagieren – solchen Produkten also, die sich noch in der Anfangsphase ihres Lebenszyklus
befinden.

Die unterschiedliche Entwicklung von Städten ist bestimmt
durch den beschriebenen Dezentralisierungsprozeß im Rahmen
des »Profit-Zyklus« von optimalen Produktionsstandorten und
durch den Strukturwandel der Wirtschaft, der eng mit den neuen
Technologien, insbesondere mit der Mikroelektronik, zusammenhängt. Durch die Krise bestimmter Branchen werden diese Ent-

wicklungen, wenn eine regionale Monostruktur gegeben ist, noch
erheblich verschärft.

Sektoralbedingte Schrumpfung

Die Entwicklung der Städte im Ruhrgebiet war in hohem Maße
mit der Entwicklung der Montan-Industrien verbunden; wenn sie
in eine Krise geraten, sind diese Städte selbstverständlich zentral
betroffen.

Die Beschäftigung in der Bergbauindustrie der Bundesrepublik
ist seit den sechziger Jahren drastisch verringert worden. Neue
Energieträger (Öl, Erdgas und Atomenergie) haben den Kohlever-
brauch reduziert, ausländische Kohle konnte billiger gekauft werden als inländische. Der Kohleabbau wurde zudem fast vollständig
automatisiert. Die Städte in den Kohlerevieren verloren daher als
erste Arbeitsplätze und Einwohner, weshalb einige Bergbauregio-
nen des nördlichen Ruhrgebiets und an der Saar schon von Anfang
an in die Liste der strukturschwachen Fördergebiete der »Gemein-
schaftsaufgabe Verbesserung der regionalen Wirtschaftsstruktur«
aufgenommen wurden. In diesen Fällen war die regionale Krise
eindeutig sektoral bestimmt.

Ähnlich ist die Situation in jenen Städten, deren Wachstum vor
allem mit der Eisen- und Stahlindustrie verbunden war. Der Ausbau von Produktionskapazitäten in anderen europäischen Ländern und vor allem die Konkurrenz aus Südostasien stürzten bei
gleichzeitiger Stagnation der weltweiten Nachfrage die bundesdeutsche Schwerindustrie in eine schwere Krise (vgl. Esser u. a.
1983) – und dies führte bei der hohen räumlichen Konzentration
dieser Produktion ebenfalls zu regionalen Krisen. Auch die »Stahl-
standorte« sind inzwischen zu »Fördergebieten« erklärt worden,
um die Entstehung anderer Wirtschaftszweige in diesen mono-
strukturierten Regionen zu unterstützen. Saarbrücken und die
Westpfalz, die Ruhrgebietsstädte Bochum, Duisburg, Dortmund
und Oberhausen sowie Osnabrück, Braunschweig, Salzgitter,
Amberg und Schwandorf gehören dazu. In diesen Städten war der
Arbeitsmarkt durch die Stahlindustrie so dominiert, daß deren
Krise unmittelbar zur städtischen wurde.

Den Charakter einer sektoralen Krise, die sich regional konzentriert auswirkt, hat ebenfalls die Absatz- und Beschäftigungskrise

der Werftindustrie, von der die großen Industriestädte an der Nordsee betroffen sind. In Kiel, Lübeck, Hamburg und Bremen wurde der Arbeitsmarkt in den letzten zehn Jahren dadurch erheblich belastet. Von einer Werft-Monostruktur kann in diesen Städten allerdings nicht gesprochen werden, da dort das verarbeitende Gewerbe einen vergleichsweise bescheidenen Anteil an allen Beschäftigten hat und weil außerdem der Schiffsbau den sekundären Sektor nicht im gleichen Ausmaß dominierte, wie dies bei den Montanindustrien in den oben genannten Städten der Fall war.

Außer im Montanbereich und bei den Werften gibt es in den übrigen Branchen keine derartige regionale Konzentration, daß die Beschäftigungskrise einer einzelnen Stadt oder Region mit ihrer speziellen Branchenstruktur erklärt werden könnte (vgl. Gräber u. a. 1986, Sinz/Strubelt 1986). Daß auch in allen übrigen Großstädten Industriearbeitsplätze verloren gehen, hat mit den oben beschriebenen Dekonzentrations- und Deindustrialisierungsprozessen zu tun, von denen alle Großstädte in den entwickelten Industrienationen erfaßt sind (vgl. v. d. Berg u. a. 1982; Goddard/Champion 1983; Sternlieb/Hughes 1975; Keeble 1980 und 1984; Preteceille 1985, Neef 1986).

Entwicklungszyklen und Beschäftigung

Die Dekonzentration der Industrie und die Beschäftigungsverluste der Großstädte, die aus verstärkten Rationalisierungsinvestitionen des verarbeitenden Gewerbes resultieren, hängen mit dem Entwicklungsstadium einer ganzen industriellen Epoche zusammen, die sich seit mehr als zehn Jahren ihrem Ende zuzuneigen scheint. Obwohl es niemand genau erklären kann, bietet die »Theorie der langen Wellen« eine Orientierung im Auf und Ab langfristiger Zyklen. Seit einigen Jahren erlebt diese Theorie eine erstaunliche Renaissance bei linken und rechten Ökonomen (Kleinknecht 1980).

Zyklentheorien der kapitalistischen Entwicklung haben eine lange Tradition (vgl. Huber 1985). In der Mitte des 19. Jahrhunderts hat Clément Juglar schon seine 5- bis 7jährigen Konjunkturzyklen als wiederkehrende Perioden vorgestellt. Die wichtigsten Entwürfe stammen aber von Kondratieff und Schumpeter aus den zwanziger und dreißiger Jahren dieses Jahrhunderts. Nach diesen Modellen verläuft die Entwicklung der kapitalistischen Industrien in 40 bis 60 Jahre dauernden Wellen, die jeweils von grundlegenden technischen Innovationen getragen werden. In Schumpeters Sicht bildeten der mechanische Webstuhl und die Dampfmaschine die technologische Basis der ersten, die Eisenbahn und die neuen Verfahren zur Stahlerzeugung die Basis der zweiten, chemische Verfahren und Elektrizität diejenige der dritten langen Welle kapitalistischer Expansion. Die vierte hat das Automobil als Grundlage und befindet sich seit Anfang der siebziger Jahre in ihrer Abschwungphase. Nach Gerhard Mensch (1979), der die zyklische Entwicklung ebenfalls mit der massenhaften Anwendung (nicht Erfindung!) neuer Technologien, sogenannten Innovationsschüben, in Zusammenhang bringt, beruht die jetzt auslaufende Welle auch auf der Fernseh- und Telefontechnik. Doch wäre es naiv, diese Zyklen allein als technologisch determiniert zu verstehen, denn gerade der komplexe Zusammenhang zwischen technischen Möglichkeiten, industrieller Anwendung, Entwicklung der Märkte und ökonomisch-politischen Machtkonstellationen macht diese Theorien erst heuristisch interessant und gibt ihnen analytischen Wert. Die marxistischen Versionen (Mandel 1972, Altvater 1983, Läpple 1986) betonen daher besonders den Zusammenhang zwischen technischer, ökonomischer und gesellschaftlicher Entwicklung, wonach der Übergang von einer langen Welle zur anderen nicht nur mit ökonomischen Krisen, sondern auch mit dem »Bruch und Formwandel eines Entwicklungsmodells« (Altvater) verbunden ist.

Die These von den langen Wellen und den ihnen zugehörigen Schlüsselindustrien macht die Formeln von den »alten« und den »neuen« Industrien verständlich, und diese Unterscheidung ist für unser Thema, den Aufstieg und Niedergang von Städten, deshalb von Bedeutung, weil die jeweiligen Kapitalstrategien eine unterschiedliche Raumnutzung implizieren. Vereinfacht gesagt: die beschriebenen Prozesse von Deindustrialisierung und Dezentralisierung sind Ergebnis des Überlebenskampfes von Industrien, die sich dem Ende ihres Lebenszyklus nähern. Marktsättigung und internationale Konkurrenz bestimmen das Feld, in dem sie operieren; Preiskonkurrenz durch umfassende Rationalisierung ist die Methode, mit der sie um ihre Marktanteile kämpfen. Nicht Produkt-, sondern Prozeßinnovation ist die Hauptkampflinie; die ständige technische Erneuerung der Produktionsanlagen gehört ebenso dazu wie die Nutzung auch minimaler Kostenvorteile, die verschiedene Standorte bieten: die europäische Stahlindustrie versuchte, ihre Position auf dem Weltmarkt zu festigen, indem sie neue Produktionen an den Küsten aufbaute, und die Industrialisierung ländlicher Gebiete diente der Ausnützung billigerer Arbeitskräfte. Doch diese Möglichkeiten sind in einem Land begrenzt, wenn in anderen Ländern noch billiger produziert werden kann (vgl. Blackaby 1979, Bluestone/Harrison 1982). Textil-, Stahl- und Werftindustrien sind Beispiele dafür.

Charakteristisch für Industrien, die sich in der Abschwungphase eines langfristigen Zyklus befinden, ist auch die zunehmende Unternehmenskonzentration – aus verschiedenen Gründen: grundlegende Rationalisierungsmaßnahmen setzen eine hohe Kapitalausstattung voraus, über die kleinere Unternehmen nicht verfügen. Die weltweite Vermarktung der Produkte erfordert ein Marketing- und Vertriebsmanagement, das nur große Unternehmen aufbauen und betreiben können; dasselbe gilt für die Ausschöpfung der Kostenvorteile einzelner Produktionsabschnitte an verschiedenen Standorten. Eindrucksvoll demonstrieren dies die multinationalen Konzerne, die einzelne Teile ihrer Produkte an verschiedenen Stellen der Erde herstellen und sie dann irgendwo zum Endprodukt montieren lassen (vgl. Fröbel u. a. 1987). Die Automatisierung der Produktion und die Einführung neuer Produktionsverfahren sind vor allem dann sinnvoll und profitversprechend, wenn der Absatz einigermaßen planbar ist, wenn also das Unternehmen eine marktbeherrschende Position einnimmt.

Die Unternehmenskonzentration hat eine räumliche Konzentration der »Headquarter«-Funktionen zur Folge. Damit sind, wie schon erwähnt, die der Sachgüterproduktion vor- und nachgelagerten Dienstleistungstätigkeiten gemeint, die entweder als Teil der Hauptverwaltung von Konzernen oder in selbständigen Betrieben des tertiären Sektors organisiert sind. Die in den fünfziger Jahren noch sehr dezentrale Standortstruktur der Hauptverwaltungen konzentriert sich immer mehr. Dabei handelt es sich weniger um Standortverlagerungen als um Konsequenzen wirtschaftsstruktureller Veränderungen. Mit zunehmender Größe, steigender Zahl von Produktionsstätten und wachsender internationaler Orientierung liegen die Hauptverwaltungen in den hochrangigsten Ballungszentren. Eine Reihe von Entwicklungen deutet darauf hin, »daß die heutigen Zentren ihre führende Position als

Standorte hochwertiger Büroarbeitsplätze in Zukunft eher weiter ausbauen« (Olbrich 1984, 231).

Olbrichs Untersuchung der Standorte von Hauptverwaltungen der 500 größten Unternehmen der Bundesrepublik ergab, daß sich die Zahl der Standorte von 1956 bis 1976 um 25 % reduziert hat. Die Hauptverwaltungen der Bergbau- und Stahlunternehmen konzentrieren sich verständlicherweise auf Essen und Düsseldorf, die Ölkonzerne residieren in Hamburg. Hauptsitze der Branchen, die mit umfangreichen Forschungs- und Entwicklungseinrichtungen verbunden sind, finden sich vorwiegend in den drei süddeutschen Städten Frankfurt, Stuttgart und München. In Frankfurt, dem international bedeutsamsten Bankenzentrum auf dem europäischen Kontinent (300 Banken aus dem In- und Ausland haben dort ihren Sitz bzw. Niederlassungen), siedeln die Großkonzerne eigene Filialen an, die sich mit Finanzierungsstrategien beschäftigen. In München konzentrieren sich Forschungs- und Entwicklungsabteilungen der elektronischen Industrie.

In dem Maße, in dem die industriellen Beziehungen internationalisiert werden, konzentrieren sich die Führungsfunktionen an den wenigen Orten in einem Land, die eng in den weltweiten Informations- und Besucherverkehr eingebunden sind. Nachgeordnete Unternehmen des tertiären Sektors, die ihre Dienstleistungen vor allem für die Hauptverwaltungen von Großbetrieben erbringen, folgen ihren Kunden. So bildet sich eine *neue Hierarchie* zwischen den Großstädten heraus (vgl. Rojahn 1984), bei der auf der Ebene der Dispositionsfunktion ehemalige Zentren peripherisiert werden. In der Stadt Bremen z. B. hat kein einziger Großbetrieb der Industrie mehr seine Hauptverwaltung. Das ökonomische Schicksal von zunehmend mehr Städten wird in immer weniger Zentren bestimmt.

Die räumlichen Konturen eines neuen Zyklus

Diejenigen Regionen und Städte, die die Zentren des industriellen Aufschwungs eines bestimmten Zyklus waren, sind natürlich von den Erosionserscheinungen in der Abschwungphase besonders betroffen. Denn die Orte, an denen sich die Kerne eines *neuen* Zyklus bilden, sind andere.

Läßt man sich auf die Theorie der langen Wellen ein, dann müßten die Technologien, die dem nächsten Zyklus zugrunde liegen, schon vorhanden sein, denn zwischen der Herausbildung der »Basisinnovationen«, ihrer Entwicklung zur Produktreife und erst recht ihrer wirtschaftlichen Breitenwirkung liegen nach allen historischen Erfahrungen viele Jahre. Als Stichworte fallen einem heute die Mikroelektronik und die neuen Materialtechnologien ein sowie die Bio- und Gentechnik. Inwieweit sie tatsächlich die materielle Basis für einen neuen industriellen Zyklus abgeben werden, ist zur Zeit nicht endgültig zu beurteilen. Wir brauchen uns aber weder in die sehr schwierige ökonomische Prognostik einzumischen, noch uns an einer futurologischen Kaffeesatz-Leserei zu beteiligen, denn es geht hier allein darum, die räumlichen Konturen eines möglichen nächsten Zyklus zu skizzieren, nicht dessen Zeitpunkt, Umfang und Dauer. Hierzu genügen ein Blick auf aktuelle Tendenzen und einige grundsätzliche Überlegungen.

Die klassischen Standorttheorien, mit denen die Raumwirtschaftsstrukturen erklärt werden, stellen Rohstoffvorkommen und Transportverbindungen in den Mittelpunkt. Hat ein Industriestandort erst einmal eine gewisse Größe erreicht, dann treten die selbstverstärkenden Wirkungen der Agglomerationsvorteile ein: die Region wächst und wächst. Die Agglomerationsvorteile (vgl. Heuer 1975) bestehen vor allem in einem großen und differenzierten Arbeitsmarkt, in der Nähe zu Absatzmärkten sowie in der räumlichen Konzentration von Zulieferungs- und Kooperationsunternehmen (»Fühlungsvorteile«).

Diese Standortvorteile sind für die »neuen« Industrien nur noch beschränkt bedeutsam, und wo sie Bedeutung haben (wie beim Arbeitsmarkt oder bei den Kooperationsbeziehungen), bieten die traditionellen Zentren *qualitativ* nicht das, was sie suchen:

– *Rohstoffvorkommen* sind für die modernen Industrien ganz ohne Bedeutung. Der Rohstoffverbrauch der deutschen Industrie ist generell rückläufig (Jänicke 1985, 40), und der spezifische Materialbedarf der modernen Industrien bindet sie geographisch in keiner Weise.

– Die *Transportkostenvorteile* und die *Erreichbarkeit* sind keine Determinanten der Standortwahl mehr, weil das Volumen der zu transportierenden Güter sehr viel geringer ist, die Kosten für den Transport im Vergleich zu den übrigen Produktionskosten weit weniger ins Gewicht fallen und beim inzwischen erreichten Ausbau der Verkehrsinfrastruktur die Erreichbarkeit an viel mehr Standorten als je zuvor optimal ist.

– Die *Standortvorzüge* einiger Regionen gingen durch großräumige Veränderungen verloren, insbesondere durch die politische Teilung Europas, die eine überaus starke West-Orientierung der Handelsbeziehungen zur Folge hatte. Durch die europäische Integration sind ehemals periphere Standorte zu zentralen geworden und umgekehrt.

Insbesondere für die deutschen Hafenstädte bringt dies Nachteile, da die holländischen immer stärker die Hauptumschlagplätze für Zentraleuropa werden. Für die Hafenstädte ist desweiteren bedeutsam, daß aufgrund neuer Transporttechniken der Umschlag vom Wasser- zum Landfahrzeug nur noch selten Lagerzeiten einschließt. Er wird von weitgehend automatisierten Container-Terminals erledigt. Die Hafenstandorte verlieren ebenfalls bei der Verarbeitung von Importrohstoffen an Bedeutung, weil entweder Halbfertigprodukte importiert oder die Rohstoffe gleich zum Endverarbeiter weitergeleitet werden.

Die Standortvorteile, die die »alten« Industriezentren so attraktiv gemacht haben, spielen für die »neuen« also eine geringere Rolle. Dort, wo weiterhin bestimmte Leistungen am Standort geboten sein müssen, wie z. B. beim Arbeitsmarkt oder den Transportbedingungen, sind es qualitativ andere Ressourcen, die wichtig sind: Elektroingenieure und Informatiker statt der gestandenen Metallfacharbeiter, Flugplätze statt Bahnhöfen oder Seehäfen.

Schließlich erscheinen die traditionellen Standorte aus der Perspektive der neuen Wachstumsindustrien wie besetzte Gebiete, deren Eroberung viel zu mühselig und hinderlich ist, wenn noch andere Räume gleichsam ihrer Ausbeutung harren. Dies gilt zunächst für günstig gelegene Flächen, die in den großen Industrieregionen mit alten Gebäuden bebaut, zwischen produzierenden Fabriken eingezwängt, Immissionen ausgesetzt oder ungünstig geschnitten sind – oder aber sich im Eigentum der früheren industriellen Herren befinden, die diesen Besitz nur zögernd herausgeben, weil sie sich möglicherweise an der Regeneration finanziell beteiligen müßten oder Haftung für Spätfolgen, etwa Bergschäden und verseuchte Böden, fürchten. Die hemmungslose, profitsüchtige Ausnutzung natürlicher Ressourcen, der früher die Kommunen machtlos oder wohlwollend zugesehen haben, rächt sich heute in Form »verbrannter Erde«. Wenn von anderen Kommunen unverbrauchte und reizvolle Landschaften angeboten werden können, sind die altindustrialisierten Städte in der Konkurrenz um Ansiedlungen hoffnungslos unterlegen.

Aber auch die lange eingespielten politischen und gesellschaftlichen Verflechtungen, die institutionellen Verbindungen und regionalen Kulturen dürfen in ihrer »abweisenden« Bedeutung nicht unterschätzt werden. Es geht zugleich um die Machtstruktur in einer Region, die eng mit den wirtschaftlich dominanten Interessen verbunden ist: »Die Hindernisse sind Kartelle der alten Industrien, Verteilungskoalitionen, übermächtige Verbände und ein Staat, der von dieser konservativ gewordenen Organisationsmacht abhängt« (Jänicke 1985, 18). Peter Hall (1985) versuchte dies mit dem Bild vom Upas-Baum zu veranschaulichen, der unter seiner dichten, weit ausgebreiteten Laubkrone jede andere Vegetation erstickt. Nun sind solche biologischen Analogien immer problematisch, aber daß die damit gemeinten Effekte tatsächlich vorhanden sind, wissen wir aus der Industrialisierungsgeschichte und aus den alltäglichen Erfahrungen, die beispielsweise die Alternativ-Betriebe machen, die nach allen Richtungen an bestehende, von den herrschenden Interessengruppen bestimmte formale Regeln stoßen. Daß diese Regelungen und Machtkartelle auch Schutzfunktionen für Minderheiten und gesellschaftlich ohnmächtige Gruppen haben können und tatsächlich haben, darf freilich nicht übersehen werden – nur, was sie schützen, ist eben oft genug ebenfalls fraglich geworden.

Wir haben festgestellt, daß die alten Industriezentren auf die Ansätze neuen Beschäftigungswachstums eher abstoßend wirken und daß die herkömmlichen Standortvorteile für den Aufbau neuer Industrien kaum wirksam sind. D.h., wir haben dargelegt, daß die Standorte der neuen Industrien andere sind. Bleibt die Frage, warum sie gerade im Süden liegen. Die günstigere Entwicklung der süddeutschen Metropolen München und Stuttgart scheint uns vor allem auf zwei Entwicklungsfaktoren zurückzuführen sein: auf die historisch-politisch bedingte hohe Konzentration von Elektronikindustrie einerseits, auf die von den nördlichen Regionen abweichende Industrietradition andererseits.

Sieht man von den quantitativ nicht so sehr ins Gewicht fallenden Stahlstandorten Amberg und Schwandorf ab, so haben Bayern und Baden-Württemberg faktisch keine Industrien aus der ersten Phase der Hochindustrialisierung (also Bergbau, Eisen und Stahl). Der Beschäftigungsabbau in der einstmals wichtigen Textilindustrie, der Schlüsselindustrie der Frühindustrialisierung, konnte in der Phase wirtschaftlicher Expansion nach dem Zweiten Weltkrieg ohne größere regionale Krisen vom Arbeitsmarkt verkraftet werden.

Wegen der Standortnachteile erfaßte die Industrialisierung Baden-Württemberg und Bayern erst gegen Ende des 19. Jahrhunderts, und dann entwickelte sich diese vor allem mit der verarbeitenden Industrie. Rohstoffproduktion spielte kaum eine Rolle. Um die Transportkosten-Nachteile ausgleichen zu können, war z. B. die baden-württembergische Industrie von vornherein gezwungen, technisch höherwertige Produkte anzubieten, in die im Vergleich zum Material relativ mehr technisches Wissen eingegangen war. Dadurch konnte die Bedeutung der Transportkosten vermindert werden. Die württembergische Maschinenindustrie war daher seit je weniger auf Massenproduktion, sondern mehr auf Spezialprodukte ausgerichtet. Eine vielleicht noch wichtigere Rolle als Bremse gegen eine rasche Industrialisierung auf großtechnologischer Basis spielte die Struktur der Landwirtschaft: infolge des Realteilungsprinzips bei der Erbfolge boten die immer kleiner werdenden bäuerlichen Betriebe keine ausreichende Existenzgrundlage. Die meisten Landwirte waren zu handwerklicher Nebentätigkeit gezwungen. Das Bodeneigentum hinderte aber auch daran, diese Ernährungsbasis gänzlich aufzugeben und in die industriellen Zentren, wie z. B. ins Ruhrgebiet, abzuwandern. So entstand ein weit verzweigtes Gewerbesystem von mittleren und kleinen Betrieben, die sich nur durch Spezialisierung und handwerkliches Können behaupten konnten, ein komplexer Prozeß, den Schremmer (1978, 218) als »strukturstabilisierenden Fortschritt« kennzeichnet. Auch die aufkommende Großindustrie hat diese Struktur nicht zerstört. Dies ist ein wesentlicher Grund dafür, daß selbst in den Zeiten der größten Depression die Arbeitslosigkeit in Württemberg niedriger war als in anderen Regionen Deutschlands.

Die Einführung mikroelektronischer Steuerungstechnologie

wirkt sich in der Großindustrie anders aus als in kleineren Spezialindustrien. Bei der Interpretation der gegenwärtigen weltweiten Umstrukturierung der kapitalistischen Industrie spielt neben wirtschaftspolitischen Gründen (Ölpreisverteuerung) und neben der neuen internationalen Arbeitsteilung (zunehmende Konkurrenz neuindustrialisierter Staaten) auch der Wandel auf dem Absatzmarkt für standardisierte Massenprodukte eine wichtige Rolle. Die Produkte werden zunehmend differenziert und häufiger geändert. Das zwingt zu kleinen Serien und schnelleren Umstellungen der Produktion. Beides stellt die tayloristische Produktionsform, also die möglichst weitgehend zergliederte, in Großindustrien organisierte Massenproduktion in Frage (Piore/Sabel 1985). Andererseits können flexiblere Produktionsformen auch in kleineren Anlagen die Kostenvorteile der tayloristischen Produktion realisieren, weil die Steuerungs- und Kontrolltätigkeiten, die bisher einer Automatisierung entgegenstanden, mit den mikroelektronischen Techniken ebenfalls rationalisierbar sind. Damit ist es möglich, auch Kleinserien- und Einzelfertigungen mit Produktionsautomaten herzustellen, die rasch auf neue Marktanforderungen umprogrammiert werden können, ohne daß die gesamte Produktionsanlage ersetzt werden müßte. Was zuvor als Information in die spezifische Gestalt einer Maschinerie eingebaut wurde, erfordert nunmehr lediglich die Ausarbeitung eines neuen Steuerungsprogramms (vgl. Schumann/Wittemann 1985, Hirsch/Roth 1986, 106ff.).

Die modernen Steuerungstechnologien können also die Wettbewerbsfähigkeit gerade kleiner und mittlerer Betriebe verbessern. Während die Anwendung der Mikroelektronik als Automatisierungstechnologie in der Großindustrie den Verlust von Arbeitsplätzen in großem Umfang zur Folge hat (Kern/Schumann 1984), kann sie die Beschäftigung in Spezial-Industrien gerade stabilisieren. Dabei werden handwerkliche Fähigkeiten und der Rückgriff auf »ganzheitliche Arbeitsfunktionen« wieder wichtiger. Piore und Sabel (1985) haben daraus die These abgeleitet, daß bei dieser Entwicklung jene Regionen einen Vorsprung besitzen, in denen sich handwerkliche Qualifikations- und Produktionsstrukturen erhalten haben. Gebiete, in denen die kapitalistische Durchorganisation im Sinne tayloristischer Konzepte nicht voll Fuß fassen konnte, bieten »auch das notwendige differenzierte und flexible Produktionsmilieu zur Entwicklung technologischer Innovationen und neuer Organisationsformen der Produktion« (Läpple

1986, 116). So scheint sich die Tatsache, in früheren Entwicklungsperioden nur »Zweiter« gewesen zu sein, auf neuer technologischer Stufe als Vorteil auszuzahlen.

Daher sind auch die Versuche, Deindustrialisierungs- und Wachstumsprozesse in verschiedenen Regionen mit der Branchenstruktur erklären zu wollen, unergiebig und teilweise falsch. Der Maschinenbau z. B. kann eine Branche mit hohen Beschäftigungsverlusten, aber auch ein wichtiger Stabilisierungsfaktor sein, je nach seiner »Modernität«. Selbst Betriebe der Bekleidungsbranche, die wegen ihrer personalintensiven Fertigung in der Vergangenheit zum größten Teil in Länder auswichen, wo billige Arbeitskräfte zu haben waren, und die daher zu den am stärksten schrumpfenden Beschäftigungsbereichen gehörten, können durch die Anwendung elektronisch gesteuerter Produktionsanlagen ihre Position stabilisieren.

Solche Zusammenhänge erlauben Erklärungen für die geringeren Beschäftigungsverluste der süddeutschen Industrieregionen. Darüber darf man allerdings nicht vergessen, daß es auch dort tayloristisch organisierte Massenproduktion gibt, die in der Folge von Absatzkrisen und Rationalisierung zur Arbeitslosigkeit beiträgt: In Stuttgart wurde ein großes Werk der AEG geschlossen, und in der Automobilproduktion gibt es ständig Freisetzungen durch Automatisierung, nur sind dort eben auch mehr expandierende Bereiche in den gleichen und anderen Branchen vorhanden, die den Strukturwandel in seinen Folgen für den Arbeitsmarkt abmildern.

Wenn für die günstigere wirtschaftliche Entwicklung der süddeutschen Städte, wie es in der öffentlichen Diskussion oft geschieht, die größere Bedeutung der High-Tech-Industrien verantwortlich gemacht wird, dann ist dies insofern richtig, als die *Herstellung* jener mikroelektronischen Steuerungselemente und der zu ihnen gehörenden Software in den süddeutschen Regionen in viel größerem Umfang stattfindet als in den übrigen Teilen der Republik. Als Zentrum der Produktion mikroelektronischer Steuerung in der Bundesrepublik kann der südbayerische Raum und, allerdings in zweiter Linie, Württemberg bezeichnet werden. Die Gründe dafür, daß sich die neuen Industrien gerade dort entwickelt haben, sind unseres Erachtens vor allem in historisch spezifischen Konstellationen nach dem Zweiten Weltkrieg und in einer gezielten Politik zu suchen.

Betriebsverlagerungen nach dem Zweiten Weltkrieg

In der ersten Hälfte des 20. Jahrhunderts galten Bayern und Baden-Württemberg eher als benachteiligte Gebiete. In den großindustriellen Zentren des Rhein-Ruhrgebiets, Sachsens und Berlins war der Industrialisierungsgrad höher, auch wurde dort durchschnittlich mehr verdient. Das Fundament der heute dominierenden Wachstumszentren im Süden war das Ende des Zweiten Weltkriegs: aus politischen Gründen verlegten viele Unternehmen ihren Sitz aus der sowjetisch besetzten Zone und aus Berlin in den westlichen Teil Deutschlands. Die auf Dauer bedeutsamste Verlagerung war diejenige der Siemens AG, heute der Konzern mit den meisten Beschäftigten in ganz Europa. Aber auch IBM (früher: DEHOMAG), AEG und Zeiss sind nicht unbedeutende Fälle. Die Banken zogen aus Berlin nach Frankfurt. Sie alle wählten bewußt ihren Standort in der amerikanisch besetzten Zone, also in Süddeutschland (vgl. Kunz 1984).

Entwicklung des Südens durch Rüstungspolitik

Diese Vorgänge erklären zwar, warum diese Betriebe in Süddeutschland liegen, nicht aber ihr weiteres Wachstum, also die Konzentration der High-Tech-Industrien in Süddeutschland. Die Weiterentwicklung ist zunächst Ergebnis einer gezielten Politik, die besonders von den Vertretern des »unterindustrialisierten« Bundeslandes Bayern mit Erfolg betrieben wurde. Die forcierte Modernisierungspolitik in Bayern ist eine spezifische Leistung der CSU (vgl. Mintzel 1975). Innerhalb von wenigen Jahrzehnten wurde aus dem industriellen Notstandsgebiet das Zentrum der modernen Hochtechnologie. Wie auch beim Silicon Valley in Kalifornien, das in einem zuvor landwirtschaftlich genutzten Tal liegt, bildeten vor allem Rüstungsaufträge das ökonomische Fundament dieses phänomenalen Wandels. Daraus entwickelte sich eine Gravitation, die dann wegen der Agglomerationsvorteile, die ab einer bestimmten Konzentration wirksam werden, zum Aufstieg von »Silicon Bavaria« führten.

Der sagenhafte Aufstieg des Silicon Valley in Kalifornien war, wie Saxenian (1985) gezeigt hat, aufs engste mit der Rüstungsproduktion im und nach dem Zweiten Weltkrieg verbunden (vgl. Rü-

gemer 1985). Elektronische Kommunikations- und Steuerungstechniken sind seit langem wesentliche Bestandteile der militärischen Ausrüstung, und ihre Entwicklung wurde durch die Militärausgaben stark gefördert. Seit die Bundesrepublik eine wichtige
Rolle bei der hochtechnologischen Rüstung der Nato spielt, sind
die Zusammenhänge zwischen Militärausgaben und regionalen
Schwerpunkten der High-Tech-Industrie offensichtlich.

Betrachtet man die drei größten Rüstungsprojekte der letzten
Jahre, den Fregatten-Bau, die Produktion von Leopard-Panzern
und von Kampfflugzeugen, die alle drei avancierteste Technologie
enthalten, dann ergibt sich folgendes Bild:

Die Leopard-Produktion verteilt sich am ehesten über die ganze
Republik von Kiel bis Friedrichshafen; der größere Anteil der Mittel fließt nach Norddeutschland: über drei Viertel, wenn man Kassel dazurechnet (nach Angaben bei Huffschmid 1981, 72 ff.). 1980
wurde das Gesamtvolumen des Projekts, das zwischen 1979 und
1986 abgewickelt wurde, auf 7,2 Milliarden DM beziffert.

Das Fregattenprogramm umfaßte dagegen nur etwas mehr als
2 Milliarden DM. 946 Mio. wurden davon an Unternehmen in den
4 Küstenländern vergeben, 809 Mio. flossen in die süddeutschen
Bundesländer, allein 784 Mio. nach Baden-Württemberg, vor allem für die elektronische Ausrüstung und den Dieselantrieb.
Knapp ein Drittel des Gesamtvolumens ging an ausländische Lieferanten.

Wären für dieselbe Summe Tornados beschafft worden, dann
hätte es gerade für 23 Stück gereicht. Tatsächlich wird die Bundeswehr aber mit 322 Exemplaren ausgerüstet, der Gesamtumfang
dieses Projekts ist also 14mal größer. Der Generalunternehmer
dieses internationalen Rüstungsvorhabens (die Anteile Italiens
und Großbritanniens sind in den Zahlen nicht enthalten) ist die
»Panavia«, Sitz in München. MBB ist Hauptauftragnehmer, mehr
als zwei Drittel des ganzen Geldes fließen in den Münchener
Raum. Der Rest verteilt sich auf 42 weitere Firmen, von denen
wiederum zwei Drittel in Süddeutschland liegen.

Betrachtet man die regionale Verteilung der gesamten Inlands-
ausgaben des »Bundesamtes für Wehrtechnik und Beschaffung
(BWB)«, dann zeigt sich eine eindeutige Dominanz der süddeutschen Bundesländer (Tabelle 7).

Die Zahlungen wuchsen im Zeitraum von 1960 bis 1984 um
180%, d.h., daß die Zuwächse bei den Rüstungsausgaben über-

Tabelle 7: *Regionale Verteilung der Inlandszahlungen des BWB 1960-1984*
(*in %*)

	1960	1975	1984
Bayern	32,2	41,0	38,7
Baden-Württemberg	14,8	18,2	21,6
Nordrhein-Westfalen	15,6	13,9	17,2
übrige Bundesländer	37,4	26,9	22,5

Quelle: Huffschmid u. a. 1986, 90

wiegend den in Bayern und in Baden-Württemberg liegenden Rüstungsproduzenten zugute kamen.

Der Raum München-Augsburg ist das dominierende Rüstungszentrum in der Bundesrepublik. Die vier umsatzstärksten Lieferanten von Kriegsgeräten haben dort ihren Sitz: Messerschmidt-Bölkow-Blohm (MBB), »das größte deutsche Technologie-, Rüstungs-, Luft- und Raumfahrtkombinat« (DER SPIEGEL) mit 36790 Beschäftigten (1983), das überwiegend auf hochtechnologischer Rüstungsproduktion basiert und Kampfflugzeuge, Hubschrauber, Marinetechnik, Lenkwaffen und Flugkörper herstellt; die Motoren- und Turbinen-Union GmbH (MTU), die Triebwerke und Motoren produziert (teilweise in Friedrichshafen), mit insgesamt 12329 Beschäftigten, und die ihren Umsatz auch zum größten Teil im Rüstungsgeschäft macht; Krauß-Maffei AG, Generalunternehmer für den Panzerbau, bei der die zivile Produktion nur eine marginale Rolle spielt, mit 4615 Beschäftigten; und schließlich die Siemens AG, bei der die militärische Produktion nur etwa 5 bis 10 % des Umsatzes ausmacht, die allerdings mit elektronischen Bauteilen und Kommunikationstechnik immerhin den viertgrößten Umsatz mit Militärausrüstung in der Bundesrepublik erzielt.

Weitere Rüstungszentren in der Bundesrepublik sind der Raum Friedrichshafen (mit Dornier, Teilen von MTU, Zahnradfabrik Friedrichshafen usw.) sowie Bremen (Werften und Krupp-Atlas-Elektronik) und Kassel, wo Geschütze für Panzer hergestellt werden. Hinsichtlich des Umsatzes und der Beschäftigtenzahlen sind die nördlichen Rüstungsproduzenten relativ unbedeutend, insbesondere hinsichtlich der Art der Aufträge. Betrachtet man nur die Mittel, die vom Bundesverteidigungsministerium für »Wehrtechnische Forschung und Technologie« ausgegeben werden, dann steigt der Anteil der beiden süddeutschen Bundesländer auf 67,6%, bei einem 34prozentigen Anteil am Bruttoinlandsprodukt der Bundesrepublik insgesamt (Wehrtechnik 7/1986, 88). In die vier norddeutschen Küstenländer fließt demgegenüber nur ein Anteil von 18%.

Die Innovations- und Transfereffekte militärischer Aufträge für zivile Produktion sind nicht eindeutig zu klären. Sicher ist, daß die Rüstungsproduktion bei den modernen Waffensystemen die Möglichkeiten der elektronischen Industrie ausschöpft und dadurch weiterentwickelt, weil es absatzbedingte Kostengrenzen nicht gibt. Forschungs- und Entwicklungsvorhaben in diesem Bereich sind in den Grenzgebieten der technischen Entwicklung angesiedelt und in der Regel so breit angelegt, daß ihre Ergebnisse im zivilen Produktionsbereich ebenso Anwendung finden können. Dies zeigt sich auch in der Fertigungstechnik; die Tornado-Produktion z. B. ist hochautomatisiert und wurde von der Bundesregierung als Beispiel dafür aufgeführt, daß der technologische Rückstand der Bundesrepublik gegenüber Japan nicht besonders groß sein könne. Selbst wenn die auf Rüstung spezialisierten Konzerne nicht selbst durch zivile Produktion die Transfereffekte ausnützen bzw. realisieren, so bildet sich bei einer solchen Konzentration militärisch induzierter High-Tech-Produktion doch ein günstiges Umfeld für technologische Innovationen, weil ein spezifischer Arbeitsmarkt und ein Netz von Zuliefer- und Dienstleistungsunternehmen entsteht, das einer solchen Region Agglomerationsvorteile im High-Tech-Bereich gibt, die von keiner anderen in absehbarer Zeit in ähnlicher Weise erreicht werden können.

Daß gerade Bayern, und insbesondere München, zum hochtechnologischen Zentrum in der Bundesrepublik geworden ist, ist kein Zufall. Dies ist weitgehend auf politische Entscheidungen zurückzuführen, die mit der Wiederbewaffnung der Bundesrepublik und den dabei verfolgten Ausrüstungsstrategien zusammenhängen. Nicht nur, weil in den Zeiten der Vollbeschäftigung der deutschen Industrie ein massiver Entzug von Arbeitskräften durch ein großes Heer und lange Wehrdienstzeiten nicht zumutbar schien, sondern auch aufgrund industriepolitischer Zielsetzungen gewann in der Bundesrepublik eine »qualitative« Rüstungspolitik die Oberhand. D. h., daß die »Wehrkraft« nicht auf massenhafte Ausstattung mit konventioneller Waffentechnik, sondern auf technologisch intelligenten Systemen beruhen sollte. Statt der Zahl sollte die besondere Effizienz der Waffen die militärische Stärke ausmachen.

Die Ausrüstung des Militärs hat überall auf der Welt seit dem Zweiten Weltkrieg einen Wandel von Massenausrüstungsgütern zu Spezialanfertigungen durchgemacht, die von so hoher Effektivität sind, daß nur noch überschaubare Stückzahlen hergestellt werden. Diese sind in der Regel, wenn die Serie zu Ende gebaut ist, technologisch wieder »veraltet«. Die Anteile für Forschung und Entwicklung bei den Rüstungsausgaben nahmen daher stärker zu als diejenigen für die eigentliche Produktion. Das gilt besonders für die Luftwaffe. Wurden früher militärische Ausrüstungen von Großunternehmen, die auch zivile Güter herstellten, produziert, so hat sich nach dem Zweiten Weltkrieg eine spezialisierte Rüstungsindustrie herausgebildet, die riesige Geldmengen für Forschung und Entwicklung verschlingt. Die Luftfahrtindustrie steht dabei im Zentrum.

Aufgrund alliierter Vereinbarungen war in der Bundesrepublik zunächst keine militärische Produktion möglich. Nach dem Beschluß des Deutschen Bundestages, wieder eine Armee aufzubauen, mußten zunächst die Rüstungsgüter im Ausland gekauft werden. Bald jedoch bildete sich eine Front, die für den Aufbau eigener Rüstungsproduktion eintrat, besonders unterstützt von den höchsten Offizieren, die mit dem ausländischen Material nicht zufrieden waren. Zwischen 1956 und 1957 erfolgte eine Revision des Rüstungsprogramms, die in der deutschen Politik (selbst in der CDU) durchaus umstritten war. Den »militär- und rüstungspolitischen Umbruch« (Brandt 1966, 299) setzte der zweite Verteidigungsminister, Franz-Josef Strauß, gestützt von seiner Partei, der CSU, durch. Brandt schildert diese Auseinandersetzungen und formuliert, »daß die Revision des Rüstungsprogramms erzwungen wurde durch die Formierung einer Position innerhalb der herrschenden Regierungskoalition, wobei die Landesgruppe der CSU als Zentrum fungierte« (187). Die Bayern beschworen damals eine Kabinettskrise herauf und waren erfolgreich.

Der Verteidigungsminister sorgte zunächst für den Nachbau des Kampfflugzeugs F 104 (»Starfighter«) sowie des Fiat G 91 in der Bundesrepublik. Dazu wurden die Reste der früheren deutschen Flugzeugwerke in je einer südlichen und nördlichen Arbeitsgemeinschaft zusammengeschlossen; unter dem Druck der sozialdemokratischen Bundesregierung, deren Kanzler Schmidt das »Qualitäts-Heer« sehr am Herzen lag und der die kapitalintensive Form der Rüstung vollends durchsetzte, wurden die beiden Großbereiche 1980 dann unter Führung von MBB vereinigt. Das Zentrum der Luft- und Raumfahrtindustrie liegt seitdem in München. Formell ist MBB in staatlicher Hand, weil die Bundesländer Bayern, Bremen und Hamburg zusammen mehr als die Hälfte der Gesellschafteranteile halten. Die Konzernpolitik wird allerdings von den übrigen Gesellschaftern bestimmt, zu denen neben den unvermeidlichen Banken Siemens, Thyssen, Bosch und MTU gehören. Die Dornier-Werke in Friedrichshafen waren selbständig geblieben und wurden 1985 von der Daimler Benz AG aufgekauft, die mit ihrer Beteiligung an MTU und der Einverleibung der AEG nun ebenfalls stark im Rüstungsgeschäft engagiert ist.

Strauß, der politische Initiator einer deutschen Luftfahrtindustrie, betonte in den fünfziger Jahren immer wieder die technologischen Innovationsfunktionen dieser Industrie und forcierter Entwicklungsausgaben »ohne enge militärische Zweckrichtung«. Strauß damals: »Ich sehe es ... als eine meiner Aufgaben an, das Geld der deutschen Steuerzahler für scheinbar unproduktive Zwecke, nämlich für Rüstungsmaterial, wenn auch notwendig im höheren Sinne des Wortes, in einer anderen Dimension nutzbringend anzuwenden; denn die moderne Hochleistungstechnik beim Schiffbau, Flugzeugbau und auf anderen Gebieten wird ausstrahlen. Das wird Auswirkungen haben, in denen man später eine Begründung für die Richtigkeit dieser Maßnahmen haben wird« (zitiert nach Brandt 1966, 293). Für die wirtschaftliche Entwicklung des Münchener Raums hat er zweifellos recht behalten.

Noch 1977 hatte die Luft- und Raumfahrtindustrie einen Rüstungsanteil von 80% (Huffschmid u. a. 1986, 88 f.). Durch den Aufbau der Airbus-Produktion, also durch die Ausweitungen im zivilen Bereich und die Beteiligung an den verschiedenen Raumfahrtprogrammen, sank dieser Anteil inzwischen auf die Hälfte. Der Aufbau der Luftfahrtindustrie in der Region München hat langfristige Wirkungen nach sich gezogen, die einen kontinuierlichen Mittelfluß aus der Bundeskasse in den Süden – jenseits aller Finanzausgleiche – garantieren. Der Bund finanzierte die Entwicklung des Airbus bis 1984 mit 3,1 Milliarden DM, MBB selbst mit zusätzlich 1,2 Milliarden. Bis 1990 schießt der Bund noch einmal 1,5 Milliarden DM dazu. Weitere höhere Subventionen werden gefordert. Im übrigen übernimmt der Bund Bürgschaften für den größten einzelnen Kreditnehmer der Bundesrepublik und subventioniert den Verkauf. Die Airbus-Produktion umfaßt etwa 25.000 Arbeitsplätze, ein Teil davon befindet sich in Bremen, Hamburg und Niedersachsen. Der größte Anteil jedoch, insbesondere im Bereich von Forschung und Entwicklung (F+E), liegt in der Münchener Region.

Regionale Verteilung der Forschungskapazitäten und Forschungsmittel

Für die Position auf dem Weltmarkt und für die Zukunftsperspektiven der Unternehmen generell gilt die »Forschungsintensität«, d. h. der Anteil der Beschäftigten, die in Forschung und Entwicklung tätig sind, als besonders bedeutsam.

In der Bundesrepublik werden 67,6 % des gesamten Finanzvolumens für F+E in der Privatwirtschaft verwendet. Aufgebracht wird es zu 42,3 % vom Staat, zu 56,2 % von der Wirtschaft selbst (Hack/Hack 1985, 67). Sämtliche Forschungseinrichtungen der Max-Planck-Gesellschaft, der Fraunhofer-Gesellschaft, der Deutschen Forschungsversuchsanstalt für Luft- und Raumfahrt (DFVLR) sowie die Kernforschungszentren Karlsruhe und Jülich zusammen hatten 1981 ein Budget von 2.405 Mio. DM. Allein die Forschungsaufwendungen von Siemens, Hoechst, Bayer, BASF, MBB/VFW zusammen betrugen 8.479 Mio. DM (Hack/Hack 1985, 73). Eine ähnliche Relation besteht bei der Zahl der in F+E Beschäftigten: bei diesen sechs Konzernen waren es mehr als viermal soviele wie bei den öffentlichen Forschungseinrichtungen.

Allein Siemens beschäftigt 32.000 Menschen mit F+E-Aufgaben, davon allerdings 4.000 im Ausland. Im Vergleich dazu: die gesamte Beschäftigtenzahl der oben genannten öffentlichen Großforschungseinrichtungen liegt bei 19.000. Die Dominanz der Privatwirtschaft in diesem Bereich ist also groß, ebenso groß ist innerhalb des privatwirtschaftlichen Bereichs die Konzentration bei den Großunternehmen. Diese beschäftigen ca. 80 % des gesamten F+E-Personals der Wirtschaft (Bonkowski/Legler 1984, 84).

Von den zehn Unternehmen mit den meisten Beschäftigten im F+E-Bereich ist Bayer der einzige Konzern, der seine Werke vor allem nördlich der Mainlinie hat. VW hat seinen Stammsitz in Niedersachsen, aber auch wichtige Teile des Konzerns, z. B. die Roboter-Produktion, im süddeutschen Raum. Die GHH – »der« Maschinenbaukonzern des Ruhrgebiets – hat kürzlich ihren Stammsitz von Essen nach München verlagert. Die übrigen Konzerne sind »rein« oder ganz überwiegend süddeutsch und haben dort ihre F+E-Kapazitäten konzentriert. Herausragend ist dabei Siemens, das im Münchener und Nürnberger Raum riesige Forschungseinrichtungen betreibt (Breckner u. a. 1985).

Von den gesamten Forschungsanstrengungen der Privatwirtschaft fanden 1977 lediglich 16 % in den vier norddeutschen Küstenländern, 62 % dagegen in Hessen, Baden-Württemberg und Bayern statt (Lörcher 1983, 102). Pro Kopf der Wohnbevölkerung werden in den nördlichen Bundesländern 155 DM, in den drei süddeutschen 196 DM für F+E von der Wirtschaft ausgegeben. Die regionale Verteilung der F+E-Kapazitäten der Wirtschaft zeigt also ein eindeutiges Übergewicht der süddeutschen Bundesländer. Und innerhalb dieser Bundesländer sind sie auf wenige Zentren konzentriert.

Ein Vergleich der Forschungseinrichtungen öffentlicher Träger für die Bundesländer Bayern, Baden-Württemberg, Hessen und Nordrhein-Westfalen zeigt zweierlei: zum einen ist die *Anzahl* derartiger Einrichtungen in den süddeutschen Bundesländern (vor allem Bayern und Baden-Württemberg) erheblich höher, und zum anderen ist ihre *Ausrichtung* auf »moderne« Technologien ausgeprägter. Kernenergie-, Kohle-, Eisen- und Bergbauforschung sind neben der DFVLR, die ihren Verwaltungssitz in Köln/Bonn hat, die größten Einrichtungen in Nordrhein-Westfalen; Kernenergie-, Biologie- und Physik-Institute sind (neben den Labors der DFVLR) die bedeutsamsten in Bayern und Baden-Württemberg. Besonders auffällig ist die große Zahl der industrienahen Fraunhofer-Institute in Baden-Württemberg (vgl. Bundestags-Drucksache Nr. 9/1581).

Bei den F+E-Aufwendungen zeigt sich also ein Gefälle zugunsten der süddeutschen Bundesländer, und bei ihnen sind die Forschungsgegenstände stärker an jenen Technologien orientiert, mit denen auch die moderne Industrie befaßt ist.

Zukunftsperspektive

Wir haben in diesem Kapitel die Bedingungen unterschiedlicher Beschäftigungsentwicklungen in verschiedenen Städten dargestellt. Es handelt sich um drei Prozesse: einmal die *Deindustrialisierung*. Gemeint ist damit ein regionalökonomisches Phänomen: eine Region, die dominiert ist von industriellen Aktivitäten, verliert Industriearbeitsplätze, ohne daß dies durch neue Arbeitsplätze gleich welcher Art ausgeglichen würde. Dies ist insbesondere der Fall in solchen Regionen, in denen durch die Leitsektoren der industriellen Revolution (Textil, Kohle, Eisen) die ökonomische Struktur grundlegend verändert wurde. Das rasche Wachstum der Montan-Industrien hat Siedlungsstrukturen hervorgebracht, die durch ein starkes Übergewicht bestimmter Branchen charakterisiert sind und deren Städte überwiegend als Wohn- und Versorgungsorte einer industriellen Arbeiterschaft dienen. Wachstum und Wirtschaftskraft dieser Regionen hängen so eng mit der Entwicklung ihrer zentralen Industrien zusammen, daß Branchenkrisen zu Krisen der Region werden. Von Deindustrialisierung ist die Entwicklung in manchen Städten des Ruhrgebiets und im Saarland geprägt.

Zum zweiten haben wir Prozesse beschrieben, die man unter dem Oberbegriff der *Tertiärisierung der Produktion* zusammenfassen kann. Mit Tertiärisierung ist der säkulare Trend gemeint, in dessen Verlauf die Zahl der unmittelbar in der Produktion Beschäftigten kontinuierlich ab- und die Zahl der mit Dienstleistungstätigkeiten Beschäftigten zunimmt. Dieser Wandel von »Blue-collar« zu »White-collar« zeigt sich aber nicht nur als Verschiebung zwischen den Wirtschaftssektoren: Landwirtschaft und Industrie verlieren Arbeitsplätze, während die Zahl der Beschäftigten im sogenannten tertiären Sektor zunimmt. Ein ähnlicher Wandel der Arbeitsfunktionen spielt sich auch innerhalb der industriellen Produktion ab: Die reinen Fertigungstätigkeiten gehen zahlenmäßig zurück. Dispositive Funktionen im Bereich von Forschung, Entwicklung, Planung und Organisation der Produktion nehmen zu. Diese Rationalisierungsprozesse führen nun nicht zwingend zu einer Veränderung der Beschäftigungsstruktur am selben Ort, sondern können mit räumlichen Verschiebungen verbunden sein, insbesondere wenn sie von *Konzentrationsprozessen* in der Unternehmensstruktur begleitet sind. Gerade der Zwang zur Rationalisierung, der seit dem Beginn der Neuordnung auf dem Welt-markt (etwa seit 1974) in der bundesdeutschen Industrie besonders groß geworden ist, hatte eine weitere wirtschaftliche Konzentration zur Folge, die den Unternehmen auch größere Möglichkeiten zu einer räumlichen Arbeitsteilung nach Funktionen gibt: Wenn eine Fabrik zum Zweigbetrieb eines größeren Unternehmens wird, werden einerseits die Rationalisierungsinvestitionen verstärkt, andererseits die tertiären Funktionen (wie betriebswirtschaftliche Planung, Forschung und technische Entwicklung, Vertrieb usw.) eher am Zentralsitz des gesamten Unternehmens konzentriert bzw. ausgebaut. Der Wandel der Beschäftigtenstruktur hat dann also Verluste und Gewinne von Arbeitsplätzen an verschiedenen Orten zur Folge. Daraus erklärt sich die Parallelität von Hierarchiebildung zwischen Headquarter-Städten wie Hamburg, Düsseldorf, Frankfurt, Stuttgart und München und dem Rest der deutschen Städte einerseits, der Konzentration bestimmter hochqualifizierter Kader in diesen Städten andererseits.

Die »Theorie der langen Wellen« schließlich betont einen dritten Prozeß, die *Neoindustrialisierung*. Damit sind Basisinnovationen gemeint, die grundlegend neue Produktionslinien entstehen lassen und weitreichende Auswirkungen auf die gesamte Industriestruktur haben. Entsprechend der »Theorie der langen Wellen« befindet sich die Industrieproduktion der Bundesrepublik gegenwärtig überwiegend in der Abschwungphase einer auslaufenden, durch die Basisinnovationen Kunststoff, Flugzeug, Automobil, Telefon, Radio und Fernsehen geprägten »Welle«. Eine mögliche neue »Welle« könnte getragen werden von Mikroelektronik, Bio- und Gentechnologien. Während sich die beiden letztgenannten Technologien noch in den Frühphasen der Entwicklung befinden, entfaltet die industrielle Produktion und Anwendung der Mikroelektronik schon ökonomisch und räumlich strukturierende Kraft. Die Mikroelektronik, häufig mit dem unklaren Begriff »High Tech« etikettiert, hat auf dem Arbeitsmarkt unterschiedliche Wirkungen: wo die Steuerungselemente und die zugehörige Software entwickelt und *hergestellt* werden, sorgt sie für neue Arbeitsplätze; wo sie in integrierten Rechnersystemen zur Rationalisierung von Produktions- und Dienstleistungsarbeit *angewandt* wird, vernichtet sie Arbeitsplätze; und wo sie als Bestandteil in vorhandene Produkte *eingebaut* wird, kann sie die Beschäftigung stabilisieren, weil die Produkte am Markt konkurrenzfähig bleiben.

Diese Wirkungen treten nicht einheitlich, sondern an verschiedenen Orten auf. Die Gründe dafür sind politischer wie historischer Art: Rüstungspolitik, Folgen des Zweiten Weltkriegs, überkommene wirtschaftliche und soziale Strukturen, die institutionelle Sklerose verfilzter Machtstrukturen. Diese komplexe Konstellation erklärt, weshalb – vereinfacht gesagt – die neuen Steuerungs- und Kommunikationstechnologien vor allem im Süden der Bundesrepublik produziert werden, wo also neue Arbeitsplätze entstehen, und in den »altindustrialisierten« Regionen eher zur Rationalisierung angewendet werden. Dort werden also vor allem Arbeitsplätze in den Industrien der auslaufenden »Welle« vernichtet. Damit ist auch deutlich, daß es sich bei den Wachstumsunterschieden zwischen den in Süddeutschland lokalisierten und den übrigen Industrien nicht primär um Branchenprobleme handelt, sondern um unterschiedliche Entwicklungen innerhalb von Branchen. Denn weder ist die »High-Tech«-Produktion als Wachstumsbereich einer einzelnen Branche zuzuordnen, noch treten die negativen Beschäftigungseffekte (nur) in einer bestimmten Branche auf. Die Lage ist komplizierter. Die *Bilanz* der sich überlagernden Wirkungen in den südlichen Regionen besteht in einer Stabilisierung der Beschäftigung, während sie in den übrigen Regionen deutlich negativ ist.

Am stärksten betroffen sind davon die Kerne der Agglomerationsgebiete, also die Großstädte. Aus den regional unterschiedlichen Entwicklungen der Deindustrialisierung, der Tertiärisierung und der Neoindustrialisierung ergeben sich daher für eine Zeitspanne, die wir heute ungefähr überblicken können, konträre Perspektiven für die wenigen Städte einerseits, die weitgehende Stabilität oder gar Wachstum erwarten können, und jene Städte andererseits, in denen die Schrumpfungsprozesse dominieren und in denen die negativen Folgen der geschilderten Tendenzen möglicherweise kumulieren.

Aus der Lebenszyklustheorie kann nicht ohne weiteres geschlossen werden, daß es im Grunde genommen nur eine Frage der Zeit sei, bis das »neue« Wachstum auch in jenen Regionen und Städten angekommen ist, wo heute die Schrumpfungstendenzen der »alten« Industrien dominieren. Denn der größte Teil der Waren der High-Tech-Industrie zeichnet sich durch eine komplexe Struktur aus, bei der insbesondere der in ihnen enthaltene Anteil »gedanklicher Vorleistung« so schnell veraltet, daß eine standardisierte Massenproduktion über längere Zeit, die für die Peripherisierung der Produktion Voraussetzung wäre, immer weniger wahrscheinlich ist. Die Standortstruktur der modernsten Industrien weist außerdem eine enge Verflechtung auf, da in der Lagerhaltung und in der Organisation der von den Großunternehmen dominierten Arbeitsteilung wichtige Rationalisierungsreserven liegen (vgl. zur »Produktionslogistik« Olle 1986).

Besonders düstere Prognosen ergeben sich für die Städte, die ihr Wachstum fast ausschließlich der Schlüsselindustrie eines bestimmten Entwicklungszyklus verdanken, wie es bei einem Teil der Ruhrgebietsstädte der Fall ist. Wir zeigen dies im folgenden exemplarisch anhand einiger Indikatoren für die Städte München, Stuttgart, Frankfurt, Hamburg, Köln, Bremen, Hannover, Dortmund, Duisburg, Bochum, Gelsenkirchen und Oberhausen.

Prozeß der Polarisierung

Zwischen 1950 und 1960 stiegen die *Einwohnerzahlen* aller Städte rasant an (Tabelle 8). Der Zuwachs setzte sich bis 1965, wenn auch schwächer, fort – bis auf Stuttgart, Hannover und die drei Ruhrgebietsstädte Duisburg, Bochum und Gelsenkirchen, die damals schon Einwohner verloren. Nach 1970 wuchsen nur noch München und Köln, seit 1975 nimmt die Einwohnerzahl in *allen* Großstädten ab.

Bei den *Beschäftigten* (Tabelle 9) zeigen die Städte Hamburg, München, Köln, Frankfurt und Stuttgart zwischen 1950 und 1960 enorme Zuwächse, in den Ruhrgebietsstädten war die Entwicklung in diesem Zeitraum weit weniger stürmisch.

Während die Beschäftigtenzahlen in den Städten München, Frankfurt und Stuttgart noch zunahmen, verloren alle anderen Städte seit den siebziger Jahren Beschäftigte. In den Ruhrgebietsstädten nahmen die Beschäftigtenzahlen schon nach 1960 wieder ab. Besonders dramatisch ist dort der Rückgang bei den Beschäftigten im produzierenden Gewerbe, in dem z. B. in Dortmund, Gelsenkirchen und Oberhausen im Jahre 1983 nicht einmal mehr die Hälfte der Arbeitsplätze von 1960 vorhanden war (vgl. Tabelle 10). Außer München, das als einzige Stadt im Jahre 1985 in diesem Bereich mehr Beschäftigte aufzuweisen hat als 20 Jahre zuvor, haben alle Städte mindestens 20% verloren.

Tabelle 8: *Wohnbevölkerung (in 1000) (Gebietsstandsbereinigt)*

	1950	1961	1965	1970	1975	1980	1985
München	832	1085	1215	1294	1315	1299	1267
Stuttgart	498	638	629	633	600	581	562
Frankfurt	—	701	—	669	636	629	595
Hamburg	1606	1832	1854	1794	1717	1645	1580
Köln	663	909	972	994	1014	977	916
Hannover	—	612	—	582	553	535	508
Bremen	445	565	596	582	573	555	526
Dortmund	511	647	659	647	631	608	572
Duisburg	527	663	656	626	592	558	518
Bochum	357	441	436	425	415	401	382
Gelsenkirchen	316	383	371	348	323	304	285
Oberhausen	203	257	258	247	237	229	223

Quelle: Amt für Statistik und Stadtforschung der Stadt Duisburg

Tabelle 9: *Sozialversicherungspflichtig Beschäftigte (in 1000)*

	1950	1961	1970	1980	1985
München	423	656	726	833	835
Stuttgart	279	444	447	490	492
Frankfurt	296	486	538	626	599
Hamburg	684	1006	971	767	713
Köln*	277	461	483	425	409
Hannover*	227	369	381	359	334
Bremen	201	316	316	268	248
Dortmund*	215	291	276	269	244
Duisburg*	167	251	206	222	191
Bochum*	127	159	154	195	178
Gelsenkirchen*	130	159	135	150	137
Oberhausen*	83	109	93	136	126

* In diesen Städten wurde durch die kommunale Gebietsreform das Gemeindegebiet verändert.

Quellen: Heuer 1975, 381 f.; Amtliche Nachrichten der Bundesanstalt für Arbeit

Tabelle 10: *Beschäftigte im Produzierenden Gewerbe*

	1960		1970		1980		1985
	Anteil	E	Anteil	E	Anteil	E	Anteil
München	25	121	28	116	23	104	21
Stuttgart	36	99	36	82	27	76	25
Frankfurt*	27	105	25	84	17	79	17
Hamburg	23	91	22	72	22	60	20
Köln*	28	110	29	97	29	82	26
Hannover*	31	110	33	89	28	68	23
Bremen	29	92	27	80	28	69	26
Dortmund*	43	78	35	63	29	46	23
Duisburg*	42	89	45	95	45	76	42
Bochum*	49	85	43	73	29	63	28
Gelsenkirchen*	50	71	42	62	33	46	26
Oberhausen*	50	75	44	58	24	47	21

* In diesen Städten wurde durch die kommunale Gebietsreform das Gemeindegebiet verändert.

E: Entwicklung der Zahl der Beschäftigten im Produzierenden Gewerbe in der jeweiligen Stadt. 1960 = 100

Anteil: Beschäftigte im Produzierenden Gewerbe in v. H. der Gesamtzahl der Beschäftigten

Quelle: Statistisches Jahrbuch Deutscher Gemeinden

Der *Anteil der Arbeiter an den Beschäftigten im produzierenden Gewerbe* (Tabelle 11) ist ein Indikator für das technologische Niveau der Produktion. Je geringer dieser Anteil ist, desto höher ist logischerweise der Anteil der Beschäftigten in den produktionsorientierten Diensten, also in Forschung und Entwicklung, Fertigungsvorbereitung und Management.

Tabelle 11: *Beschäftigte im Produzierenden Gewerbe: Anteil der Arbeiter (in %)*

	1980	1985
München	52	49
Stuttgart	55	53
Frankfurt	53	50
Hamburg	58	54
Köln	64	62
Hannover	69	68
Bremen	63	64
Dortmund	73	70
Duisburg	71	70
Bochum	80	78
Gelsenkirchen	75	75
Oberhausen	70	65

Quelle: Statistisches Jahrbuch Deutscher Gemeinden

Wie oben dargelegt, ist dies ein Anzeichen dafür, daß sich die Produktentwicklung in den frühen Phasen eines »Lebenszyklus« befindet. Die Betriebe in München, Frankfurt und Stuttgart haben die niedrigsten Arbeiteranteile, die in den Ruhrgebietsstädten die höchsten. Zwar ist das Qualifikationsniveau innerhalb der Arbeiterschaft im Norden höher. Dort ist der Anteil der Facharbeiter größer, während besonders in Baden-Württemberg mehr unqualifizierte Arbeiter in der Fertigung beschäftigt sind. Dafür liegt aber der Anteil an Ingenieuren und Technikern dort weit über dem Durchschnitt, eine polarisierte Qualifikationsstruktur, die als Indiz sowohl für »einen höheren Modernitätsgrad« (Müller 1984, 143) der Produktionsanlagen als auch für »besonders rege Forschungs- und Entwicklungstätigkeit« (Jung 1984, 114) zu interpretieren ist.

Auf der Schattenseite des Arbeitsmarktes wiederholt sich das Bild. Die Arbeitslosenquote ist in München, Stuttgart und Frankfurt halb so hoch wie in den übrigen Städten (Tabelle 12).

Tabelle 12: *Arbeitslosenquote (Jahresdurchschnitt der Arbeitsamtsbezirke)*

	1970	1980	1985
München	0,3	2,5	6,2
Stuttgart	0,1	1,8	4,6
Frankfurt	0,3	2,5	6,5
Hamburg	0,4	3,4	12,3
Hannover	0,3	4,4	12,8
Bremen	0,7	5,1	14,8
Dortmund	0,7	6,2	16,7
Duisburg	0,8	6,4	16,0
Bochum	0,7	6,0	15,1
Gelsenkirchen	1,1	6,6	15,4
Oberhausen	0,8	5,3	13,2

Quelle: Arbeitsstatistik 1970, 1980, 1985 (Amtliche Nachrichten der Bundesanstalt für Arbeit, Jg. 19 ff.)

Expandierende Betriebe, weniger Arbeitslose und ein größerer Anteil höher qualifizierter Arbeitskräfte bedeuten auch höhere *Kaufkraft.*

Tabelle 13: *Kaufkraftkennziffer je Einwohner 1986*

München	120
Stuttgart	125,5
Frankfurt	118,9
Hamburg	117,3
Köln	108,7
Hannover	107,2
Bremen	106,7
Dortmund	97,4
Duisburg	95,6
Bochum	99,7
Gelsenkirchen	89,2
Oberhausen	90,7
Bundesdurchschnitt	100

Quelle: Gesellschaft für Konsumforschung, Nürnberg

München, Stuttgart und Frankfurt liegen nach Kaufkraft je Einwohner am weitesten über dem Bundesdurchschnitt, die Ruhrgebietsstädte liegen zum Teil deutlich darunter. Der Abstand wird sich weiter vergrößern. Zwischen 1976 und 1982 stiegen die Bruttoeinkommen pro Beschäftigten in den Ruhrgebietsstädten um 42,5 %, in Frankfurt um 44,1 %, in Stuttgart um 45,3 % und in München um 45,7 % (Bade/Jacoby 1986, Tabelle A.7).

Diese unterschiedlichen Entwicklungen machen sich natürlich bei den *Gewerbesteuereinnahmen* der Gemeinden bemerkbar. Gemessen in nominalen Beträgen pro Einwohner (Tabelle 14) haben sie zwar überall zugenommen, aber in sehr unterschiedlichem Ausmaß; dies hat die Differenzen in den Einnahmen zwischen den Städten drastisch wachsen lassen (Tabelle 15). Die schon 1960 bestehende Kluft zwischen den Ruhrgebietsstädten und den übrigen ist bis 1985 größer geworden; Frankfurt, Stuttgart und München setzen sich immer weiter von den übrigen ab.

Dies hat Konsequenzen für die öffentlichen Investitionen, also sowohl für den Ausbau und die Erneuerung der öffentlichen Infrastruktur wie für den örtlichen Arbeitsmarkt. Die Differenzen in den Beträgen, die die Kommunen pro Einwohner für *Bauinvestitionen* ausgegeben haben (vgl. Tabelle 16), haben sich in den letzten 20 Jahren beständig zugunsten der drei süddeutschen Großstädte vergrößert.

Die Entwicklung auf dem *Immobilienmarkt* bietet ebenfalls gute Indikatoren für das Auseinanderdriften der Städte. Leider gibt es keine zuverlässigen Daten über die Wohnungsleerstände. Aber die Tatsache, daß die südlichen Regionalgesellschaften der Neuen Heimat sehr viel geringere Probleme haben als die nördlichen, ist bereits ein Hinweis auf Unterschiede in den regionalen Grundstücks- und Mietwohnungsmärkten. Auch kommen Zwangsversteigerungen im Süden seltener vor als im Norden. Sehr deutlich sind die Diskrepanzen auf dem Markt für Einfamilienhäuser (Tabelle 17).

Die Preise in den drei süddeutschen Städten sind doppelt so hoch wie in Bremen und Hannover, und sie bewegen sich in entgegengesetzte Richtungen. Ein ähnliches Bild zeigt sich, wenn man die Preisentwicklung bei Baugrundstücken für gewerbliche Nutzungen betrachtet. Zwischen 1975 und 1985 sind sie in Hamburg annähernd konstant geblieben, in Frankfurt, München und insbesondere Stuttgart stark gestiegen. In München und Stuttgart wurden 1986 in Einzelfällen Preise bis zu 1000,– DM pro Quadratmeter gezahlt bei einem Durchschnittsniveau um 600,–, während im Ruhrgebiet der Quadratmeter gewerblicher Grundstücksfläche 50,– bis 80,– DM kostete (Henckel 1986). Die hohen Preise im Süden indizieren eine starke Nachfrage. Sie lassen auch erwarten,

Tabelle 14: Entwicklung der Gewerbesteuereinnahmen (in DM je Einwohner)

	1960	1970	E	1980	E	1985	E
München	154.5	333.7	216	731.2	473	1.069	691
Stuttgart	303.9	429.2	141	797.6	262	1.187	390
Frankfurt	225.4	656.6	291	1.285,5	570	1.913	848
Hamburg	168.8	348.0	206	561.8	404	937	555
Köln	187.0	354.6	190	558.0	314	784	419
Hannover	208.6	416.9	200	685.7	329	860	412
Bremen	159.4	343.7	216	592.0	371	873	422
Dortmund	157.0	248.9	158	319.1	203	389	248
Duisburg	161.3	316.5	196	388.6	241	355	220
Bochum	164.3	277.4	169	316.3	193	369	225
Gelsenkirchen	138.7	210.1	151	359.8	259	343	247
Oberhausen	120.8	179.2	148	245.2	203	256	185

E: Entwicklung der Einnahmen der jeweiligen Stadt. 1960 = 100

Quelle: Statistisches Jahrbuch Deutscher Gemeinden

Tabelle 15: *Entwicklung der Differenzen* zwischen den Gewerbesteuer-einnahmen (in DM je Einwohner)*

	1960	1970	1980	1985
München	128	186	298	418
Stuttgart	252	240	325	464
Frankfurt	187	366	524	747
Hamburg	140	194	278	366
Köln	155	198	240	306
Hannover	173	233	280	336
Bremen	132	192	241	263
Dortmund	130	139	130	152
Duisburg	134	177	158	139
Bochum	136	155	129	144
Gelsenkirchen	115	117	147	134
Oberhausen	100	100	100	100

* Bezugsgröße ist jeweils Oberhausen
Quelle: Statistisches Jahrbuch Deutscher Gemeinden

daß frei werdende Grundstücke durch private Investoren für eine neue Nutzung hergerichtet werden, weil die Kosten für die Beseitigung alter Gebäude, verseuchter Böden etc. über den Preis wieder hereingeholt werden können. Die von Henckel (1986) aufbereiteten Daten zu Gewerbebrachen und deren Reaktivierung belegen diese Vermutung. Nordrhein-Westfalen hat den höchsten Anteil an Gewerbebrachen mit 3,2 qm je Einwohner, Hessen 0,4 qm, Baden-Württemberg 0,8 qm, Bayern 0,5 qm. Die Brachen im Süden werden häufiger wieder für gewerbliche Zwecke genutzt, und die Kosten der Aufbereitung alter Flächen müssen dort in sehr viel geringerem Maß von der öffentlichen Hand getragen werden. »Es findet eine Polarisierung statt, in attraktiven Regionen sind die Preise so hoch, daß Brache praktisch kein Problem ist, die Wiedernutzung weitgehend privat erfolgt, ohne größere und vor allem weitgehend ohne finanzielle Mitwirkung der Kommunen. Insbesondere in altindustrialisierten und peripheren Regionen, die für neue Industrien an Attraktivität verloren haben, müssen die Altlasten – im weitesten Sinne – der Vergangenheit oft mit hohem öffentlichen Aufwand beseitigt werden – bei relativ schwacher Finanzsituation der Kommunen und mit ungewissem Ausgang« (Henckel 1986, 67).

Tabelle 16: *Bauinvestitionen (in DM je Einwohner)*

	1965		1970		1980		1983		1985	
	abs.	D	abs.	D	abs.	D	abs.	D	abs.	D
München	178	198	261	251	554	230	470	325	342	160
Stuttgart	187	208	261	251	546	226	478	331	385	181
Frankfurt	463	514	256	246	747	310	734	507	594	279
Köln	210	233	258	248	410	170	281	114	329	154
Hannover	211	234	250	240	386	160	341	235	241	113
Dortmund	138	153	190	183	386	160	208	144	341	160
Duisburg	111	123	172	165	370	154	277	192	234	110
Bochum	176	196	249	239	588	244	313	216	299	140
Gelsenkirchen	120	133	134	129	413	171	374	259	455	213
Oberhausen	90	100	104	100	241	100	145	100	213	100

D: Differenzen zwischen den Städten im jeweiligen Jahr (Oberhausen = 100)

Quelle: Statistisches Jahrbuch Deutscher Gemeinden

Tabelle 17: *Entwicklung der Durchschnittspreise für Einfamilienhäuser in mittleren Wohnlagen*

	1986 in 1000 DM	Veränderung 1980-1986 in %
München	575	+ 28 %
Stuttgart	550	+ 22 %
Frankfurt	410	+ 1 %
Hamburg	330	−11 %
Bremen	215	−14 %
Hannover	200	−26 %

Quelle: Ring Deutscher Makler, zitiert nach Henckel (1986, 56)

In den Daten, die wir hier beispielhaft für einige ausgewählte Städte zusammengetragen haben, zeigt sich eine Polarisierung der Stadtentwicklung, die zu sehr unterschiedlichen Situationen in den räumlichen Einheiten führen wird, die wir »Stadt« nennen. Fundierte Prognosen gibt es bisher nur für die Bevölkerung, deren Abnahme alle Städte betreffen wird. Die Stadt Stuttgart hält einen Rückgang um ca. 100.000 Einwohner bis zum Jahr 2000 für möglich, einen Rückgang um 50.000 für wahrscheinlich. Köln rechnet mit einem Verlust von ca. 57.000 Einwohnern, Hannover mit ca. 64.000. Die Schätzungen des Einwohnerrückgangs bewegen sich zwischen 7 und 18 %.

Um das Jahr 2000 werden knapp 60 Mio. Menschen in der Bundesrepublik leben, 30 Jahre später nur noch zwischen 40 und 48 Mio. Davon wird nur jeder Achte jünger als 20 Jahre, aber mindestens jeder Dritte älter als 60 Jahre sein. Die größeren, differenzierteren und karriereträchtigeren Arbeitsmärkte Stuttgarts, Frankfurts und Münchens werden sich einen größeren Anteil der immer knapper werdenden jungen Arbeitskräfte sichern. Die schrumpfenden Städte werden überdurchschnittlich viele Einwohner verlieren und überdurchschnittlich viele alte Bewohner haben. Einen (allerdings nur auf Regionen und nicht auf Städte bezogenen) Hinweis auf diese Entwicklung bietet Tabelle 18.

Im Vergleich zu den strukturstarken Regionen verlieren bis zum Jahr 2000 die strukturschwachen insgesamt mehr Bevölkerung (1,2 % zu 8,8 %) und insbesondere mehr im erwerbsfähigen Alter (0,5 % zu 8,4 %). Diese Tendenzen zeigen schon heute den Beginn eines Schrumpfungsprozesses an, dessen wahres Ausmaß sich al-

Tabelle 18: *Bevölkerungsprognose 1981-2000 für Regionstypen*
(nach struktureller Situation)

Bevölkerungs-stand	31. 12. 1981	Regionstyp A 31. 12. 2000	Regionstyp B 31. 12. 2000
insgesamt	100	98,8 (− 1,2)	91,2 (− 8,8)
unter 20	100	81,9 (−18,1)	80,4 (−19,6)
20 bis 60	100	99,5 (− 0,5)	91,6 (− 8,4)

Regionstyp A: Hochverdichtete Regionen mit günstiger Struktur;
Regionstyp B: Hochverdichtete Regionen mit ungünstiger Struktur (alt-industrialisierte Regionen)

Quelle: BfLR 1984

lerdings erst nach dem Jahr 2000 zeigen wird. Wie dramatisch der Prozeß des Schrumpfens ausfällt, hängt jedoch nicht nur von der relativ sicher prognostizierbaren Entwicklung der deutschen und der heute in der Bundesrepublik ansässigen ausländischen Bevölkerung ab. Wesentliche Unwägbarkeiten beim Versuch, die Entwicklung der Einwohnerzahlen großer Städte vorherzusagen, liegen in den internationalen Wanderungsbewegungen und damit in politischen Faktoren. Sollte die Türkei Vollmitglied der Europäischen Gemeinschaft werden, dann wäre eine starke Zuwanderung von Türken in die Bundesrepublik zu erwarten. Ähnliche Folgen hätte eine liberale Politik der Asylgewährung. Beides zusammen könnte die Bevölkerungsverluste aufgrund des generativen Verhaltens der heute in der Bundesrepublik Ansässigen weitgehend kompensieren, vor allem in den prosperierenden Räumen, die vorrangige Ziele solcher Zuwanderung wären. Wichtiger noch als diese quantitativen Auswirkungen wären die sozialen: Ähnlich wie heute schon im Süden der Vereinigten Staaten durch die teilweise illegale Zuwanderung aus Südamerika könnten in Zukunft auch hier Enklaven der Dritten Welt in den Metropolen der ersten entstehen.

Kapitel 5
Die Geschichte von Wachstum und Niedergang der Städte oder Wie alles gekommen ist

Die Vorstellung, daß Städte schrumpfen könnten, erscheint uns als etwas Unerhörtes und zutiefst Bedrohliches. Dabei hat bisher »jeder Zyklus ... seine eigene, neue Region entwickelt und die jeweils alten Zentren verbraucht zurückgelassen« (Gschwind/Henckel 1984, 134). Coalbroakdale in der Nähe von Birmingham im Tal der Severn war das Silicon Valley des 18. Jahrhunderts. Hier wurde zum ersten Mal Steinkohle anstelle von Holzkohle eingesetzt, um Erz zu schmelzen. Hier wurden die erste Dampfeisenbahn und die erste Eisenbrücke gebaut. Coalbroakdale im 18. Jahrhundert war der Inbegriff moderner Industrie. Heute ist es Industriemuseum (Ipsen 1986).

Mit der Entwicklung der Städte verbindet sich seit der Industrialisierung die Vorstellung von Wachstum – Wachstum von Bevölkerung, Fläche, Arbeitsplätzen und damit Wirtschaftskraft. Stadtentwicklung ist faktisch identisch geworden mit Wachstum. Das erste systematische Modell der Stadtentwicklung, das Burgess am Beispiel Chicagos entwickelt hat, ist ein Modell des Wachstums der Stadt, getragen von wirtschaftlicher Expansion und Zuwanderung (Friedrichs 1977). Die Selbstdarstellung der Städte hat diese Vorstellung immer genährt – auch durch die populäre Geschichtsschreibung für einzelne Städte. Deren Dramaturgie hat in der Regel zwei Fixpunkte: Erstens ist eine Stadt, die etwas darstellen soll, sehr alt; und zweitens ging es stetig aufwärts – zwar mit Unterbrechungen durch politische oder wirtschaftliche Katastrophen, aber vom heutigen Gipfelpunkt gesehen eben doch immer aufwärts. Auch Städte, mit denen es vergleichsweise abwärts ging, bringen schönfärberische Festschriften zum 700 oder 1000 Jahre-Jubiläum heraus.

Daß Städte eine sehr wechselvolle Geschichte haben, daß sich in ihrer unterschiedlichen Geschichte regionale Differenzierungen, mit denen Benachteiligung und Privilegierung verteilt wurden, abbilden, ist zwar in der wissenschaftlichen Literatur längst bekannt

– zum politischen und alltäglichen »Leitbild« von der Stadt gehört diese Binsenwahrheit aber nicht. Dabei könnte man viel lernen aus der Geschichte, z. B. daß gesamtgesellschaftliche Veränderungen in Ökonomie und Politik die Entwicklungsbedingungen einer Stadt so verändern können, daß in einer historisch relativ kurzen Epoche aus Weltstädten Provinznester werden – und umgekehrt, daß Städte über alle sozialen und politischen Veränderungen der Jahrhunderte hinweg ihre Funktion und Größe erhalten haben. Grundzüge des Aufstiegs und Niedergangs von Städten, also die Veränderungen des Städtesystems, wollen wir im folgenden skizzieren, um einen Eindruck davon zu gewinnen, welche Faktoren eine Rolle spielen.

Erstaunlich ist auf den ersten Blick die große historische Kontinuität der deutschen Städtelandschaft. Ihre Grundzüge wurden in der Zeit vom 11. bis zum 14. Jahrhundert gelegt, und seitdem sind nur ganz wenige der kleinsten Städte von der Landkarte verschwunden, relativ wenige sind neu hinzugekommen. Jahrhundertelanges Bevölkerungswachstum, wirtschaftliche und technische Umwälzungen im Transportwesen, politische Revolutionen, Katastrophen wie Pest und Krieg haben Aufstieg und Niedergang von Städten zwar beeinflußt, aber das Städtesystem insgesamt seit nun fast 1000 Jahren nur wenig verändert.

Offensichtlich gibt es so etwas wie »konstante« Funktionen von Städten, die diese hohe Kontinuität bewirken – und andererseits »variable«, die unterschiedliches Wachstum hervorrufen. Mit dieser Unterscheidung können *Stabilität und Wandel des Städtesystems* beschrieben und erklärt werden. Beginnt man die Analyse der Stadtentwicklung erst mit der Zeit des größten Wachstums, im letzten Viertel des 19. Jahrhunderts, dann verwischen sich solche Unterschiede, weil in dieser Zeit eines starken Bevölkerungswachstums und außergewöhnlicher industrieller Expansion *alle Städte* expandierten. Stadtanalyse der Gegenwart gerät dadurch in die Gefahr, zu einer Suche nach den Wachstumsschwächen zu werden, denn etwas anderes als Wachstum kann man sich dann für eine Stadt gar nicht mehr vorstellen. Wir wollen uns im folgenden die Grundzüge der vorindustriellen Stadtentwicklung vor Augen führen, denn an ihnen werden die Determinanten von Aufstieg, Konstanz und Niedergang deutlich.

Vor der Jahrtausendwende gab es in Mitteleuropa nur die Überbleibsel römischer Stadtsiedlungen. Es war eine agrarisch geprägte Gesellschaft, in der Produktion von Lebensmitteln und von Produktionsinstrumenten noch unmittelbar verquickt waren. Die Spezialisierung auf die eine oder andere Tätigkeit war lediglich zeitlich bedingt, weil in den Sommerperioden mehr auf den Feldern gearbeitet werden mußte, während im Winter an den Produktionsmitteln gebastelt werden konnte. Auch die Kleidung wurde innerhalb dieses Produktionszusammenhangs hergestellt. Ökonomische Aktivitäten waren auf die Selbstversorgung lokal abgeschlossener, untereinander wenig verbundener Wirtschaftseinheiten (Fronhöfe, Klöster) beschränkt.

Dies änderte sich ab der Jahrtausendwende. Grundlegende Veränderungen in der Landwirtschaft steigerten die Produktivität. Im Zentrum der Agrarrevolution des frühen Mittelalters standen die Einführung der Dreifelderwirtschaft sowie eine systematische Verbesserung der Agrartechnik: Zugtiere wurden vor den Pflug gespannt, Mühlen gebaut. Neben diesen ökonomischen und technischen Faktoren spielten auch politische eine Rolle: Da Bauern, die sich an Rodung und Gründung von neuen Dörfern beteiligten, frei wurden, setzte eine fieberhafte Erschließung bisher unbesiedelten Landes ein. Auf dieser Grundlage erwuchs eine »Bevölkerungsexplosion« bis zum Ende des 12. Jahrhunderts, durch die sich die Einwohnerzahl Europas nahezu verzehnfachte (vgl. Otten 1986, 23 ff.).

Produktivitätssteigerungen der Landwirtschaft, Bevölkerungswachstum und Ausdehnung der dauernd besiedelten Nutzfläche bereiteten den Boden für die entstehende Arbeitsteilung: Dauerhafte Spezialisierung auf entweder agrarische oder handwerkliche Produktion bildete die Grundlage für eine räumliche Separierung der unterschiedlichen Arbeitstätigkeiten. Die gewerblich spezialisierten Ansiedlungen dienten auch dem Austausch landwirtschaftlicher Erzeugnisse und handwerklicher Produkte in einem relativ eng begrenzten Nahbereich, sie waren also auch Marktort und damit Vorformen von Städten.

Ein Handel über die Region hinaus wurde vor allem durch die Nachfrage der Grundherren stimuliert, die sich aufgrund ihrer Bereicherung aus ländlichen und städtischen Abgaben den Kauf solcher Produkte leisten konnten, die nicht am Ort hergestellt wurden. Dieser Handel wurde von wandernden Kaufleuten organisiert. Aus der dauerhaften Niederlassung dieser Händler an Etappenplätzen der Handelsstraßen oder an Orten guter Nachfrage (Sitze der Grundherren) bildeten sich, nachdem die Grundherren Privilegien und besonderen Schutz gewährt hatten, Städte. Dies war um so eher möglich, je mehr die Geldwirtschaft entwickelt war – also je mehr die Untertanen statt Naturalien und Dienstleistungen Geld an ihre Grundherren bezahlen mußten.

Nachdem im 12. Jahrhundert die Städte angefangen hatten, Mauern um ihren engeren Bereich zu bauen, boten sie der Landbevölkerung auch Schutz, wenn wieder einmal ein hungriger und brutaler Reiterhaufen durchs Land zog. Sowohl die Grundherren wie die Städte selbst, deren Einflußbereich sich meist über die Stadtmauern in ein mehr oder weniger großes Hinterland erstreckte, hielten in den Städten Gerichtstage ab – neben dem Handel waren also schon von Anfang an »tertiäre Funktionen« ein qualitatives Merkmal von Städten.

Über diesem Netz von lokal und regional orientierten Marktorten bildete sich ein System von Fernhandelsstädten heraus. Es verband den Ostseeraum und das Gebiet westlich des Rheins (Zentrum der Tuchproduktion) mit Süddeutschland und den norditalienischen Städten, die den Orienthandel unter Kontrolle hatten und selbst Zentren gewerblicher Produktion waren. Gehandelt wurde mit langlebigen Nahrungsmitteln (Gewürze, Wein), mit Fellen, Leder- und Eisenwaren sowie Kunstgewerbe (Schmuck), vor allem aber mit Stoffen verschiedenster Art und Qualität.

Produktivkraft Stadt

Von der lokalen ökonomischen Basis emanzipieren konnten sich Städte durch Expansion und Spezialisierung des Gewerbes, das für den Export produzierte und regionale oder überregionale Märkte belieferte. In der Ausbildung von Städten zu überregional bedeutsamen Gewerbezentren zeigte sich die besondere Produktivkraft der städtischen Ökonomie, die sich aus der lokalen Konzentration des Handwerks ergab: sie ermöglichte eine immer intensivere Arbeitsteilung und Spezialisierung und brachte neue Produkte hervor (vgl. Jacobs 1970).

Die Arbeitsteilung wurde in den Städten vertikal und horizontal verfeinert: Die Arbeitsvorgänge bei der Herstellung eines Endprodukts wurden auf verschiedene Spezialisten aufgeteilt und nicht mehr in einer Werkstatt durchgeführt (vertikale Arbeitsteilung). Wegen der räumlichen Nähe innerhalb der Stadt war der rasche Transport von Halbfertigprodukten kein Problem – was man übrigens bis heute in Gewerbestädten von gering industrialisierten Ländern beobachten kann, wo, wie in der marokkanischen Stadt Fes, Esel die Felle bzw. das Leder vom Gerber- zum Färberviertel und weiter zu den einzelnen Werkstätten schleppen.

In der horizontalen Arbeitsteilung wurde die Spezialisierung auf Produkte vorangetrieben. Da gab es nicht einfach den Schmied wie auf dem Dorf, sondern Huf-, Nagel-, Messer- und Drahtschmiede (vgl. Mottek 1976, 153 f.). Durch solche Spezialisierungen wurde die Produktivität der Arbeit gesteigert, die Qualität der Produkte verbessert und das Angebot verbreitert.

Dies waren die *Agglomerationseffekte der städtischen Ökonomie*, die ihrer gewerblichen Produktion rasch einen großen Vorsprung gegenüber dem dörflichen Handwerk verschafften, zumal die überregional belieferten Märkte den Bezug von Rohstoffen und den Absatz eigener Produkte ohne großen Transportaufwand des Einzelunternehmens möglich machten.

Diese Entwicklung vollzog sich unter der strengen Aufsicht der Zünfte, die das städtische Gewerbe bis in alle Einzelheiten kontrollierten. Sie setzten Minimalpreise fest, begrenzten die Größe der Betriebe und die Zahl der beschäftigten Personen. Ihre Funktion war es, die freie Konkurrenz auszuschalten und ein bestimmtes Qualitäts- und Preisniveau zu sichern, die Produkte ihrer Mitglieder also zu Markenartikeln zu machen. Die Zünfte hatten neben ihren gewerbepolizeilichen Funktionen aber auch genossenschaftliche Elemente: gegenseitige Hilfe bei Krankheit, Tod oder Unglücksfällen sowie die Sorge für eine Produktions-Infrastruktur (Lager- und Färberhäuser, Mühlen), die die Möglichkeiten des Einzelbetriebs überschritten hätte. Gegen Konkurrenz von außerhalb suchten sie sich durch Importbeschränkungen zu schützen – was natürlich zu Konflikten mit der Kaufmannschaft führte – und, wo politische und militärische Stärke dies erlaubten, durch eine Ausdehnung ihrer Monopole in das Umland. Die Zünfte stellten ein genossenschaftliches Lenkungssystem dar, das wirtschaftliche Steuerungs- mit sozialen Sicherungsfunktionen verband. Die

Städte sind damit auch Orte von Frühformen der Wirtschafts- und Sozialpolitik.

Tertiäre Funktionen

Die Fernhandels- und Exportgewerbestädte knüpften untereinander ein Verkehrsnetz, das den Transport von Waren und Nachrichten zuverlässig und sicher machte. Zu diesem Zweck schlossen sie sich in Städtebünden zusammen, die ökonomisch und militärisch stark genug waren, den Fernhandel zu kontrollieren. Die Hanse, mit den Ost- und Nordseehäfen als Zentren, hatte die wichtigen Handelsstädte einschließlich Köln und Berlin als Mitglieder; den Rest des Deutschen Reiches teilten sich schwäbischer, rheinischer und sächsischer Städtebund.

In den Fernhandelsstädten bildete sich eine Patrizierschicht, die ihren Reichtum in Bauwerken zu demonstrieren trachtete, die wir heute noch als bedeutende Monumente der Bau- und Kunstgeschichte bestaunen. Die Städte überboten einander mit immer größeren Kirchen, mit immer edler ausgestalteten Stadtpalästen und Rathäusern. Und daraus ergab sich eine weitere spezifisch städtische Funktion: durch Aufträge von vermögenden Stadtbewohnern wurden sie zu Sammelpunkten der geschicktesten Baumeister, bildenden Künstler und Kunsthandwerker, die hier ihre Fertigkeiten vervollkommnen und vor aller Welt demonstrieren konnten; Bau- und Malschulen bildeten sich. Der Buchdruck breitete sich in den Städten rasch aus. Gegen Ende des 15. Jahrhunderts gab es in jeder Stadt eine Druckerei. Die Kaufleute waren es auch, die die schriftliche Kommunikation aus den Bereichen von hoher Politik und Kirche in das alltägliche Geschäft einführten (Buchhaltung) sowie Meßtechniken und Mathematik anwandten. Auch die neuzeitliche (Natur-)Wissenschaft hat sich überwiegend in den Städten entwickelt. Für die Ansammlung des Reichtums hat sie allerdings damals kaum eine Rolle gespielt, vielmehr war sie ihr Ergebnis. »Das ökonomische Rückgrat der Städte war die zünftige Produktion, nicht die neue Technologie der Ingenieure« (Krohn 1976, 25). Der künstlerische und technische Fortschritt jener Zeit gedieh in einem Klima, in dem solche Innovationen gefördert wurden, weil auch ihnen symbolische Bedeutung zukam als Ausdruck von Macht und Reichtum. Da die verfeinerten Kulturtechniken nur in den

Städten ausgeübt wurden, konnten sie auch nur dort gelernt werden. So ergab sich zwangsläufig, daß die Städte auch Bildungszentren wurden. Die Ursprünge neuzeitlicher Kultur, Kunst, Technik und Wissenschaft waren städtisch.

Nicht zu vergessen sind die Großveranstaltungen der Kirche, die in regelmäßigen Abständen Menschenmassen in den Städten versammelten, sofern sie einen Bischof als Stadtherren hatten. Da bei solchen Gelegenheiten viele Geschäfte erledigt wurden, waren sie bald nicht mehr nur kirchliche Messen, sondern – noch wichtiger – schließlich verselbständigte Handelsmessen. Gelang es, eine religiöse Wallfahrtsattraktion zu schaffen, dann bildete auch dies ein einträgliches Geschäft und machte eine Stadt in weitem Umkreis bekannt. So brachte z. B. um die Jahrtausendwende der von Friedrich I. als Bischof von Köln eingesetzte Reichskanzler Knochen aus Italien mit, die dort als Gebeine der Heiligen Drei Könige verehrt wurden. Die Stadt hat Jahrhunderte lang von dem daraufhin einsetzenden Tourismus profitiert.

Damit sind die spezifischen *Funktionen* der mitteleuropäischen Stadt ausgebildet: arbeitsteilig spezialisiertes Gewerbe und geldvermittelter Tausch, militärischer Schutz und Gerichtsbarkeit, Kult, Kunst und Wissenschaft, also Ort von Markt, gewerblicher Produktion, Tempel und Kultur.

Aus diesen verschiedenen Funktionen der Städte bildete sich eine *Stadt-Hierarchie,* deren Basis die vielen Kleinstädte mit lokal begrenzten sekundären und tertiären Funktionen darstellte und deren Spitze die großen Fernhandelsstädte waren, die einerseits alle Funktionen der kleineren in sich vereinigten – nur eben mehr davon und in größerem Maßstab – und die andererseits spezialisierte Funktionen hatten, die nur in wenigen Städten zu finden waren: internationaler Handel, spezialisiertes und verfeinertes Gewerbe sowie Kult- und Kulturbetrieb.

Entsprechend waren die Größenordnungen: Bis zum Ende des Mittelalters hatten etwa 3000 Orte im Deutschen Reich das Stadtrecht verliehen bekommen. Sie verteilten sich im Abstand von vier bis fünf Reisestunden im Süden und Westen, mit größeren Entfernungen im Norden und Osten über das Land (Mottek 1976). 25 Städte hatten mehr als 10.000 Einwohner, waren also Großstädte. Zu ihnen gehörten: Straßburg, Frankfurt/M., Ulm, Augsburg, Nürnberg, Würzburg, Erfurt, Goslar, Soest, Münster, Rostock, Danzig, Braunschweig, Lüneburg, Lübeck, Bremen und Hamburg. Köln war mit 40.000 Einwohnern im 14. Jahrhundert größte Stadt. Bedeutendere Mittelstädte waren: Trier, Mainz, Wesel, Osnabrück, Emden, Kassel, Görlitz, Nördlingen, Konstanz und Schaffhausen. 90 bis 95 % aller mittelalterlichen Städte hatten weniger als 2.000 Einwohner (Ennen 1975, 201 f.). Die durchschnittliche Einwohnerzahl lag nach den Angaben von Braudel (1985, 526) bei 400.

Das mittelalterliche Städtesystem

Wie nun war dieses hierarchisierte System von Städten räumlich organisiert? Die Lage einer Stadt erklärt sich aus ihrer Geschichte und den dominanten Faktoren, denen sie ihre Entstehung verdankt. Drei Entstehungszusammenhänge haben wir bereits dargestellt:

– Die Bildung der kleinen und mittleren zentralen Orte ergab sich quasi natürlich aus der Arbeitsteilung als *Mittelpunkt eines landwirtschaftlichen Produktionsgebiets*;

– andere Städte entstanden als *Niederlassungen von Händlern* und Handwerkern *am Sitz von Grundherren*, weil sie vor allem deren Nachfrage bedienten: »feudale Verstädterung« (Mackensen 1974);

– Standorte für *überregional oder international orientierte Städte* ergaben sich logischerweise aus dem Netz der Fernstraßen und schiffbaren Flüsse.

Handelspolitische und militärische Motive lagen den *Stadtgründungen* zugrunde (Ennen 1975, 102 ff.), mit denen im 13. Jahrhundert das deutsche Territorium überzogen wurde. Die Grundherren hatten die materiellen Vorteile der städtischen Form von Handel und Gewerbe erkannt und inszenierten eine »Gründungswelle« (Borchardt 1978, 19); die ummauerten Stadtgebiete stellten mit ihrer selbstorganisierten Verteidigungskraft strategische Fixpunkte dar, eine Eigenschaft, die sich in den Autonomie-Kämpfen einige Zeit später aber auch gegen die Stadtherren richtete. Mit einer sehr modern anmutenden Ansiedlungspolitik ermunterten weltliche oder kirchliche Feudalherren Kaufleute und Handwerker zum Aufbau städtischer Siedlungen innerhalb ihres Machtbereichs. Diese schlossen sich zu regelrechten Gründungskonsortien zusammen und beteiligten sich so am mittelalterlichen Landesausbau. Nürnberg, Freiburg, München, Lübeck und Leipzig sind Beispiele solcher Gründungen (Kantzow 1980, 22f.). Schöller bezeichnet die Masse der deutschen Mittel- und Kleinstädte, die im 12. bis 14. Jahrhundert entstanden sind, als ein »Instrument landesherrlicher Machtpolitik« (1967, 5); er erklärt die »Überstädterung« des deutschen Südwestens aus der Vielzahl kleiner Herrschaftsgebiete, der die »Städteleere des Nordwestens« gegenübergestanden habe (S. 6ff.). Wenn solche »künstlichen« Städte keine überregional bedeutsamen Funktionen entwickeln konnten, weil sie entweder falsch oder zu dicht beieinander plaziert waren, hatten sie freilich keine große Zukunft.

Edelmetall- und Eisengewinnung waren weitere Anlässe für die Gründung von Städten. Deren Standorte waren natürlich vom Vorkommen entsprechender Bodenschätze bestimmt und, was Stromer (1986, 108) für noch wichtiger hält, von Energiequellen. Da Energie für die Produktion im Mittelalter neben der menschlichen Muskelkraft ausschließlich aus Wasser und Holz gewonnen wurde (Windmühlen wurden erst später benutzt), waren die Mittelgebirge wichtige gewerbliche Standorte. Nach 1400 wurden z. B. in Sachsen zahlreiche Städte gegründet, die im Zusammenhang mit dem Bergbau standen (Ennen 1975, 192f.), ebenso im Schwarzwald und in der Eifel. Gegraben und verhüttet wurde freilich nicht innerhalb der Stadtmauern. Diese Städte waren vielmehr Vertriebs- und Verarbeitungszentren einer »Gewerbelandschaft« – wie Nürnberg, das Mittelpunkt im »Ruhrgebiet des Mittelalters« (Stromer 1986, 80) war und dessen Metallverarbeitungsgewerbe ein europäisches Zentrum der Rüstungsproduktion darstellte. Obwohl solche Analogien fragwürdig sind – Nürnberg im 14. Jahrhundert hat wenig gemein mit dem US-amerikanischen »militärisch-industriellen Komplex« –, ist es im Hinblick auf die Ursachen der Stadtbildung im 12. und 13. Jahrhundert nicht ganz abwegig, schon von Ansätzen einer »industriellen Verstädterung« zu sprechen.

Manche Historiker reden von einer industriellen Revolution im Mittelalter nicht nur im Hinblick auf die Schwermetalle, sondern mindestens mit dem gleichen Recht auch für die Baumwollverarbeitung (Otten 1986, 77ff.). Nachdem im 11. Jahrhundert die Webstuhl-Technik aus dem Orient nach Europa gebracht worden war, breitete sich rasch eine regelrechte *Textilindustrie* aus. Kauf-

leute, insbesondere die venezianischen, importierten Rohbaum-
wolle aus dem Vorderen Orient und ließen sie vom städtischen
Gewerbe verarbeiten. In den norditalienischen Städten entstand
ein florierendes Textilgewerbe, das viele Lohnabhängige beschäftigte. Mehr als die Hälfte der Bevölkerung in der Poebene hat im
14. Jahrhundert in den z. T. sehr großen Städten gelebt, ein Grad
der Verstädterung, der im Deutschen Reich 1871, als 36 % der Bevölkerung in Städten wohnten, noch nicht erreicht war.

Der Boom der Textilproduktion im 13. und 14. Jahrhundert
führte in Norditalien offensichtlich auch schon zu Arbeitskräftemangel, was das venezianische Kapital veranlaßte, in Süddeutschland zwischen Augsburg und Konstanz neue Produktionsanlagen
zu errichten, gleichsam verlängerte Werkbänke, die dort zu Kristallisationspunkten einer reichen städtischen Entwicklung wurden.

Die Verarbeitung von Wolle blieb gegenüber der Baumwollindu-
strie eher ein Heimgewerbe, das allerdings auch von den städtischen Kaufleuten organisiert wurde. Städtische Kaufleute unter-
hielten mit dem Verlagssystem eine dezentrale Produktion, indem
sie den auf dem Lande wohnenden Bauern oder Webern das Roh-
material stellten, Weiterverarbeitung und Vertrieb der Fertigpro-
dukte aber wieder selbst übernahmen. Den formell selbständigen
Produzenten wurde mit dieser frühkapitalistischen Betriebsorganisation faktisch nur ein Teil des Arbeitswertes bezahlt. Dies war
deshalb möglich, weil durch die Verflechtung mit der landwirtschaftlichen Produktion den Arbeitskräften dort niedrigere Löhne
gezahlt werden konnten als den städtischen, die sich ihre Lebensmittel vollständig auf dem Markt kaufen mußten. Schon im Mittelalter wurden also die niedrigeren Lohnkosten in ländlichen Gebieten von einem Teil der städtischen Ökonomie ausgenutzt und
führten zu einer funktionalen räumlichen Arbeitsteilung: Disposition und Vertrieb in den Städten, Produktion an dezentralen
Standorten.

Innerhalb der feudalen Gesellschaft gewannen die bürgerlichen
Städte aufgrund ihrer ökonomischen Bedeutung auch politischen
Einfluß: Geld konnte in Herrschaft umgewandelt werden, denn
die Söldnerheere mußten finanziert werden. Die Politik geriet so
in Abhängigkeit von den großen Finanziers in italienischen und
süddeutschen Städten.

Gegen Ende des 14. Jahrhunderts waren die horizontale und vertikale Struktur des mitteleuropäischen Städtesystems, seine räumliche Struktur und Hierarchie voll ausgebildet. Wachstum und ökonomische Dominanz dieser Städte waren gebunden an ein bestimmtes Handelsnetz und an bestimmte Güter. Der Fernhandel hatte bis zum 15. Jahrhundert seine Schwerpunkte auf den Wegen vom Nord- und Ostseeraum zu den oberitalienischen Städten, die selbst ein starkes Exportgewerbe besaßen und außerdem den Orienthandel beherrschten. Innerhalb der Handelsbeziehungen zwischen Westeuropa und dem kolonisierten Osten einerseits, Nord und Süd andererseits hatte Deutschland eine zentrale Lage. Die Hansestädte bildeten die Zentren des ökonomischen Aufschwungs, aber auch Städte wie Regensburg, Nürnberg, Krakau, Breslau und Wien wuchsen aufgrund ihrer zentralen Lage. In der Folgezeit bewirkten verschiedene außerökonomische Faktoren eine Veränderung des Städtesystems.

Im 16. Jahrhundert wurden die Seewege in den fernen Osten und nach Amerika erschlossen, neue Handelsverbindungen mit neuartigen Waren entstanden. Wichtiger aber für die Veränderung des europäischen Wirtschafts- und Städtesystems war das Vordringen der Türken im Mittelmeerraum, wodurch der Rohbaumwollbezug gestört wurde und einer der Pfeiler des mitteleuropäischen Wachstums ins Wanken geriet. Mit dem Aufstieg der Niederlande zum bedeutendsten Textilgewerbezentrum verminderte sich die Bedeutung des Rheins als der zentralen Achse der europäischen Wirtschaft.

Zwei weitere Ereignisse hatten für die Entwicklung der deutschen Städte nachhaltige Folgen: die Hungerkrisen am Anfang und der »schwarze Tod«, die großen Pestepidemien in der Mitte des 14. Jahrhunderts, sowie der Dreißigjährige Krieg am Anfang des 17. Jahrhunderts. Die Pest dezimierte die Bevölkerung um mehr als ein Drittel und entzog vielen kleinen Städten die Arbeitskraft- und Nachfragebasis. Die Bevölkerungsverluste waren in den Städten mit ihrer hohen Wohndichte noch stärker als auf dem Land.

Der mit der Verlagerung der Handelsströme einsetzende Niedergang der deutschen Städte wurde im 17. Jahrhundert zur Katastrophe durch den Dreißigjährigen Krieg. Ganze Städte wurden zerstört, die städtischen Produktionsmittel vernichtet, Felder und Äcker verwüstet. 25 % aller Siedlungen verschwanden von der Landkarte (Abel 1966, 44 f.). Die Bevölkerung wurde stark dezimiert, die Zahlen aus der Zeit vor dem Krieg wurden erst wieder Mitte des 18. Jahrhunderts erreicht.

Einige Städte, die sehr groß waren und massive Befestigungen hatten, gingen aus der militärischen und politischen Katastrophe gestärkt hervor. Sie hatten am Krieg verdient und ihren Reichtum wie ihre Bevölkerungszahl steigern können (z. B. Köln und Hamburg). Aber der einheitliche Wirtschaftsraum in Deutschland, in dem die Städtebünde operiert hatten, war zerschlagen. Die vom Kaiser unabhängig gewordenen Fürsten machten sich an den Aufbau von Territorialstaaten. Nach dem Westfälischen Frieden gab es auf deutschem Reichsgebiet etwa 2000 souveräne Territorien.

Politisch bedingter Umbruch des Städtesystems

Mit der Bildung der Territorialstaaten in der zweiten Hälfte des 17. Jahrhunderts entwickelte sich *ein neuer Typus von Städten*: die Residenzstädte, geprägt von Garnison und Staatsbürokratie, finanziert von den Abgaben des flachen Landes und der mediatisierten Städte. Als Sitze der absolutistischen Herrscher wurden sie planmäßig ausgebaut (z. B. Berlin, München, Stuttgart, Kassel, Hannover, Dresden, Prag), etwa ein Dutzend wurde neu gegründet (z. B. Mannheim, Karlsruhe, Erlangen). Grundlage dafür war die zentralistische Verwaltung mit einem stehenden Heer sowie die merkantilistische Wirtschaftspolitik, zu der eine bürokratisch organisierte Steuererhebung und die systematische Förderung gewerblicher Produktion (z. B. durch den Ausbau des Straßensystems) gehörten. Die Produktion von militärischen Ausrüstungsgütern und Exportartikeln erfolgte in den Manufakturen, die z. B. in Preußen teilweise staatlich organisiert und geleitet wurden.

Den meisten freien Reichsstädten war durch die territoriale Neuordnung ihr Hinterland genommen. Die Erhaltung ihrer politischen Autonomie bezahlten sie mit entscheidender wirtschaftlicher Schwächung, die allerdings noch stärker durch die institutionelle Erstarrung des Gewerbes, das von den Zünften beherrscht und stranguliert wurde, verursacht wurde. Die absolutistische Politik wirtschaftlicher Entwicklung unterlief die zünftlerischen Restriktionen der gewerblichen Produktion mit einer Strategie, die die Monopole und Privilegien der Zünfte zunehmend durchlöcherte, womit die ländlichen Gebiete zu Schwerpunkten der Gewerbeentwicklung wurden. Militärisch waren die Städte zu diesem Zeitpunkt geschwächt, weil die Stadtmauern gegen die aufkommende Artillerie keinen ausreichenden Schutz mehr boten. Ihre Privilegien konnten sie also nicht mehr mit Gewalt verteidigen. Das wirtschaftliche Credo der Zeit ist der Merkantilismus, eine Wachstumsphilosophie, die auf die Erschließung der Produktivitätsreserven des *gesamten* Landes setzt. Die staatliche Organisation, die nun von den absolutistischen Höfen ausgeht, war den Stadtwirtschaften überlegen.

Bis zur Industrialisierung, in der die Städte wieder eine zentrale Rolle spielten, durchlief »die Masse der damals vorhandenen Städte einen Tiefstand an öffentlichem Leben und materieller Substanz« (Stoob 1979, 196). Das Wachstum des Gewerbes fand während des Absolutismus eher in ländlichen Regionen und in den nicht-autonomen Territorialstädten statt. Bei seiner Untersuchung der regionalen Verteilung des Gewerbes am Ende des 18. Jahrhunderts kommt Kaufhold zu dem Ergebnis, daß ländliche Standorte auf dem Gebiet des deutschen Reiches vorherrschten (1986, 177 ff.). Er hält es sogar für möglich, daß um 1800 die Mehrzahl der gewerblich Beschäftigten auf dem Lande arbeitete.

Im 18. und frühen 19. Jahrhundert lagen die Gebiete mit höchster gewerblicher Dichte in den Mittelgebirgen und an deren Rändern (Schwarzwald, Eifel, Bergisches Land, Sauerland, Harz und Erzgebirge). Borchardt (1966) sieht für diese Zeit zwei Gewerbezonen als dominierend: eine west-östliche von Westfalen über Thüringen, Sachsen bis nach Schlesien, und eine süd-nördliche, die sich von der Schweiz am Rhein entlang nach Holland zog. Entscheidende Standortfaktoren dafür waren die Verfügung über Energie (Wasser, Holz) und die Anbindung an die Flüsse als wichtige Transportwege.

Das Städtesystem veränderte sich. Viele früher bedeutende Städte, die freie Reichsstädte geblieben waren, wie Augsburg, Nürnberg, Speyer oder Worms – allesamt im 13. und 14. Jahrhundert europäische Zentren –, stagnierten oder verloren Bevölkerung. Dortmund z. B. hatte um 1700 weniger als ein Viertel seiner Einwohnerzahl aus dem 15. Jahrhundert. Die Residenzstädte und die ihrer politischen Selbständigkeit beraubten, aber merkantilistisch geförderten Städte erlebten dagegen wirtschaftliche Blüte und Bevölkerungswachstum. Berlins Bevölkerung wuchs innerhalb von 200 Jahren bis 1790 auf das Zehnfache (121.800).

Die großen Handelszentren wurden allerdings von dieser Entwicklung nicht negativ berührt: Frankfurt/M., Hamburg, Bremen und Köln konnten auch im 18. Jahrhundert ihre Bevölkerungszahlen steigern. Ihren internationalen Handelsbeziehungen bereitete die Fragmentierung des innerdeutschen Wirtschaftsraums durch die Zollpolitik der vielen Kleinstaaten offensichtlich weniger Schaden als den übrigen Städten, die vor allem den regionalen Handel organisierten und deren Exporte unter den Importbeschränkungen der Territorialfürsten litten.

Ursachen für das Stagnieren bzw. das Schrumpfen von Städten in der Zeit vom ausgehenden 16. bis zum Ende des 18. Jahrhunderts waren also neben Epidemien, Krieg und Verlagerung der Handelsströme im engeren Sinn wirtschaftspolitische Faktoren: sowohl eine organisatorisch-herrschaftliche Verkrustung der Städte wie die Zentralisierungspolitik der neuen Landesherren, die die alten Städte mit ihrem Steuersystem aussaugten, mit dem Geld andere ausbauten oder neue gründeten. Sicher ist es schwer, bei den Zünften oder den Landesherren zwischen ökonomischen und politischen Kräften zu unterscheiden, weil sie eben politische Institutionen mit spezifischen ökonomischen Interessen darstellten, aber deutlich ist doch, daß die Veränderungen des Städtesystems im 17. und 18. Jahrhundert nicht allein aus einer »naturwüchsigen« Bewegung des Kapitals, sondern primär aus Machtkämpfen und politischen Entscheidungen hervorgingen. Die Ausbildung zentralistisch organisierter Territorialstaaten und die Förderung einer wirtschaftlichen Expansion um jeden Preis durch eine zentrale Instanz bereiteten der mittelalterlichen Wirtschaftsorganisation das Ende und führten zum ersten Umbruch des Stadtsystems.

Ende des Stadt-Land-Gegensatzes

Mit der Durchsetzung der Gewerbefreiheit und der Aufhebung der Grundherrschaften (»Bauernbefreiung«) in der ersten Hälfte des 19. Jahrhunderts veränderte sich die Beziehung zwischen Stadt und Land grundsätzlich. Innerhalb der feudalen Gesellschaftsordnung hatten die Städte eine besondere ökonomische, soziale und rechtliche Struktur, die sie scharf vom Land unterschied: die politische Autonomie stellte sie *neben* die Grundherren in der Staatsverfassung, städtische Bürger waren »frei« und gehörten einer sich selbst (oligarchisch) verwaltenden, lokal abgegrenzten gesellschaftlichen Einheit an. Vor allem aber stellte »die Stadt« ökonomisch etwas ganz anderes als »das Land« dar: im Gegensatz zu den Grundherrschaften, die ihren Reichtum aus der agrarischen Produktion schöpften, bei denen also der Boden das wichtigste Produktionsmittel war, hatte die Stadt eine eigene ökonomische Basis »bloß in der Arbeit und im Austausch« (Karl Marx). Mit der Auflösung feudaler Produktionsstrukturen glichen sich städtische und ländliche Ökonomie einander an, die landwirtschaftliche Produktion wurde ebenso kapitalistisch organisiert wie die städtische, die im 19. Jahrhundert ganz aus den antikapitalistischen Organisationsformen der Zünfte herausgeführt wurde. Die eigentliche »Revolution« des 19. Jahrhunderts war nicht die »industrielle«, sondern die Beseitigung aller gesellschaftlichen Schranken für die *kapitalistische* Organisation der Arbeit. Dies hat die große Industrie hervorgebracht, deren innere Struktur sich aus dem Prinzip höchster Produktivität der Arbeit ergibt. Dieses Prinzip hatte zuvor weder in der städtischen noch in der ländlichen Ökonomie die *entscheidende* Rolle gespielt. Auch wenn der »Geist des Kapitalismus« schon lange lebendig war – seine universelle Geltung erlangte er erst im 19. Jahrhundert.

Für die Stadtentwicklung spielten lokale Bedingungen von nun an eine immer geringere Rolle. Die kapitalistische Wirtschaft wurde *nationale* Ökonomie, die an lokale Bedingungen anknüpfte, sich davon aber nicht leiten ließ – diese waren förderlich oder hinderlich, aber nur noch Randbedingungen eines im Prinzip entlokalisierten Verwertungsprozesses. Die nationalökonomische Theorie des privatwirtschaftlichen Wachstums ist insofern zu Recht »raumlos«.

Die Mediatisierung der Städte durch das Herrschaftssystem des Absolutismus beendete eine besondere Politik der Städte. Der sich ausbreitende Kapitalismus beseitigte auch die Besonderheit ihrer Ökonomie. Eine »Stadtwirtschaft« gibt es von nun an nicht mehr. Was als »Stadtökonomie« heute noch beschrieben wird, ist nicht die besondere Ökonomie der Stadt, sondern die Entwicklung städtischer Strukturen unter dem Einfluß des kapitalistischen Verwertungsprozesses. Mit ihrer politischen und ökonomischen Identität verliert die Stadt auch ihre räumlich identifizierbare Gestalt. Das uns von alten Bildern vertraute Gegenüber von freier

Landschaft und aufgetürmter Stadt löst sich auf. Beides verschwindet im Brei der Agglomeration. Dies waren die entscheidenden Konsequenzen der kapitalistisch organisierten Umwälzung der Ökonomie im 19. Jahrhundert für die Städte.

Das Stadtsystem selber erwies sich demgegenüber als erstaunlich stabil, bedenkt man die rasante Entwicklung der Bevölkerung und die Umwälzungen der Produktionsweise. Die überkommenen Städte bildeten die Kristallisationskerne auch der kapitalistischen Industrialisierung. Von Borries (1969, 77) betont die bemerkenswerte Konstanz der Siedlungsstruktur über Früh- und Hochindustrialisierung bis heute: Die Industrialisierung habe keine neue Siedlungsstruktur hervorgebracht, vielmehr sei die alte industrialisiert worden, mit einer allerdings gewichtigen Ausnahme: im Ruhrgebiet war die Industrie auch Städtegründer. Die »Kohlezeit« (Salin 1928) mit der raschen Expansion der an diesen Rohstoff gebundenen Industrien war jedoch insofern historisch einmalig, als schon gegen Ende des 19. Jahrhunderts durch den Aufbau eines Starkstromnetzes auch Standorte außerhalb der Kohlereviere keine entscheidenden Nachteile bei der Energieversorgung mehr hatten.

Stadtentwicklung in der Industrialisierung

Die *Bevölkerung* des Deutschen Reiches wuchs zwischen 1816 und 1865 um 60% (Marschalck 1984, 27ff.). Ursache dafür waren der Fortfall der feudalen Bevormundung, die mit ihren ehebeschränkenden Vorschriften das Bevölkerungswachstum reguliert hatte, sowie eine verbesserte Hygiene, die die Kinder- und Jugendsterblichkeit verringerte. Folge war allerdings, weil weder die Produktivität der landwirtschaftlichen noch die der gewerblichen Produktion in dieser Zeit so zunahm, daß sie eine Basis für die wachsende Bevölkerung hätten abgeben können, eine »Überbevölkerungskrise«. Auswanderungen, vor allem in die USA, waren ein Ventil, das den »Bevölkerungsdruck« milderte. Im übrigen wuchs die Zahl der Verarmten.

Wanderungen vom Land führten in der Regel in die nächstgelegenen Städte. Manche Städte verdoppelten in dieser Zeit die Zahl ihrer Einwohner. Allerdings konnte das städtische Gewerbe die Zuwanderer nur zu einem kleinen Teil beschäftigen, was zum Anwachsen einer städtischen Armenschicht führte (vgl. dazu Reulecke 1985, 20ff.).

Dennoch lag das Wachstum der Stadtbevölkerung zwischen 1816 und 1840 kaum höher als das der Gesamtbevölkerung. Matzerath (1985, 45) spricht daher von einem »Städtewachstum ohne Verstädterung«.

Bis zur Jahrhundertmitte verschob sich die Relation zwischen städtischer und ländlicher Bevölkerung kaum. Dagegen verlief die Bevölkerungsentwicklung der einzelnen Städte sehr unterschiedlich. »Während solche traditionsreiche Städte wie Augsburg, Bremen, Düsseldorf, Hamburg, Hannover, Karlsruhe, Königsberg, Lübeck, Mannheim und Trier in diesem Zeitraum deutlich unterdurchschnittlich wuchsen und die Bevölkerungszunahme in Aachen, Breslau, Dresden, Frankfurt/M., Kassel, Leipzig, Magdeburg und Saarbrücken nur etwa dem Durchschnitt entsprach, verzeichnete eine weitere Gruppe von Städten einen zum Teil erheblich über dem Mittelwert liegenden Bevölkerungsgewinn: außer den drei Hauptstädten Berlin, München und Stuttgart und den Textilgewerbestädten Elberfeld und Barmen sowie Krefeld, Mönchengladbach und Plauen gehörten dazu in erster Linie die aufstrebenden ehemaligen Ackerbürgerstädte des Ruhrgebiets (Bochum, Dortmund, Duisburg, Essen und Mühlheim/Ruhr), sodann die märkischen bzw. bergischen Städte mit einer stark entwickelten Kleineisenwarenproduktion (Hagen, Iserlohn, Lüdenscheid, Solingen), außerdem von den ›alten‹ Städten Köln und Nürnberg« (Reulecke 1985, 31f.).

Um die Jahrhundertmitte nimmt die industrielle Entwicklung deutlichen Einfluß auf das Wachstum der Städte. Es begann die Phase der *Verstädterung,* d. h., der Anteil der Stadtbewohner an der Gesamtbevölkerung wuchs schneller als der der Landbewohner. Die Phase stärkster Verstädterung setzte nach der Reichsgründung 1871 ein und dauerte bis zum Ersten Weltkrieg. In diesem Zeitabschnitt absorbierten die Städte das gesamte Bevölkerungswachstum – aber nur das Wachstum; die Wanderung vom Land in die Städte führte noch zu keiner Entleerung ländlicher Gebiete. 40% des Bevölkerungswachstums der Städte resultierte aus Abwanderungen vom Land. Nicht alle Städte profitierten gleichermaßen davon: Städte mit vorwiegend Verwaltungsfunktionen nahmen durchschnittlich nur um 1 bis 2% jährlich zu, die Gewerbestädte um 1,5 bis 3%, die Handelsstädte um 2,5 bis 3%. Am stärksten stieg die Einwohnerzahl in den Ruhrgebietsstädten, wo sie zwischen 1871 und 1910 um 5 % jährlich zunahm (Marschalck 1984, 51).

Diese explosionsartige Verstädterung im Zuge des größten Bevölkerungswachstums in der deutschen Geschichte – allein von 1871 bis zum Beginn des Ersten Weltkrieges wuchs die Bevölkerung um 24 Mio. – vollzog sich vor dem Hintergrund einer Umwälzung der Produktionsweise. Beides zusammen veränderte das Gesicht des mitteleuropäischen Stadtsystems in dreifacher Hinsicht: erstens durch die Auflösung der Stadt in der Agglomeration, zweitens durch das Entstehen eines neuen Stadttypus vor allem im Ruhrgebiet, der reinen Industriegemeinde, und drittens durch eine Verlagerung der regionalen Schwerpunkte industrieller Aktivität.

Von der Stadt zur Agglomeration

Mit dem Übergang von der Manufaktur zur Fabrik bildete sich eine neue Stadtorientierung der gewerblichen Produktion heraus. Die Stadtentwicklung differenzierte sich durch die Konzentration der industriellen Standorte: nicht mehr alle Städte nahmen zu, einige wiesen nun auch schrumpfende Einwohnerzahlen auf. Nach den detaillierten Analysen von Matzerath (1985, 177 ff.) waren dafür weniger die wirtschaftsstrukturelle Ausgangssituation als die Lage im neu entstehenden Verkehrssystem (Eisenbahn) ursächlich. Städte ohne industrielle Ansätze behielten zwar ihre zentralörtlichen Funktionen, aber sie blieben hinter der allgemeinen Entwicklung zurück (vgl. auch Zang 1978). Der Eisenbahnbau spielte dabei eine wichtige Rolle; in einigen Städten wurden Industrieviertel zur Herstellung von Lokomotiven und Eisenbahnwagen errichtet: in Berlin, Dresden, München, Eßlingen, Hannover, Karlsruhe, Kassel, Augsburg, Chemnitz und Nürnberg – Städten also, die entweder Residenzstädte waren oder eine Tradition im Metallverarbeitungsgewerbe hatten. Für die Residenzstädte bedeutete dies eine »allmähliche Ablösung des bisher ausgeprägten Parasitendaseins und die Übernahme einer ökonomischen Anstoßfunktion nach außen« (Reulecke 1985, 30). Der Einsatz von Dampfmaschinen, neben dem mechanischen Webstuhl die wichtigste technische Neuerung am Beginn der industriellen Revolution, führte dagegen nicht zu neuen Standorten der gewerblichen Produktion, sondern stärkte schon bestehende gewerbliche Zentren zu Lasten ihrer Region: die Kleineisenindustrie z. B. im Bergischen Land und Sauerland, die zuvor auf die Wasserkraft der Mittelgebirge angewiesen war, konnte sich aus den peripheren Lagen zurückziehen und in den Städten ansiedeln. Ähnliche Prozesse waren bei der Textilindustrie zu beobachten, die bis dahin vor allem in der Form ländlicher Heimarbeit organisiert war und sich nun an städtischen Standorten zu konzentrieren begann. Am Anfang der industriellen Verstädterung steht also ein auf die Kernstädte gerichteter zentripetaler Prozeß, ganz im Gegensatz zu den später dominierenden zentrifugalen Bewegungen der Suburbanisierung.

Neben dem gewerblichen Sektor nahmen in den Städten auch die tertiären Funktionen zu: Verwaltungs- und Dienstleistungstätigkeiten wuchsen, und die alten Handels- und Verwaltungsstädte profitierten davon. Die Mischung aus sich industrialisierendem Gewerbe und sich erweiternden zentralörtlichen Funktionen bot den Groß- und Mittelstädten auch außerhalb der Kohlereviere eine solide Basis weiterer Entwicklung. Der Übergang zur industrialisierten Stadt vollzog sich dort eher kontinuierlich – oder gar nicht, wenn die Funktionen des tertiären Sektors die Oberhand behielten.

Mit der Hochindustrialisierung macht es bei der Betrachtung der gewerblichen Entwicklung nicht mehr viel Sinn, sich vor allem auf die Städte zu konzentrieren (vgl. Köllmann 1978). Wo sich die Industrie entfaltete, sprengte sie die Formen der alten Städte – und wo keine Städte vorhanden waren, entstanden sie als Folge der Industrie. Industriegebiete und neue Wohnquartiere wurden an den Rändern der alten Städte angelegt. Die Mauern waren schon lange eingerissen, die Wälle wurden abgetragen, die Gräben zugeschüttet. Expandierende Betriebe verließen die enge Innenstadt, neue Betriebe siedelten sich am Rand in Vororten an. Nur wegen der Eingemeindungen im letzten Jahrzehnt des 19. Jahrhunderts und insbesondere nach der Jahrhundertwende konnte dies noch als »Stadt«-Entwicklung begriffen werden. Die durchschnittliche Fläche der größeren Städte verdoppelte sich zwischen 1850 und 1910 (Reulecke 1985, 81). Mit Struktur und Funktion der mittelalterlichen Stadt, die aufgrund der spezifischen Qualitäten ihrer Ökonomie quasi Subjekt einer wirtschaftlichen Entwicklung gewesen war, hatte dies nicht mehr viel zu tun (vgl. Köllmann 1978). Die funktionellen Verflechtungen in den industriellen Wachstumsgebieten stimmten nicht mehr mit den Grenzen einer Stadt überein. Die Entwicklung der Städte wurde mit der Industrialisierung zum Objekt einer kapitalistischen Ökonomie, für die die einzelnen Städte nur noch Standorte, Arbeits- oder Absatzmärkte, aber kein Raum mehr mit unersetzlichen Privilegien waren. Dies wurde die Region bzw. Agglomeration, die funktional und sozial segregiert, auf einen nicht-industriellen Kern nicht einmal mehr angewiesen war.

Der Begriff Stadt scheint für die neu entstandenen räumlichen Gebilde nicht mehr angemessen. Der Begriff »Agglomeration« spiegelt die neue Qualität des Siedlungsgefüges wider: das Neben- und Durcheinander verschiedenster Funktionen bei gleichzeitig erheblich größerer Bevölkerung und Fläche machte aus der Stadt einen diffusen Aktivitätsraum, dem die politische, ökonomische, soziale und räumliche Identität der alten Städte abhanden gekommen ist.

Agglomeration, Ballungsgebiet, Verdichtungsgebiet oder Stadtregion sind Kategorien, deren Wirklichkeitsgehalt zunehmend durch analytische Konstruktion erschlossen werden muß. In der Regionalwissenschaft und in der Raumordnungsdiskussion werden mit unterschiedlicher Akzentuierung unterschiedliche und unterschiedlich viele Dimensionen zur Definition benutzt: Einwohnerdichte, Flächengröße, Anteil der Erwerbstätigen im sekundären und tertiären Sektor, Pendelverflechtungen. Durch das Austarieren von Mindestwerten auf den Dimensionen können je nach Fragestellung die entsprechenden Raumeinheiten identifiziert werden. In diesen Verfahren hat sich der Zusammenhang zwischen der Stadt und ihrem spezifischen gesellschaftlichen Gehalt, wie er für die vorindustriellen Städte galt, umgekehrt: war es zuvor möglich, die besondere Qualität gesellschaftlicher Beziehungen durch das Prädikat »städtisch« zu kennzeichnen, so muß ab der Wende zum 20. Jahrhundert durch statistische und begriffliche Konstruktion das *hergestellt* werden, was als Gegenbild des »Landes« gelten könnte.

Die Industriegemeinde

Die wichtigsten Veränderungen im *Städtesystem* ergaben sich aus dem Übergang der Schwerindustrie von pflanzlichen zu mineralischen Brennstoffen. Anstelle von Holz wurde nun für die Eisenverhüttung Kohle die wichtigste Energiequelle. Während 1848 an der Ruhr das Eisen noch ausschließlich mit Holzkohle erzeugt wurde, war diese schon 1863 fast vollständig durch Steinkohle ersetzt worden (Landes 1983, 207). Da die Eisenproduktion von zentraler Bedeutung war, wuchs in sehr kurzer Zeit ein neuer Städtetyp heran: die reine Industriegemeinde. Diese entwickelte sich aus Dörfern faktisch auf der grünen Wiese. Mit den herkömmlichen Städten hatte sie »außer der numerischen Größe fast nichts gemeinsam« (Reulecke 1985, 44). Sie bestand aus einer Ansammlung von Zechen, Hüttenwerken und mit ihnen verbundenen Fabriken sowie schnell errichteten Arbeiterwohnsiedlungen. Der tertiäre Sektor, für alle historischen Städte wichtiger Funktionsbereich, war hier kaum vorhanden. Auch eine städtebauliche Entwicklung, die mehr im Sinn gehabt hätte, als Verbindungswege zwischen den Fabriken und den Wohnungen der Arbeiter zu schaffen, fand nicht statt (vgl. Niethammer 1979).

Wachstum – Stagnation – Schrumpfen

Der Wechsel der Energiequellen bei der Schwerindustrie hatte standortbildende Qualität und ließ neue Siedlungsschwerpunkte im Ruhrgebiet, an der Saar sowie in Oberschlesien entstehen. Dem Sog dieser Umwälzung konnten selbst Standorte nicht widerstehen, die in früherer Zeit gerade wegen der Rohstoffe Regionen des Gewerbes und der Stadtgründungen waren. Dort wurden Prozesse der Deindustrialisierung und Entvölkerung eingeleitet, wenn nicht noch andere von der Rohstoffbasis unabhängige Funktionen eine dauerhaft tragfähige Basis abgaben: »In Deutschland gehörten zu den deindustrialisierenden Regionen nach 1815 vor allem die jahrhundertelang blühenden eisengewerblichen Zentren wie das Erzgebirge, die Eifel und der Harz. Der ›Faktor‹ Erzvorkommen bzw. traditionelles eisenverarbeitendes Gewerbe reichte nicht aus, die notwendigen Faktoren zur Industrialisierung bei zusätzlichen Standortnachteilen zu kompensieren. Eine Ein- oder Zwei-Produkt-Region war der Konkurrenz anderer industrialisierender Multiproduktregionen auf dem Weg zur Erreichung des Stadiums wirtschaftlichen Wachstums unterlegen« (Kiesewetter 1986, 59).

Die Pionierregionen der Industrialisierung in der ersten Hälfte des 19. Jahrhunderts waren Sachsen, das Rheinland und Schlesien gewesen; in Württemberg, Baden, Hessen, in der bayrischen Pfalz und in Westfalen entfaltete sich die industrielle Revolution in der zweiten Hälfte des 19. Jahrhunderts. In anderen Regionen ging die gewerbliche Beschäftigung zurück, oder sie blieben, was sie waren, nämlich landwirtschaftliche Produktionsgebiete: Posen, Ost- und Westpreußen, Mecklenburg-Schwerin und Niederbayern (Kiesewetter 1986, 59 f). Die »eigentlichen Veränderungen vollzogen sich an Rhein und Ruhr« (Matzerath 1985, 249), wo innerhalb von wenigen Jahrzehnten eine ländliche Idylle zum Zentrum der Schwerindustrie umgewandelt wurde. Da gleichzeitig der preußische Osten von der Industrialisierung am wenigsten erfaßt wurde, entstand das »West-Ost-Gefälle«, das sich in unterschiedlichen wirtschaftlichen Wachstumsraten und Durchschnittseinkommen darstellen läßt (Borchardt 1966). Am Ende der Hochindustrialisierungsphase (1913) lag das Volkseinkommen pro Kopf in den Westprovinzen Preußens fast doppelt so hoch wie in den Ostprovinzen. Böhme spricht von einer »strukturellen Aufspaltung Deutschlands«, die sich in einer Entstädterung und zunehmenden Entblößung des Ostens von Gewerbe einerseits, wachsender Verstädterung und Industrialisierung des Westens andererseits manifestierte (Böhme 1968, 39).

Dieses Gefälle hatte eine Fernwanderung großen Stils zur Folge: »Zwischen 1880 und 1907 kamen ca. 675 000 Menschen in die Rheinprovinz und rund 610 000 in die Provinz Westfalen« (Reulecke 1985, 71); nach Abzug der Abwanderer verblieb den beiden Provinzen ein Nettozuwachs von etwa 750 000 Menschen. Die meisten davon stammten aus dem Osten Deutschlands, überwiegend jüngere Männer. Diese Tatsache und der gleichzeitige Rückgang der Säuglingssterblichkeit ließen die Industriestädte rasant wachsen. Gelsenkirchens Bevölkerung z. B. stieg zwischen 1871 und 1910 von 8 000 auf 170000!

Die *Struktur* des Städtesystems änderte sich in dieser Zeit stürmischer Entwicklung jedoch nicht mehr, sie wurde nur ausgefüllt und ausgebaut, wobei sich allerdings gewichtige Verschiebungen ergaben: die Zahl der Städte mit starkem Wachstum *und* die der Städte mit rückläufiger Bevölkerungsentwicklung nahm zu. Matzerath nennt dies eine »Polarisierung der Entwicklung« in dem Sinne, »daß einer Gruppe ausgesprochener Wachstumsgemeinden eine andere mit ausgeprägten Schrumpfungs- und Stagnationstendenzen gegenübertrat« (1985, 255).

Diese Differenzen hängen zusammen mit den regionalen Schwerpunkten der industriellen Entwicklung, in die Aufstieg oder Stagnation einzelner Städte von nun an eingebettet waren. Denn das Wachstum industrieller Arbeitsplätze fand nicht in allen deutschen Regionen und auch nicht mit derselben Intensität zu gleicher Zeit statt.

Montan-, Eisen- und Maschinenindustrie waren die stärksten Wachstumsbranchen, seit dem Ende des 19. Jahrhunderts auch Elektro- und Chemieindustrie. Die Rationalisierung der Produktion durch effektiveren Energie- und Maschineneinsatz forderte nach der Jahrhundertwende auch unter den Industriestädten die ersten Opfer: Städte der alten Textil- und Seidenindustrie wie Aachen, Krefeld, Barmen und Elberfeld verloren Bevölkerung. Innerhalb der Gruppe der Großstädte sind »die alten außerkapitalistischen Städte alter, vor- oder frühkapitalistischer Industrien nur wenig gewachsen, ja teilweise stark zurückgegangen, so die Residenzstädte Dresden und Braunschweig, die Militärstadt Mainz, die Rentnerstadt Wiesbaden, die Marinestadt Kiel« (Salin 1928, 90). Einen Überblick über die Entwicklung seit dem Anfang des 19. Jahrhunderts bietet die Aufstellung (Tabelle 19) über die »Veränderung der Rangfolge von Großstädten der Bundesrepublik nach der Größe der Einwohnerzahl«. Dabei erscheint circa die Hälfte der in der Liste von 1983 angeführten Städte in etwa der gleichen Position wie schon 1816/19. »Aufsteiger« sind, wenn Industrie die Ursache war, nur die Ruhrgebietsstädte, die »Absteiger« bilden Residenzstädte, freie Reichsstädte sowie die früheren Zentren der Textilproduktion.

Im landwirtschaftlich geprägten Osten hatte sich bei einigen Städten »der Schrumpfungsprozeß verselbständigt« (Matzerath 1985, 275), während die Städte in den Regionen, die aufgrund ihrer Rohstoff-Ferne in den Anfängen der Industrialisierung ein geringeres Wachstum als die Montan- und Eisenindustriestädte aufwiesen, gegen Ende des Jahrhunderts ebenfalls ein kräftiges Wachstum zeigten.

Die Hochphase der Verstädterung in Deutschland ging mit dem Ersten Weltkrieg zu Ende. Die Wachstumsraten dieser Zeit waren nie wieder zu beobachten. Kurz nach der Mitte des 20. Jahrhunderts begann in den Städten ein kontinuierlicher Einwohnerver-

Tabelle 19: *Veränderung der Rangfolge von Großstädten der Bundesrepublik nach der Größe der Einwohnerzahl*

	1816/19		1910		1983
1	Berlin	1	Berlin	1	Berlin
2	Hamburg	2	Hamburg	2	Hamburg
3	München	3	München	3	München
4	Köln	4	Köln	4	Köln
5	Frankfurt	5	Frankfurt	5	Essen
6	Wuppertal (Barmen + Elberfeld)	6	Düsseldorf	6	Frankfurt
7	Bremen	7	Wuppertal	7	Dortmund
8	Braunschweig	8	Nürnberg	8	Düsseldorf
9	Aachen	9	Hannover	9	Stuttgart
10	Augsburg	10	Essen	10	Duisburg
11	Nürnberg	11	Stuttgart	11	Bremen
12	Mainz	12	Bremen	12	Hannover
13	Stuttgart	13	Duisburg	13	Nürnberg
14	Kassel	14	Dortmund	14	Bochum
15	Düsseldorf	15	Kiel	15	Wuppertal
16	Mannheim	16	Mannheim	16	Gelsenkirchen
17	Karlsruhe	17	Aachen	17	Bielefeld
18	Hannover	18	Kassel	18	Mannheim
19	Krefeld	19	Braunschweig	19	Bonn
20	Kiel	20	Bochum	20	Karlsruhe
21	Saarbrücken	21	Karlsruhe	21	Wiesbaden
22	Mülheim (Ruhr)	22	Krefeld	22	Braunschweig
23	Duisburg	23	Mülheim (Ruhr)	23	Münster
24	Essen	24	Wiesbaden	24	Mönchengladbach
25	Wiesbaden	25	Saarbrücken	25	Kiel

Quelle: Reulecke (1985, 203) und Statistisches Jahrbuch Deutscher Gemeinden

lust. Die Prognosen für die kommenden dreißig Jahre lassen ein Schrumpfen der Bevölkerung in beinahe solchem Ausmaß, wie es das Wachstum um die Jahrhundertwende darstellte, erwarten. Projiziert man das Auf und Ab der Städte auf diesen grundlegend gewandelten Hintergrund, so könnten die finstersten Prognosen für die Zukunft der heute auf der Schattenseite der Entwicklung liegenden Städte plausibel werden.

Unser par-force-Ritt durch die Geschichte diente dazu, solchen Pessimismus zu relativieren. Sicher ist es eine Frage der Maßstäbe, ob man die Veränderungen des mitteleuropäischen Städtesystems in den letzten tausend Jahren als Geschichte von Brüchen oder von Kontinuität schreibt. Angesichts der demographischen, ökonomischen, politischen und sozialen Umwälzungen innerhalb dieses Zeitraums scheint uns die Tatsache, daß es nur zwei und gemessen an der Gesamtzahl der Städte eher kleine Schübe grundsätzlichen Wandels gab (die Residenzstädte und die Industriegemeinden), also die Tatsache der Kontinuität, das dominante Kennzeichen des mitteleuropäischen Städtesystems zu sein.

Dieses Beharrungsvermögen über alle gesellschaftlichen Veränderungen hinweg beruht darauf, daß ein Städtesystem, wenn es einmal bestimmte Größenordnungen erreicht hat, auch selbststabilisierende Wirkungen entfaltet. Die bloße Zusammenballung einer städtischen Bevölkerung ist selber bereits ein starker Faktor. Daß neben der Energieorientierung und den Transportverbindungen die Absatzmärkte, die die Städte mit ihren wachsenden Bevölkerungsmassen darstellten, ein wichtiger Grund für die Wahl eines industriellen Standorts in ihrer Nähe waren, verwundert nicht, wenn man bedenkt, daß noch 1875 in Deutschland mehr als die Hälfte aller Gewerbetreibenden in den konsumnahen Bereichen Bekleidung, Textil, Nahrung/Genuß und Handel tätig war (Megerle 1979). Menschen gab es vor dem Ersten Weltkrieg überall genug, die Möglichkeit zur Anwerbung von Arbeitskräften sprach also nicht für die Stadtorientierung der Industrie – zumindest, soweit un- und angelernte Arbeiter gesucht wurden. Anders verhält es sich mit qualifizierten Arbeitskräften, die vor allem aus dem Handwerk übernommen wurden, denn dieses war in den Städten konzentriert. Die vorindustrielle Ökonomie der Städte war also insofern eine gute Voraussetzung für den Aufbau eines Industriebetriebs, der gerade in seinen Anfangsjahren auf erfahrene Facharbeiter besonders angewiesen war. Sie diente allerdings, was das

Arbeitskräftepotential angeht, lediglich als »Steinbruch« für eine gänzlich andere Betriebsorganisation, die auf Massenproduktion angelegt war. Verkehrsverbindungen und Marktorientierung waren – wie wir gesehen haben – schon für die Entstehung der Städte wichtige Standortfaktoren; daß diese Städte nun auch zu Standorten der Industrie wurden, ist daher kaum erstaunlich.

Ein weiterer wichtiger Grund für die hohe Kontinuität der Siedlungsstrukturen auch während der Industrialisierung liegt darin, daß sich für gewöhnlich die Gründung eines Betriebs nicht nach den Modellvorstellungen der betriebswirtschaftlichen Standortlehre vollzieht, sondern eher als inkrementaler Wachstumsprozeß. Unternehmen entstanden und entstehen häufig als Abspaltung aus bestehenden Betrieben. Unternehmensgründer sammeln, bevor sie sich selbständig machen, Erfahrungen als Betriebsangehörige: dort erwerben sie das Know how, lernen die Marktnischen kennen und bauen Kontakte mit späteren Kunden oder Zulieferern auf (Gudgin 1979). Ihren eigenen Betrieb gründen sie meist an ihrem Wohnort, damit meist auch in der Stadt, in der sie bisher gelebt und gearbeitet haben. Die »rationale Standortwahl« nach betriebswirtschaftlichen Kriterien, bei der zwischen verschiedenen Standorten abgewogen wird, setzt ein ortsungebundenes Großkapital voraus. Dies ist, wie Salin schon 1928 argumentierte, nur in Ausnahmen der Fall: etwa bei der chemischen Großindustrie, die sich durch hohe Kapitalkonzentration auszeichnete und bei der eine Konzernzentrale die jeweils günstigsten Standorte für die verschiedenen Betriebsteile auswählte. Die Stadt (z. B. Leverkusen oder Ludwigshafen) wuchs dann hinzu.

Für alle nicht rohstoffgebundenen Industrien waren die Standorte »in der weitaus überwiegenden Mehrzahl der Fälle mehr traditional als rational zu erklären« (Salin 1928, 79). Die Automobilindustrie war für ihn ein Beispiel (Daimler, Opel). »Traditionale« Faktoren wie erfahrene Feinmechaniker als Arbeiterstamm und der Familiensitz seien für diese Betriebe offensichtlich wichtiger gewesen als die Rohstoffverbindungen. Gewiß gilt dies für die Textilindustrie, bei der Kaufhold (1986) zeigt, daß es Standortkontinuitäten vom Mittelalter bis heute gibt. Von 13 »Gewerbelandschaften«, in denen im 17. Jahrhundert die Textilproduktion in Mitteleuropa vorherrschte, sind heute noch 11 diejenigen, in denen dieser Gewerbezweig lokalisiert ist.

Versucht man aus dem historischen Überblick über Aufstieg und

Niedergang von Städten die Bestimmungsgründe für diese Entwicklungen abzuleiten, dann lassen sich folgende zusammenfassende Thesen formulieren:

Erstens: Die mittelalterlichen Städte waren Orte einer autonomen ökonomischen Entwicklung. Sie brachten Leistungen hervor, die nirgendwo anders möglich waren: die Organisation des Warentauschs und die spezialisierte gewerbliche Produktion. Da die Grundherren davon den größten Nutzen hatten, schützten sie diese Funktionen durch die Sicherung von Marktprivilegien und Gewerbemonopolen. Die Ökonomie der Stadt und die Herrschaft der Grundherren stützten sich gegenseitig – beide basierten auf der Ausbeutung des Landes.

Zweitens: Solange die städtische Ökonomie exklusiven Charakter hatte, konnten die Städte ihre Dominanz erhalten und ausbauen. Katastrophen und überregionale Veränderungen der Handelsströme führten allerdings schon im 16. Jahrhundert dazu, daß sich Stagnation und Rückgang in das bis dahin einheitliche Bild von der blühenden Stadtwirtschaft mischten.

Drittens: Die Etablierung der Territorialstaaten und deren planmäßige Entwicklung gewerblicher und landwirtschaftlicher Produktivität beendeten die Sonderstellung der städtischen Ökonomie und ihrer Rechtsformen. Durch politische Dezision absolutistischer Fürsten wurde die Zentrenstruktur verändert. Da die Städte zudem sozial und politisch von den Repräsentanten einer alternden Produktionsform beherrscht wurden, entwickelten sich die Vorformen industrieller Produktion zunächst an anderen Standorten.

Viertens: Mit der Industrialisierung verlor die Einheit Stadt endgültig ihre besondere Qualität in der gesellschaftlichen Entwicklung; sie wurde ersetzt durch die ausschließlich nach quantitativen Kriterien definierte und definierbare »Agglomeration«. Die Städte wurden abhängig von den Bewegungen des industriellen Kapitals, wenn sie keine »außerkapitalistischen« Funktionen (Blaschke 1968) ausgebildet hatten. Eine Polarisierung der Stadtentwicklung war die Folge.

Fünftens: Diese Funktionen waren:

– Dienstleistungszentrum für einen mehr oder weniger großen Umlandbereich,
– kulturelles Zentrum,
– Verwaltungsmittelpunkt.

Diese »Raumfunktionen« können einer Stadt um so eher eine Existenzbasis geben, je weniger sie im Umland vorhanden sind. Die Lokalisierung von Verwaltungseinrichtungen war und ist eine politische Entscheidung; ebenso wie überlokal attraktive Kulturangebote waren sie nie rentable Betriebe; diese Einrichtungen setzten immer einen politisch regulierten Reichtumstransfer voraus.

Mit Ausnahme der allein auf eine Funktion gegründeten Städte, also den Residenzstädten und Industriegemeinden, sofern sie solche reinen Typen geblieben sind, wird das Schicksal von Sabbionetta in Nord-Italien oder Coalbroakdale in Südengland keiner Stadt drohen. Die Städte werden zwar schrumpfen, einige in heute kaum vorstellbarem Ausmaß, aber die meisten werden sich auf niedrigerem Niveau stabilisieren können. Allerdings wird dies zu einer anderen Form von Stadtleben führen, und es wird eine andere Form von Stadtpolitik erfordern.

Kapitel 6
Stadtpolitik oder
Wie es nicht gemacht werden soll

> »Doch der Norden auch will leben,
> und was lebt, will sich erfreun;
> Darum schaffen wir erfindend
> Ohne Weinstock uns den Wein.«

Friedrich Schiller
»*Punschlied* (Im Norden zu singen)«

Im folgenden wollen wir uns vor allem auf die Probleme der schrumpfenden Städte konzentrieren. Die historische Betrachtung über Wachstum und Niedergang von Städten hat eine erstaunliche Konstanz des Städtesystems über mehrere Jahrhunderte gezeigt; es ist also ziemlich unwahrscheinlich, daß das Schrumpfen endlos ist.

Die Herausbildung neuer Entwicklungstypen bei den Großstädten haben wir mit dem Wandel industrieller Produktionsstrukturen und zentralstaatlicher Modernisierungspolitik erklärt. In den daraus resultierenden regionalökonomischen Verschiebungen verändern sich die Entwicklungsbedingungen für die Städte. Die Situation einzelner Städte erscheint so als Ergebnis von Prozessen, die mit den Mitteln der Kommunalpolitik nur marginal beeinflußt werden können. Daß sich die Bürgermeister der süddeutschen Städte und die Ministerpräsidenten von Baden-Württemberg und Bayern gerne als die Macher eines High-Tech-Booms darstellen, ist zwar verständlich, aber sicher nicht die ganze Wahrheit. Und so ganz ohne Probleme ist dieser Boom auch nicht, denn ob die Gleichung, wirtschaftliche Prosperität einer Region bedeute Wohlstand für alle, stimmt, ist fraglich. Wir gehen später noch darauf ein.

Wenn die städtische Politik weder für das Wachstum noch für den Abbau der Arbeitsplätze auf ihrem Gebiet letztlich verantwortlich gemacht werden kann, welche Konsequenzen sind dann für stadtpolitische Strategien zu ziehen? Was können und sollen die Städte tun, wenn sie sich nicht nur auf die mehr oder weniger tröstlichen Lehren der historischen Zyklen, nach denen der Langsamere irgendwann auch mal wieder die Nase vorn hat, verlassen wollen?

Die Politik der Städte ist nicht irrelevant. Sie kann den Restrukturierungsprozeß des Kapitals allerdings nicht beeinflussen – das kann keine Stadt mehr, seitdem das kapitalistische Wirtschaften zum universellen Organisationsprinzip der gesamten Volkswirtschaft geworden ist. Städte vermögen sich als Standorte von Produktions- und Dienstleistungsindustrie mehr oder weniger gut anzubieten, ob sie ausgewählt werden, liegt nicht in ihrer Macht. Die Frage, wie sie mit dieser Situation umgehen, ist allerdings von großer Bedeutung für ihre Bewohner. Denn sie können die Folgen durchaus verschlimmern oder abmildern – vielleicht sogar Chancen nutzen, die der Schrumpfungsprozeß bietet.

Welche Folgen hat die gegenwärtig betriebene Stadtpolitik, und welche Alternativen sind dazu denkbar? Unsere zentrale These ist, daß die gegenwärtig dominante Orientierung, Schrumpfen in Wachstum umkehren zu wollen, die negativen Folgen nicht nur verstärkt, sondern auch Möglichkeiten neuer urbaner Lebensformen verbaut.

Unter den Bedingungen eines Wachstums von Sozialprodukt, Arbeitsplätzen und Bevölkerung hatte die Stadtpolitik es überall mit ähnlichen Problemen zu tun, daher verlief sie auch überall nach einem einheitlichen Muster: Sie war langfristig und großräumig orientiert auf die Entwicklung der ganzen Stadt. Sie war umfassend orientiert als Versuch, alle Aktivitäten von öffentlichen wie privaten Akteuren – Bund, Ländern, Gemeinden, privaten Investoren, Eigentümern und Nutzern – auf ein Ziel hin zusammenzufassen. Und sie war orientiert auf ein allgemeines Wohl: stabiler Arbeitsmarkt, gleichgewichtige Raumstruktur und gerechte Verteilung städtischer Lebenschancen. Kurz: Es war eine auf soziale Integration und Funktionsfähigkeit der ganzen Stadt ausgerichtete Politik für das Wachstum der Städte: ökonomisches Wachstum im Sinne der Steigerung des Bruttosozialprodukts und der Zahl der Arbeitsplätze, demographisches Wachstum im Sinne einer zunehmenden Bevölkerungszahl und in deren Folge eine Ausweitung der Städte ins Umland, also Wachstum der genutzten Flächen.

Bis in die Mitte der sechziger Jahre hieß Stadtpolitik vor allem, die Ausdehnung der Stadt in geordneten Bahnen zu halten. Danach hieß Wachstum der Stadt nicht mehr in erster Linie Stadterweiterung, wie sie z. B. mit den großen Trabantenstädten betrie-

*Stadtpolitik der 60er
u. danach*

ben worden war, sondern Umbau der vorhandenen Substanz (Sanierung). Die in die Zentren drängenden Verwaltungen und Dienstleistungsbetriebe erzwangen immer einschneidendere Eingriffe in das Stadtgefüge: Für Einkaufs- und Vergnügungsviertel, Banken, Versicherungen und größere Rathäuser wurden die Innenstädte teilweise tiefgreifend umgebaut. Um den zunehmenden Verkehrsbedarf, der sich aus der Suburbanisierung der Wohnbevölkerung und dem Wachstum von Arbeitsplätzen und Dienstleistungseinrichtungen in der Innenstadt ergab, organisieren zu können, wurden Schneisen für U- und S-Bahnen, Schnellstraßen und Parkhäuser in die Städte geschlagen.

Umbau einer Stadt heißt immer, in bestehende Zusammenhänge von Gebäuden und Infrastrukturen einzugreifen. Anders als auf der grünen Wiese werden damit nicht nur »Flächen« umgestaltet, sondern auch Lebenszusammenhänge. Wenn die gewohnte Umgebung verlorengeht, geht immer auch ein Stück Identität, ein Stück gewohnter Sicherheit verloren. Soziale Netze zwischen Nachbarn werden ebenso bedroht, zuweilen zerrissen, wie eingespielte Kooperationen zwischen Betrieben oder das Geflecht von Geschäften und ihrer Kundschaft. Ökonomisch orientierter Stadtumbau hat sozial tiefgreifende Folgen. Diese konnten früher als vorübergehend und sozialpolitisch kompensierbar erscheinen. Wie unbefriedigend auch immer die Entschädigungen und Hilfen für die Sanierungsbetroffenen gewesen sind, immerhin schrieb das Städtebauförderungsgesetz den »Sozialplan« zwingend vor. Unter den Bedingungen anhaltender Prosperität waren die Hoffnungen auf eine »Simultanpolitik« zumindest teilweise realistisch, wonach eine erfolgreiche Förderung des Wachstums zugleich die Verteilungsprobleme und die sozialen Folgekosten des wachstumsbedingten Strukturwandels bewältigt. Mittelfristig – so war die Annahme – würden alle am Wachstum partizipieren: wer seinen Arbeitsplatz im sekundären Sektor verloren hat, findet neue Arbeit im tertiären; wer die Neubauten nicht bezahlen kann, findet dort Wohnraum, wo die Stadtflüchtlinge ausgezogen sind. Und falls einzelne Gruppen dennoch vom wachsenden gesellschaftlichen Reichtum ausgeschlossen bleiben sollten, weil sie an Qualifikationsbarrieren auf dem Arbeitsmarkt scheitern oder in den Filtern des Wohnungsmarkts hängenbleiben, werde der Staat im Zuge von Wachstum genügend Steuern einnehmen, um negative Begleiterscheinungen ausgleichen zu können.

Dieses Muster und der Glaube an seine Wirksamkeit beherrschten die Stadtpolitik. Gleich, ob es sich um eine Rentierstadt, um eine tertiär oder um eine schwerindustriell geprägte Stadt, um eine Solitärstadt oder den Mittelpunkt innerhalb eines polyzentrischen Agglomerationsgebiets handelte, grundsätzlich warf Stadtentwicklung ähnliche Probleme auf: das Wachstum der Bevölkerung, der Arbeitsplätze und der nutzbaren Flächen mußte kanalisiert werden. Diese ähnlichen Probleme wurden mit ähnlichen Instrumenten und Lösungsmustern bearbeitet: Anfang der sechziger Jahre planten die Städte ihre Großsiedlungen des öffentlich geförderten Wohnungsbaus auf der grünen Wiese, Anfang der siebziger Jahre begannen sie, die Innenstädte für den Platzanspruch der Dienstleistungsgesellschaft freizumachen (Wollmann 1974). Ähnliches gilt im Bereich der sozialen Infrastruktur: wie nie zuvor wurden Schulen, Hallenbäder, Kindergärten, Bibliotheken, Bürgerhäuser, Jugendheime, Altenzentren usw. gebaut. Sonderprogramme für die Aufwertung benachteiligter Stadtteile wurden aufgelegt, das Personal in den sozialen Diensten aufgestockt. Die Städte wurden als umfassende Dienstleistungsbetriebe begriffen, die einen Teil des erwirtschafteten Reichtums an die Bürger weiterzugeben hätten.

Heute haben die Städte weniger Geld. An den weiteren Ausbau der Infrastruktur ist nicht zu denken; in der bisherigen Form scheint das auch nicht notwendig zu sein: Schülerzahlen nehmen ab, Schulen werden geschlossen, Hallenbäder stehen leer. Aber veränderte Problemlagen oder neue Ansprüche können kaum »bedient« werden – der stereotype Verweis auf die »leeren Kassen« macht aus dem vormals wachsenden Dienstleistungsbetrieb nun eine unflexible Mängelverwaltung. Immer öfter ist der Hinweis auf die »Selbsthilfe« zu hören, auf die sich die Leute wieder besinnen sollten.

Diese Rettungslinie wird aufgegriffen in »alternativen« Ansätzen zur Kommunalpolitik, die Eigenarbeit und Dezentralisierung in einer progressiven Wende als Chance zur Durchsetzung neuer Formen des Lebens und Arbeitens in den Städten nutzen wollen. Dabei wird in der Hinwendung zum »Stadtteil«, zu den »kleinen Netzen« der Bezug auf die Gesamtstadt zumindest implizit aufgegeben – insoweit zu Recht, als die Segnungen der Simultanpolitik dort am spärlichsten angekommen sind, wo sich die Bedürftigsten konzentrieren. Wachstumspolitik auch gegen den Trend ist offizielle Kommunalpolitik. Sie folgt den gewohnten Mustern – insoweit ist sie konservativ zu nennen. Sie legitimiert sich durch die Hoffnung auf die Wiederherstellbarkeit der Simultanpolitik und kann damit, wie die Wahlergebnisse in den Städten zeigen, immerhin die Mehrheit der Bürger beeindrucken. Wir wollen auf beide Strategien eingehen und ihre Reichweite einzuschätzen versuchen.

Traditionelle Wachstumspolitik

Trotz grundlegender ökonomischer Strukturveränderungen beharren fast alle Städte auf ihrer gewohnten Wachstumsorientierung. Solange Frankfurt, Stuttgart und München das Bild von der ökonomisch prosperierenden Metropole aufrechterhalten, kommt dieses Leitbild offensichtlich nicht ernsthaft ins Wanken. Und die Meldungen aus den USA, England und Frankreich stärken die Hoffnungen: aus einem Gemüseanbaugebiet wurde die erste High-Tech-Zentrale der Welt (Silicon Valley); im maroden Nordosten der USA stieg die Gegend um Boston zum Innovations- und Technologiezentrum auf; westlich von London blüht der M4-Korridor durch Computer- und Dienstleistungsindustrie, und in den französischen Alpen um Grenoble ist ebenfalls das Gründungsfieber ausgebrochen. Warum soll das in Dortmund oder Hannover nicht auch möglich sein?

Regionalplaner, Berater und Wirtschaftsförderer sind seit einigen Jahren in die weite Welt gereist, um die Erfolgsvoraussetzungen zu studieren. Wachstumsbranchen wurden ermittelt, die Bedingungen für ihre Ansiedlung und Förderung analysiert, und nun wird umgesetzt.

Die Städte bemühen sich darum, besser ins nationale und internationale Verkehrsnetz eingebunden zu werden. Sie stärken – sofern vorhanden – die technisch-naturwissenschaftlichen Abteilungen des Forschungs- und Universitätsbereichs in der Hoffnung, diese möchten zu Kristallisationspunkten eines neuen Silicon Valley werden. Man investiert in das Messe-, Kongreß- und Beherbergungswesen als zunehmend wichtigen Magneten für den Zustrom von auswärtigen Besuchern und damit von Geld. Das Internationale Congreß-Centrum als das bisher erfolgreichste in Deutschland hat seit seiner Eröffnung 1979 etwa 400.000 Besucher nach

Berlin gezogen und soll der Stadt 460 Mio. DM zusätzliche Einnahmen verschafft haben (Frankfurter Allgemeine Zeitung 19.4.86). Die Wohnungs- und Freizeitpolitik umwirbt jene, denen bereits alle Möglichkeiten offenstehen: »Wir denken hauptsächlich an junge, gesunde Familien der oberen Mittelschicht. Wir brauchen junge Familien. Frankfurt ist überaltert. Und wir brauchen Einwohner, die das reiche Kulturangebot der Stadt nutzen«, so ein Vertreter des Stadtentwicklungsamts Frankfurt (Frankfurter Allgemeine Zeitung 5.5.84).

Die »weichen« Standortfaktoren haben in diesem Konzept an Gewicht gewonnen – »weich« heißt, daß diese Faktoren nicht so knallhart von den Betrieben kalkuliert werden wie z. B. Lohnkosten, Transportkosten, Bodenpreise usw. Sie können nicht mit einem Investitionsplan hergestellt werden und wirken auch eher aufs Gemüt. Die unverbrauchte Landschaft gehört dazu, das Wetter und das städtische Ambiente. Das alles werde vom High-Tech-Flügel der Lohnarbeiterschaft so sehr geschätzt, daß es als Standortfaktor für moderne Industrien gilt. Machbar davon sind die Ästhetisierung des Stadtbildes und die Inszenierung von »Kultur«.

Während die Stadtsanierung in den siebziger Jahren, wo es nicht direkt um die »Funktionsverbesserung« ging, also um Beseitigung von Wohnungen und gewerblichen Anlagen zugunsten von tertiären Nutzungen oder von Verkehrsanlagen, die Verbesserung der Wohnverhältnisse in vernachlässigten Gebieten für die dort ansässige Bevölkerung zumindest verbal (und teilweise, wie in Berlin, auch faktisch) anstrebte, tritt eine solche soziale Orientierung heute hinter dem Ziel zurück, die innerstädtischen Wohnviertel für die gut Verdienenden attraktiv zu machen. Begrünung, Verkehrsberuhigung und postmoderne Dekoration gehören ebenso dazu wie luxuriöse Neubauten. Den sozialen Wohnungsbau hat die Bundesregierung inzwischen sowieso für überflüssig erklärt.

Die Trumpfkarte aber ist »die Kultur« – in sie wird überall trotz Geldknappheit investiert. Mit aufwendigen Kulturangeboten soll die Anziehungskraft für hochqualifizierte Arbeitskräfte, damit für die Ansiedlung bzw. Expansion moderner Betriebe und für auswärtige Besucher gesteigert werden. Es ist ein Angebot weniger für die, die bereits am Ort wohnen, als für jene, die noch kommen sollen. Daher ist zu befürchten, daß andere Theater, Museen und Galerien angeboten werden, als die ortsansässige Bevölkerung will, jedenfalls mehr, als das willige Publikum bevölkern kann.

Und eine Vernissage mit zu wenig und noch dazu borniertem Publikum entfaltet ebensowenig prickelnde Attraktivität wie ein gähnend leeres Theater. So sorgt sich auch der Planungsdezernent von Frankfurt, Haverkampf, daß »es ... noch an jenem Publikum in der Region (fehlt), welches ... jenes personale Ambiente bildet, das sich etwa dem Kulturtouristen in München und Berlin durch die Haut mitteilt« (Haverkampf 1985, 18). Die eigene Bevölkerung wird zum Statisten jener Inszenierungen, mit denen man Zuwachs herbeilocken will.

Aber Kultur ist nicht nur Standortfaktor im Kampf um alles »Gehobene«: gehobene Technologie, gehobene Mittelschicht, gehobenen Städtetourismus, sondern mehr und mehr selber unmittelbarer Beitrag zum Bruttosozialprodukt. Wenn der Musikmarkt in der Bundesrepublik ein Mehrfaches der westdeutschen Luft- und Raumfahrtindustrie (25 Mrd. gegenüber knapp 9 Mrd. DM jährlich) umsetzt, wenn es der Kunstmarkt noch »auf immerhin 1,7 Mrd. DM bringt« (Haverkampf), dann ist Kultur als Industriebranche wichtig. Bei zunehmender arbeitsfreier Zeit, steigendem Bildungsniveau und angesichts des technischen Potentials der Neuen Medien verspricht der Kulturmarkt hohe Wachstumsraten. Die 324 Mio., die Frankfurt jährlich für Kultur ausgibt, fördern eine Wachstumsindustrie. Das Wort »Kulturindustrie« weckt weniger den Ekel der Kulturkritiker als die Lüsternheit der Wirtschaftsförderer.

Neben Messe- und Kongreßwesen, Städtetourismus, Neuen Medien und Kulturindustrie zielt die Stadtpolitik vor allem auf Forschung, Entwicklung und Management (FEM). Sie gelten als Pionierbereiche der Entwicklung, als neue Wachstumspole. Da dieser Beschäftigungsbereich expandiert und eine Tendenz zu zentralen Standorten hat, sind hier noch am ehesten neue Arbeitsplätze zu erhoffen. Außerdem soll die Anwendung neuer Technologien und Managementmethoden die Wettbewerbsfähigkeit der vorhandenen Betriebe sichern. Indirekt dienen Wohnungs-, Freizeit- und Kulturpolitik denselben Zielen. Sie sollen die Stadt für die Ansprüche der hochqualifizierten und bisher auch noch gut bezahlten Arbeitskräfte herrichten.

Die direkte Wirtschaftsförderung hat ihr traditionelles Arsenal, bestehend aus Gewerbeflächen- und Infrastrukturplanung, Subventionierung der Bodenpreise und Steuernachlässen, um zwei Strategien erweitert: zum einen Versuche, etwas aus dem Wachstumspotential der modernen Technologien für die eigene Stadt zu nutzen: Technologie- und Gründerzentren werden eingerichtet, in denen sich Betriebe aus den erwünschten modernen Industrien entwickeln sollen. Zum anderen kommunale Wirtschaftspolitik als »Bestandspolitik«: Die Wettbewerbsfähigkeit des am Ort ansässigen Gewerbes soll gefördert werden.

Industriepolitik

Technologie- und Gründerzentren

Technologie- und Gründerzentren sind zuerst in Großbritannien und in den USA erprobt worden. Als erstes deutsches wurde im November 1983 das Berliner Innovations- und Gründerzentrum eröffnet. Zwei Jahre später gab es bereits 17 davon. 15 waren in Bau, 33 weitere wurden geplant (von Einem 1985, 1). Diese Strategie der Wachstumsförderung unterscheidet sich von der herkömmlichen in folgenden Punkten:

– Sie richtet sich vornehmlich an Betriebe, die im Bereich neuer Technologien arbeiten (Bio-Technik, Laser-Technik, Mikro-Elektronik usw.), und hier vor allem an solche, die die Ergebnisse der Grundlagenforschung in produktionsreife Entwicklungen umsetzen. Solche Betriebe erscheinen gleich dreifach attraktiv: Einmal sind es Wachstumsbereiche; im Gegensatz zu den alten Branchen gibt es in diesen Neuansiedlungen und neue, auch hochqualifizierte Arbeitsplätze. Zweitens vermutet man in diesen Bereichen den Kern einer kommenden »langen Welle« industriellen Wachstums, wenn die von Automobil- und Chemieindustrie ausgelaufen ist. Drittens verknüpft sich das ganze mit dem Mythos Silicon Valley, dem suggestiven Bild einer scheinbar gelungenen Schöpfung aus nichts denn Wagemut und guten Ideen. Worte wie Technologiepark und High-Tech-Zentrum können eine Atmosphäre des Aufbruchs, ein positives Image verbreiten.

– Die Gemeinden bieten neben den üblichen infrastrukturellen Vorleistungen Unterstützung in Form von längerfristigen Kapitalhilfen und modern eingerichteten Betriebsräumen, auch von Personal, das die Firmen in Fragen des Produktions- und Vertriebsmanagements unterstützt. Diese Vorleistungen werden damit gerechtfertigt, daß mit den Technologiezentren besonders auch Existenzgründungen erleichtert werden sollen.

– Zusätzlich versuchen die Kommunen, ortsansässige Universitäten, Forschungsinstitute usw. als Kooperationspartner in das Konzept einzubinden.

Technologie- und Gründerzentren sollen günstige, risikomindernde Voraussetzungen für neue Betriebe im Bereich moderner Technologien schaffen. Begründet werden die besonderen Förderungsanstrengungen damit, daß über die Hälfte aller neuen Unternehmen in den ersten Jahren scheitern. Eine Starthilfe könne diese hohe Rate senken (Heuer 1985, 165). Außerdem könne angesichts der schrumpfenden industriellen Basis ein stabiler Arbeitsmarkt nur dadurch erhalten werden, daß man an der Expansion der modernen Industrien teilhat.

Gewerbepolitik als Bestandspolitik

Diese Strategie geht von der Tatsache aus, daß die herkömmliche Wirtschaftsförderung als Unterstützung von möglichst vielen und möglichst großen Neuansiedlungen in dem Maße wirkungslos ist, wie es keine verteilbaren Zuwächse an Arbeitsplätzen mehr gibt. Seit 1968 ist die Zahl der Betriebsverlagerungen, Neugründungen von Unternehmen und Errichtung von Zweigbetrieben kontinuierlich zurückgegangen. Im Durchschnitt der Jahre 1974 bis 1981 waren es etwa 200. Das entspricht nur knapp einem Drittel der Zahl von 1968 (Heuer 1985, 25). Mit spektakulären oder quantitativ auch nur interessanten Neuansiedlungen ist also nicht mehr zu rechnen. Damit wenigstens die schon am Ort ansässigen Betriebe nicht mehr als unvermeidlich Arbeitsplätze abbauen, konzentriert sich die kommunale Wirtschaftspolitik auf die Pflege ihres Bestands. Da die Probleme von Großbetrieben in der Regel die Handlungsmöglichkeiten einer Kommune weit übersteigen, bleiben als Klientel die ortsansässigen kleinen und mittleren Betriebe. Man spricht von der Orientierung auf das »endogene Potential«. Doch das schöne Wort täuscht nur mühselig darüber hinweg, daß sich die kommunale Wirtschaftspolitik von den unerreichbaren Trauben der Neuansiedlung abwenden muß, um sich eher resigniert mit dem zu befassen, was schon auf ihrem Acker wächst. Die vorhandenen Flächen, Gebäude und Betriebe sollen bewirtschaftet und langfristig gesichert, die Konkurrenzbedingungen des ortsansässigen Gewerbes sollen verbessert werden. Eine solche Gewerbepolitik versteht sich nicht nur als Wirtschaftsförderung, sondern auch als Politik, die Konflikte mit anderen Nutzungen (Gemengelagen) und regionale Standortprobleme (Kooperation zwischen Betrieben, Zuordnung zwischen Betrieben und den Wohnorten der Arbeitskräfte, Verkehrserschließung, Industriebrachen, die Versorgungssituation bestimmter Gebiete) lösen soll (vgl. Afheldt u. a. 1986).

Auch hier spielen die modernen Technologien und Managementmethoden zumindest programmatisch eine gewichtige Rolle. Gerade kleine und mittlere Betriebe haben anscheinend Hilfen nötig, um modernes technisches und betriebswirtschaftliches Wissen anzuwenden. Ende 1984 existierten bereits über 200 öffentlich geförderte Informations- und Technologietransfereinrichtungen sowie verschiedene Beratungsinstitutionen, die der privaten Wirtschaft naturwissenschaftlich-technische und betriebswirtschaftliche Forschungsergebnisse zugänglich machen sollten (Frey/Henke 1985, 7). Die Modernisierung von Produkten und Produktionsverfahren wird zusätzlich durch die »Betriebsassistenten« vorangetrieben; dabei handelt es sich um Absolventen aus den betriebswirtschaftlichen und technischen Ausbildungsbereichen, deren Gehalt für ein bis zwei Jahre von der Wirtschaftsförderung subventioniert wird. Sie sollen die Umsetzung und Anwendung von neuem Know how sicherstellen.

Daneben gibt es das Instrument der Industrieparks, das vor allem in Nordrhein-Westfalen angewandt wurde. Industrieparks sind in sich geschlossene Areale, die mittels besonderer Infrastruktureinrichtungen und aufwendiger, parkähnlicher Gestaltung attraktiv gemacht werden: vorgefertigte bzw. auf Wunsch erstellte Betriebsgebäude, Gewerbehöfe, öffentliche und private Infrastruktureinrichtungen (Post, Bank, Kantine, Werkschutz, Sanitärstation, Kinderhort usw.), Anlagen zur Pausen- und Freizeitgestaltung, zentrale Parkflächen oder Parkhäuser (vgl. Höpner/Hüttermann 1982, 97). Der Unternehmer spart Kosten. Den Beschäftigten auch kleinerer Betriebe wird ein vielfältiges Erholungs- und Arbeitsplatzangebot auf einem einzigen Areal geboten, was sonst nur Großbetriebe leisten können. Dadurch sollen vor allem kleinere Betriebe, die einen neuen Standort suchen, innerhalb der Stadtgrenzen gehalten werden.

Während in den Industrieparks vielfältige (Vor-)Leistungen der Öffentlichen Hand gebündelt werden, versucht man in den Free-

Enterprise-Zones (FEZ) in Großbritannien und den USA das genaue Gegenteil. Hier soll die Wirtschaft gerade durch den Rückzug des Staates stimuliert werden. Nach dem Vorbild der Freihandelszonen von Hongkong und Singapur werden – möglichst auf den verrottetsten Stadtbrachen – Enklaven eines ungehemmten Frühkapitalismus geschaffen. In den Free-Enterprise-Zones wirken einerseits indirekte Subventionen, insbesondere Abschreibungserleichterungen, Befreiung von Zöllen, Steuern und Gebühren, andererseits sind verschiedene arbeits-, planungs- und genehmigungsrechtliche Regelungen außer Kraft gesetzt (von Einem 1982; Trespenberg/Voosholz 1984). In der Praxis allerdings hat sich das Konzept einer Wirtschaftsförderung durch staatliche Abstinenz nicht durchhalten lassen. Einmal sind Steuererleichterungen selber eine Form der Subventionierung, nur eine indirekte und in ihren Wirkungen unkontrollierbare; zum anderen sind auch die FEZ durch die Infrastrukturerschließung der Grundstücke teilweise massiv direkt subventioniert worden. Dieses liberalistische Konzept, das ohnehin nur auf die Endphase des Produkt-Lebenszyklus zielt, in der die Preiskonkurrenz mit den Niedriglohn-Ländern besonders hart wird, hat allerdings bisher im korporatistischen System der Bundesrepublik keine Realisierung gefunden – obwohl es in die Gesamtstrategie der Deregulierung passen würde.

Industrieparks, Technologietransferstellen, Innovationsberatung, Gründer- und Technologiezentren, freie Unternehmenszonen..., der Fächer der Ideen und Maßnahmen ist breit und bunt. Die kommunale Wirtschaftsförderung versucht, mit Produkt- und Managementberatung bis in den Kernbereich der privaten Unternehmen hineinzuwirken. Damit deutet sich ein tiefgreifender Qualitätswandel kommunaler Wirtschaftsförderung an: vom Wettbewerb um einzelne neue Betriebe hin zur Organisation der ganzen Stadt auf das Ziel wirtschaftlicher Prosperität – Wohnungs-, Wohnumfeld-, Freizeit-, Kulturpolitik und das Image der Stadt werden ins ökonomische Kalkül gezogen. Kommunale Wirtschaftspolitik – weit darüber hinaus, bloß die materielle Infrastruktur für eine expandierende Nachfrage bereitzustellen – versucht, die Agglomerationsvorteile selbst unmittelbar zu erzeugen: Fühlungsvorteile, Kooperation zwischen Betrieben, Transfer zwischen Wissenschaft und Wirtschaft, ein Klima der Innovation und Modernität, das kulturelle Ambiente usw. Das spezifisch Städtische selbst wird zum Gegenstand einer ökonomisch orientierten politischen Formierung. Hamburgs erster Bürgermeister von Dohnanyi hat das auf die Formel vom »Unternehmen Hamburg« gebracht (vgl. Dangschat/Krüger 1986). Heute soll die Stadt Dienstleistungsbetrieb vor allem für junge Unternehmer sein. Die Orientierung an den sozial Schwachen erscheint da als sozialdemokratischer Schnee von gestern.

Dieser Qualitätswandel von Stadtpolitik hin auf eine bis in die Details unternehmerischer Entscheidungen hineinwirkende, sämtliche Facetten städtischen Lebens umgreifende Organisation ist das eigentlich Neue. Er manifestiert sich in neuen Formen kommunaler Verwaltung, bei denen die Grenzen zwischen öffentlich-rechtlicher und privatwirtschaftlicher Organisation verwischt werden, in neuen Anforderungen an die Qualifikation des Personals – was kommunale Wirtschaftsförderer alles wissen und können müßten für ihre Transfer-, Kooperations- und Motivationsaufgaben, grenzt ans Profil des Universalgenies –, in neuen und engeren Verflechtungen zwischen öffentlicher Verwaltung, Kammern und Verbänden, Forschungseinrichtungen, Banken, Betrieben und Beratungsfirmen. Die Wir-sitzen-alle-in-einem-Boot-Ideologie feiert Triumphe.

Aber welche Maßnahmen auch diskutiert und welcher neue Stil politischen Managements des Unternehmens Stadt praktiziert werden mag, die tatsächlichen Wirkungen auf die Entwicklung der Stadt sind gering, unsicher und zweischneidig. Die Free-Enterprise-Zones, also die Versuche, durch Übertragung von Profit- und Arbeitsbedingungen der Dritten Welt Brachflächen großer Städte wiederzubeleben, gibt es bisher nur im Ausland. Selbst für die hartgesottensten Verfechter unternehmerischer Freiheit sind die Erfahrungen damit nicht besonders ermutigend. Sofern sich Unternehmen dort angesiedelt haben, stammten sie überwiegend aus der Region. Betriebsverlagerungen innerhalb der Region aber stärken nicht den Arbeitsmarkt. Die »Erfolge« der FEZ gehen also zu Lasten anderer Standorte und anderer Betriebe, ohne daß dies steuerbar wäre. Die Investitionen in den FEZ beinhalten zum Teil unsystematische Desinvestitionen in der Umgebung. Noch dazu wird die Wettbewerbssituation zwischen Betrieben innerhalb und außerhalb der FEZ verzerrt. Schließlich können die steuerlichen Vorteile und die Ersparnisse bei den Erschließungskosten über steigende Immobilienpreise von den Grundeigentümern abgeschöpft werden, statt daß sie den Investoren zugute kommen (vgl. Trespenberg/Voosholz 1984).

Solche Unternehmenszonen haben nach ihrer eigenen Logik katastrophale Auswirkungen auf die Arbeits- und Entlohnungsbedingungen der lohnabhängig Beschäftigten. Wenn sogar der amerikanische Präsident Reagan, dem Neigung zu Sozialklimbim gewiß nicht nachgesagt werden kann, sich bemüßigt sieht, zu betonen, daß in den FEZ die Bürgerrechte nicht außer Kraft gesetzt werden dürften (Türke 1983), können wir die dort herrschenden Tendenzen erahnen. Wenn sich Kommunalverwaltungen zu solchen Strategien bereitfinden, ist das nicht nur ein Zeichen sozialpolitischer Kaltschnäuzigkeit, sondern auch ein Indiz für wirtschaftspolitische Hilflosigkeit. In England, wo sich sozialistische Stadtregierungen gegen solche Einrichtungen wehrten (wie z. B. in Liverpool), hat die konservative Regierung kurzerhand ein bestimmtes Gebiet unter zentrale Kuratel gestellt und quasi exterritorial verwalten lassen (Rees/Lambert 1985). Eine so harte Gangart ist in der Bundesrepublik noch nicht zu erkennen – wohl auch deshalb, weil die Kommunen von sich aus alle Anstrengungen unternehmen, privatwirtschaftliche Investitionen zu fördern.

Die Technologie- und Gründerzentren in der Bundesrepublik entfalteten bisher nur geringe Wirksamkeit als Kristallisationspunkte für neue Unternehmen. In der Hälfte aller Fälle ist das Konzept nicht aufgegangen (Eisbach 1985). Die arbeitsplatz- und strukturpolitischen Effekte sind marginal. Zusammen hatten 1985 alle Gründer- und Technologiezentren 1.120 Arbeitsplätze (von Einem 1985, 2). Anstelle der erwünschten Unternehmen siedeln sich auch hier häufig bereits ortsansässige Betriebe an. Zum anderen geben die Zentren offensichtlich nur schwache Anstöße für Existenzgründer. Entweder kommt es gar nicht zu solchen Gründungen, oder aber sie schlagen bald wieder fehl. Schließlich handelt es sich überwiegend nicht um Betriebe aus dem so sehr erwünschten High-Tech-Bereich. Auch neue Produktionen auf der Basis neuer Forschung sind selten. Meist werden schon länger bekannte Produkte und Produktideen vermarktet. Die Betriebe in den existierenden Technologiezentren stehen nicht an der Front der technischen Entwicklung, eher in deren Nischen und Marktlücken, teilweise auch als Lückenbüßer, wenn sie im Auftrag von Großfirmen fertigen. Weder also wird das Ziel erreicht, Kristallisationspunkt moderner Industrien zu sein, noch das der Neuansiedlung. Technologiezentren leben im wesentlichen wie die Free-Enterprise-Zones vom Verlagerungspotential innerhalb der

Region, und sie schöpfen die vorhandene Bereitschaft zu Neugründungen aus. Technologiezentren veranlassen keine Neugründungen, allenfalls beschleunigen sie sie und steuern sie räumlich.

Wie ist der geringe Erfolg dieser Strategie zu erklären? Zentral für den Erfolg ist die Nähe zu Zentren der Grundlagenforschung, einmal im Sinne eines direkten Wissenstransfers, zum anderen aber auch aufgrund der günstigen Bedingungen auf dem lokalen Arbeitsmarkt (große Zahl qualifizierter Absolventen von nahegelegenen Hochschulen als mögliche Arbeitskräfte). Wichtig sind ferner Anzahl und Qualität bereits angesiedelter Betriebe, da aufgrund der erwünschten Fühlungsvorteile auch diese Betriebe vorzugsweise dort sich ansiedeln, wo ihresgleichen schon existiert. Da Neugründungen von Betrieben überwiegend durch Absprung von qualifizierten Beschäftigten anderer Betriebe erfolgen, für die die Verflechtung in produktspezifische Entwicklungs- und Lieferbeziehungen von großer Bedeutung sind, ist ihr Auftreten in den schon bestehenden Konzentrationen weitaus wahrscheinlicher.

Wenn immer wieder auf die Erfolge mancher Städte in den USA bei der Ansiedlung von High-Tech-Industrien verwiesen wird, dann sollten sich die Städte in der Bundesrepublik die Dimensionen klarmachen, in denen dort Vorleistungen erbracht werden. In Phoenix (Arizona) z. B. wurden 45 Mio. $ in ein »Center for Excellence in Engineering« investiert; in Austin (Texas) gingen – neben 52 Mio. $ für die materielle Infrastruktur – 20 Mio. $ an die Technische Hochschule für die Einrichtung einer ganz neuen Fakultät (Premus 1984, 56ff.). Solche Investitionen sind in einem Land wie den USA ebenfalls nur an wenigen Orten mit Aussicht auf nachfolgenden Take-off möglich; übertragen auf Europa hieße dies, daß sich in den größten Industrieländern jeweils nur ein oder maximal zwei Städte für einen solchen Ansatz eignen.

Charakteristisch für alle Technologiezentren ist, daß ihre Erfolgsvoraussetzungen von den Gemeinden selbst nur schwer erzeugbar sind. Und die, die von den Gemeinden zu erzeugen sind – das sind vor allem günstige Angebote an materieller und personeller Infrastruktur sowie Finanzierung –, können viele Gemeinden gleichermaßen bereitstellen. Generell ergibt sich aber die Frage, welche Chancen diesem Ansatz einzuräumen sind, einen Aufbau von Wachstumsindustrien voranzutreiben und dauerhaft für die Gemeinde zu sichern. Der weitaus größte Teil der auf neue Technologien bezogenen Forschungs-, Entwicklungs- und Wirtschaftsförderung wird auf Bundes- und gar internationaler Ebene abgewickelt und geht an die großen Konzerne der Wachstumsbranchen. Der Mythos des Silicon Valley übersieht sowohl die Startbedingungen von Silicon Valley (Rüstungsaufträge) als auch die heutige Realität. Die Weltfirmen gibt es längst. Auch im Bereich der Mikro-Elektronik und Gentechnologie ist mittlerweile intellektuelles und finanzielles Kapital gefordert, wie es nur große Konzerne und der Staat mobilisieren können. Für die Gemeinden bleibt nur ein kleiner, besonders labiler, risikoreicher Bereich, der für die Multis nicht attraktiv oder noch nicht lohnend ist. Der Anteil von High-Tech-Betrieben an allen jährlichen Neugründungen in der Bundesrepublik wird auf 1 % geschätzt. Aber selbst wenn sich punktuell bei Unternehmungen in Technologiezentren ökonomische Erfolge durch die Umsetzung wissenschaftlicher Ergebnisse in Marktprodukte einstellen, so ist die Übernahme dieser Betriebe durch die großen Konzerne und damit ihre Eingliederung in anderswo verortete Entscheidungsstrukturen wahrscheinlich. Insofern kann sich der gewünschte Effekt von Technologiezentren, langfristig gesicherte Arbeitsplätze in Wachstumsbranchen zu erzeugen, in die eines Durchlauferhitzers verkehren: Die neuen Produktionen und hochqualifizierten Arbeitskräfte wandern, gerade wenn sie Erfolg haben, dort hin, wo Kapital, Fühlungsvorteile und ein differenzierter Arbeitsmarkt ihnen bessere Aussichten bieten.

Technologie- und Gründerzentren sind differenzierte, »weiche« Strategien, in denen materielle Hilfen mit Beratungs- und Vermittlungsleistungen verknüpft sind. Mehr noch in ihrer Praxis als in ihren Ansprüchen markieren sie die Neuorientierung der Stadtpolitik fort von der Anwerbung großer Firmen hin auf den vorhandenen Bestand an kleinen und mittleren Betrieben. So richtig diese Strategien sind, schon weil der kommunalen Wirtschaftsförderung wenig anderes übrigbleibt, so begrenzt ist ihre Reichweite. Sie werden das Schrumpfen nicht in Wachstum umkehren. »Altindustrialisierte« Standorte sind ja gerade definiert durch einen hohen Anteil schrumpfender oder sogar absterbender Branchen. Die Pflege dieses Bestandes kann den Rückgang nur verlangsamen. Allenfalls bei dem Kernbestand von konkurrenzfähigen Betrieben werden die Überlebens- und Expansionschancen gebessert, und dies häufig durch Reduzierung der Zahl von Arbeitsplätzen: Betriebe aus beengten Innenstadt-Standorten zu verlagern, heißt in der Regel auch Modernisierung und Rationalisierung, nach der der

Betrieb zwar mehr Fläche, aber weniger Arbeitsplätze benötigt. Das Dilemma der Großstädte besteht demnach darin, daß sie mit ihrer Subvention der Modernisierung ortsansässiger Betriebe möglicherweise den Arbeitsplatzabbau unterstützen – sich aber zu dieser Politik gezwungen sehen, um wenigstens die verbleibenden Arbeitsplätze auf mittlere Sicht sicherer zu machen.

In der Konkurrenz beim Gewerbeflächen-Angebot haben die Kernstädte gegenüber den Umlandgemeinden ohnehin die schlechteren Karten: gut erschlossene, verkehrsgünstig gelegene größere Flächen haben sie in der Regel kaum in Reserve – und das Recycling von alten Gewerbestandorten braucht Zeit und Geld; Industriepolitik wird also die wachsenden Arbeitsmarktprobleme der meisten Großstädte kaum verringern.

Dienstleistungssektor als Wachstumsbereich?

Die gewerbliche Produktion ist aber nur der eine Pfeiler der städtischen Wirtschaft. Quantitativ bedeutsamer ist inzwischen der Dienstleistungssektor, der seit je das wirtschaftliche Profil von Großstädten prägte. Dieser Sektor hatte noch stabile Wachstumsraten, als das Wachstum des verarbeitenden Sektors schon zurückging, und kompensierte so die Folgen des Strukturwandels auf dem Arbeitsmarkt.

In der traditionellen Stadtökonomie wurde der Dienstleistungsbereich als »Folgebereich« charakterisiert, d. h., man nahm an, er entwickele sich proportional zum produktiven Sektor. Dreht man dieses Wachstumsgesetz um, dann müßte der »Folgebereich« auch mit dem sekundären Sektor schrumpfen. Dies gilt – mit Einschränkungen – für den Teil des Dienstleistungssektors, der unmittelbar auf die Produktion bezogen ist. Er macht etwa die Hälfte der Beschäftigten dieses Sektors aus (Köppel 1983).

Der Dienstleistungssektor ist nicht das feste Fundament, auf dem sich die Beschäftigungsprobleme der Großstädte lösen ließen, denn er steht selbst vor kräftigen Rationalisierungsschüben. Die Entwicklung der Kommunikations- und Steuerungstechniken, die auch in zunehmendem Maße eine Externalisierung von Arbeit aus den Betrieben ermöglichen, die uns als Selbstbedienung z. B. am Fahrkartenschalter oder in der Bank zugemutet wird, wird in diesem bisher so personalintensiven Bereich erhebliche negative Beschäftigungseffekte auslösen. Selbst für die bundesdeutsche Metropole des Dienstleistungssektors, Frankfurt, ist es fraglich, ob diese Verluste durch Gewinne in der internationalen Konkurrenz mit Zentren wie New York, Tokio, London oder Paris wettgemacht werden. Rhein-Main könnte das »Ruhrgebiet des Jahres 2010« werden.

Doch nicht nur deshalb stimmt das Bild von der Dienstleistungsgesellschaft, in der die Verluste an Arbeitsplätzen im Sekundärbereich durch die Erweiterung im tertiären aufgefangen werden, mit der Realität und vor allem mit der zukünftigen Entwicklung nicht überein. Das Modell eines nahezu unbegrenzten Wachstums der Nachfrage nach Dienstleistungen in der »nachindustriellen Gesellschaft« ist ebenfalls fraglich (Berger/Engfer 1982). Diese Voraussagen basieren auf der Annahme, daß die privaten Haushalte immer mehr Funktionen an private und öffentliche Dienstleistungs- und Infrastruktureinrichtungen abgeben. Dieser Prozeß, in dessen Verlauf sich der private Haushalt auf reine Freizeit- und Konsumaktivitäten zurückzieht, verläuft aber keineswegs ungebrochen. Aufgrund der Entwicklung billiger und leistungsfähiger Haushaltsgeräte und Werkzeuge sowie zunehmender, von Erwerbstätigkeit freier Zeit verlagern sich solche Funktionen wieder zurück in die Privathaushalte, sei es in der Form einer anschwellenden Do-it-your-self-Bewegung, wo in handwerklicher Arbeit ein Ausgleich zur immer stupider werdenden Berufstätigkeit gesucht wird, sei es aus ökonomischem Zwang, weil das Geld für einen umfangreichen Konsum marktförmiger Dienstleistungen fehlt, sei es aufgrund differenzierter Bedürfnisse, denen die staatlich und privatwirtschaftlich produzierten Güter und Dienstleistungen nicht mehr genügen können (Gershuny 1981).

Der produktionsorientierte Teil des tertiären Sektors schrumpft zum Teil mit dem Verschwinden der güterproduzierenden Bereiche, sein Wachstum kompensiert in keinem Fall die Beschäftigungsverluste des sekundären Sektors. Der haushaltsorientierte Teil der Dienstleistungen wird mit schwindender Kaufkraft und den skizzierten Rückverlagerungen auch kein verläßlicher Wachstumspfeiler bleiben.

Die dargestellte Politik der Städte ist junger Wein in alten Schläuchen. Die Wirtschaftspolitik, die die Kommunen immer schon betrieben haben, ist den neuen Bedingungen angepaßt worden. Man fördert, was man hat, das »endogene Potential«. Investitionen werden vor allem in der Innenstadt, dem Schaufenster der Stadt, vorgenommen. Ansonsten bemüht man sich um jene Branchen und Arbeitskräfte, von deren Bindung an die Stadt man sich Ausstrahlungseffekte auf nicht geförderte Gebiete und Gruppen erhofft. Diese Politik ist insofern realistisch, weil sie mehr als die Verbreitung solcher Hoffnungen für Gebiete mit »uninteressanter« Struktur und Bevölkerung nicht übrig hat. Die immer schon wenig folgenreiche Orientierung auf räumliche und soziale Integration wird aufgegeben. Man überläßt die Reste der Stadt sich selbst, vielleicht verbrämt mit der guten Absicht, gewachsene Lebenszusammenhänge nicht stören und Selbsthilfe ermöglichen zu wollen. Daß damit die soziale Ausgrenzung bestimmter Bevölkerungsteile räumlich noch überhöht wird, muß keineswegs schaden. Segregation kann ja auch als »natürlicher« Prozeß der Trennung der guten von den schlechten Gebieten und Bevölkerungsgruppen aufgefaßt werden. Dann erleichtert sie eine selektive Politik, die sich auf die »begabten« Gruppen und Gebiete konzentriert.

Doch die Wachstumspolitik der Städte etwa nach dem Modell Frankfurts, also die Konzentration ihrer Investitionen und planerischen Anstrengungen auf die Bedürfnisse der oberen Einkommensgruppen und auf die überregional, möglichst international wettbewerbsfähigen Höhepunkte, diese »Kathedralenpolitik« (Dietrich) ist nur für wenige Städte realitätsgerecht.

Erstens: Die Verteilung der modernen Industrie zugunsten weniger süddeutscher Ballungszentren ist weitgehend festgeschrieben. Die Konzentration von Elektroindustrie und Mikroelektronik, Flugzeugbau und Raumfahrt im süddeutschen Raum hat inzwischen jene Gravitationsdynamik entfaltet, wie wir sie aus den Agglomerationstendenzen der Industrie kennen. Der Ausbau von Forschungskapazitäten und entsprechenden Dienstleistungsunternehmen sowie die Entwicklung eines spezifischen Arbeitsmarkts im württembergischen und oberbayrischen Raum sind – gestützt von einer massiven Investitions- und Auftragspolitik des Bundes, insbesondere mit Rüstungsaufträgen – inzwischen soweit fortgeschritten, daß nicht abzusehen ist, wie und wo sich in der Bundesrepublik weitere Schwerpunkte in diesem technologischen Feld bilden sollten.

Zweitens: In dem Maße, in dem alle Großstädte auf diese Konkurrenz sich konzentrieren, werden die von jeder Stadt zu erbringenden Vorleistungen in die Höhe getrieben, ohne daß dadurch die zu verteilende absolute Menge an high-technology und Messe- und Kongreßbesuchern größer würde: das alte Dilemma der inter- kommunalen Konkurrenz also.

Drittens: Wenn die Bestandspolitik im Sinne einer Stärkung der Konkurrenzfähigkeit ortsansässiger Betriebe erfolgreich ist, trägt sie in der Regel zur Rationalisierung und damit zum Arbeitsplatz- abbau bei. Führt die Modernisierung zur Expansion, kann eine Verlagerung über die Gemeindegrenzen hinweg die Folge sein. Auswege aus diesen Dilemmata gibt es für die kommunale Wirt- schaftsförderung nicht.

Durch forcierte Wachstumspolitik werden sich die absehbaren Probleme nicht lösen lassen. Die Hoffnung auf einen Daniel Dü- sentrieb, der neue Blüte in die alten Ruinen zaubert, ist so wenig aussichtsreich, wie es dessen Erfindungen in Entenhausen schon immer waren (Disney 1977). Und um die Möglichkeiten einer räumlichen Umverteilung bestehenden Wachstums abzuschätzen, genügt ein Blick auf die Prognosen zur Beschäftigung im nächsten Jahrzehnt.

Nach der mittleren, also keineswegs pessimistischsten Variante in der Arbeitsmarktprognose des Instituts für Arbeitsmarkt- und Be- rufsforschung der Bundesanstalt für Arbeit wird im Jahre 2000 ein Potential von 28 Mio. Erwerbstätigen einem Bedarf von 25,2 Mio. gegenüberstehen. Aus dem »Potentialüberschuß« in Höhe von 2,7 Mio. Menschen sind dann voraussichtlich 1,8 Mio. als arbeitslos gemeldet (Klauder u. a. 1985). Wahrscheinlich ist diese Prognose noch zu optimistisch, da sie eine Ersetzung der durch Produktivi- tätssteigerungen im Verarbeitenden Gewerbe vernichteten Ar- beitsplätze durch ein Wachstum im Dienstleistungsbereich an- nimmt und die problematische Annahme beinhaltet, daß die Frauenerwerbstätigkeit nicht in demselben Ausmaß zunimmt wie in den vergangenen Jahren (vgl. Schäfer 1986).

Um die Relationen klarzumachen: die Zahl der betrieblichen Neugründungen lag zwischen 1970 und 1979 um 3.022 niedriger als die der Stillegungen (Klein 1982, 705). Schon 1980, als die Ar- beitslosenzahlen noch nicht ihre heutige Höhe erreicht hatten, stellten Schliebe/Hillesheim fest: »Das Ansiedlungsvolumen aller neu errichteten und verlagerten Betriebe eines Jahres (stellt) im Grunde nur den Vermittlungsbedarf aller Arbeitsämter eines ein- zigen Wochentages dar« (1980, 623). Eine Analyse aus dem Rheinisch-Westfälischen Institut für Wirtschaftsforschung kommt folgerichtig zu der Konsequenz, die Regionalpolitik solle sich nicht weiter »stillschweigend in einer Gleichgewichtswelt bewegen, bei der es um die Angleichung von Entwicklungsunterschieden durch Erschließung von zusätzlichen Wachstums- und Produktivitätspotentialen geht, während sie doch heutzutage bestenfalls eine gleichmäßigere regionale Verteilung der Arbeitslosigkeit bewirken kann« (Lamperts 1984, 177).

Spaltung der Stadt

In den schrumpfenden Städten wird kommunale Wirtschaftsförderung den Rückgang vielleicht verlangsamen, aber nicht in Wachstum umkehren können. Kommunale Politik hat noch nie die überkommunal bestimmten sozialen und ökonomischen Trends städtischer Entwicklung nennenswert beeinflußt, und in schrumpfenden Städten kämpft jede kommunale Wachstumspolitik gegen einen solchen Trend. Eine einseitig forcierte Wirtschaftsförderung kann aber negative Konsequenzen haben, die langfristig die Perspektiven der Entwicklung der Gesamtstadt einschneidend beeinträchtigen. Ebenso wie in den fünfziger Jahren die Grundlagen für den heutigen High-Tech-Boom in Stuttgart und München und für die Entwicklung Frankfurts als Bankplatz geschaffen wurden, so werden heute Entscheidungen getroffen, deren Konsequenzen ebenfalls erst in zwanzig bis dreißig Jahren sichtbar werden. Heute zu Lasten anderer Bereiche der städtischen Entwicklung die verfügbaren Ressourcen auf den High-Tech-Bereich und die Schaffung überregionaler Attraktivität zu konzentrieren, könnte gerade die künftigen Entwicklungsmöglichkeiten einer Stadt verbauen.

Die Konzentration der geringer gewordenen Mittel einer Stadt auf die Wachstumsbereiche bedeutet unter heutigen Bedingungen, faktisch die Spaltung der Stadt zu betreiben. Eine derartige Politik ist in einem solchen Grade selektiv, daß sie soziale Differenzierungen verstärken und Ausgrenzungen in Kauf nehmen muß. In den Städten, die als die Gewinner der gegenwärtigen sozio-ökonomischen Entwicklung erscheinen, ist eine Tendenz zur dreigeteilten Stadt absehbar, bei der sich verschiedene Strukturen immer schärfer voneinander abgrenzen (vgl. Afheldt u. a. 1983).

Die *erste* Struktur, die international wettbewerbsfähige Stadt, setzt sich aus den Glanz- und Höhepunkten einer Stadt zusammen, die überregionale Funktionen und Aufmerksamkeit auf sich ziehen können: Flughafen, internationaler Messe-, Kongreß- und Hotelbereich, aufwendige Freizeit- und Kultureinrichtungen, Verwaltungen international organisierter Unternehmen und Inseln luxuriösen Wohnens. Diese erste Struktur der Stadt ist organisiert hin auf die Konkurrenz mit anderen Metropolen und deshalb ausgerichtet auf die Anforderungen und Bedürfnisse einer international orientierten Schicht von Geschäftsleuten, Kongreß- und Messebesuchern. Auf diesen Teil der Stadt konzentriert sich die Entwicklungspolitik der Stadtregierungen zunehmend.

Gegenüber dieser »ersten Stadt« geraten die beiden anderen ins Hintertreffen oder gar ins Abseits: als *zweite* die normale Arbeits-, Versorgungs- und Wohnstadt für die deutsche Mittelschicht mit den Funktionen eines regionalen Oberzentrums, also mit den städtischen Strukturen, die wir üblicherweise mit der Vorstellung einer Großstadt in Westdeutschland verknüpfen; und die *dritte* Struktur, die marginalisierte Stadt der Randgruppen, der Ausgegrenzten, der dauerhaft Arbeitslosen, der Ausländer, der Drogenabhängigen und der Armen. Die Aufenthaltsgebiete dieser Gruppen werden ähnlich abgeschottet wie ihr Gegenstück, die internationale Stadt, aber mit kaum einer anderen Perspektive als der, allmählich zu verrotten.

Allerdings werden sich derart harte Segregations- und Verslumungstendenzen in den noch wachsenden Städten nur unter der Voraussetzung durchsetzen, daß sich die Stadtpolitik auf die »erste Stadt« konzentriert. Die prosperierenden Städte hätten immerhin die finanziellen Möglichkeiten zu einer Simultanpolitik, die aus den Gewinnen des Wachstums etwas abzweigt, um die Lebensbedingungen der ausgegrenzten Gruppen erträglich zu gestalten. Gegen die Mechanismen des privaten Wohnungsmarkts ist allerdings in der Regel auch eine reiche Stadtverwaltung machtlos. Wenn es eine Stadt explizit auf die »jungen, gesunden Familien der oberen Mittelschicht« abgesehen hat und daher die Wohnungs- und Infrastrukturpolitik auf deren Bedürfnisse ausrichtet, muß die »Sorge um die sozial Schwachen« Lippenbekenntnis bleiben. Wenn die Stadtregierung dann noch, wie mit dem Kulturzentrum Geiselgasteig in München geschehen, die Attraktivität von Altbaugebieten für aufstrebende Mittelschichtler erhöht, verstärkt sie den Verdrängungs- und Segregationsprozeß (»Gentrification«)

zusätzlich. Teure Modernisierung und Umwandlung in Eigentumswohnungen werden dann mit rüden Methoden durchgesetzt. Die Wohnmöglichkeiten für die uninteressanten Bevölkerungsgruppen werden verengt. Zusammen mit einer auch in München vorhandenen strukturellen Arbeitslosigkeit (vgl. Friedrichs 1985) steigen in der Folge die Zahlen von Wohngeld- und Sozialhilfe-Empfängern sowie die der Obdachlosen. Frankfurt versucht mit seiner Sperrgebiets- und Toleranzzonenverordnung gegenüber der Prostitution das offen, was die Aufwertungspolitik in den billigen Altbaugebieten weniger ausgesprochen, aber nicht unbedingt weniger effektiv verfolgt: die Vertreibung der Unerwünschten, der Armen, der Alten, der Arbeitslosen und Ausländer.

Beim Gegentyp, der schrumpfenden Stadt, erscheinen die politischen Handlungsspielräume begrenzter als in der prosperierenden, denn mit schrumpfender wirtschaftlicher Basis steigen die finanziellen Belastungen bei sinkenden Einnahmen. Einer Simultanpolitik fehlen daher die finanziellen Voraussetzungen. In den schrumpfenden Städten ist die »erste Stadt« weit schwächer ausgeprägt oder fehlt ganz. Der vom Wachstum geprägte Entwicklungsverlauf bricht ab und endet möglicherweise auf einem relativ niedrigen Niveau.

Die mit propagandistischem Aufwand begleitete Wachstumspolitik hat in den Städten, die im Windschatten des neuen Wachstums stehen, das Ziel, ein »optimistisches Klima« zu erzeugen, um die sich ausbreitende Resignation bei Unternehmern und Bevölkerung zu zerstreuen. Da aber das zu erzeugende Wachstum mit Sicherheit nicht so groß sein wird, um den Trend umzukehren, wird der Effekt auch darin bestehen, die tatsächlichen Probleme schlicht zu verdrängen. Und das wird die Folgen verschlimmern.

Die Abnahme der Bevölkerungszahlen, der Arbeitsplatzabbau und der Strukturwandel in den großen Städten haben gravierende Folgen für die städtischen Strukturen (vgl. Eversley 1982). Die Standorte von Arbeitsplätzen und die Wohnorte derer, die dort ihr Geld verdienen, rücken immer weiter auseinander. Im Laufe der Bevölkerungssuburbanisierung haben – wie oben beschrieben – vor allem die beruflich erfolgreichen, jüngeren Angehörigen der Mittelschicht die beengten Altbauquartiere der Städte verlassen. Diese sind es aber auch, die die in den Innenstadtbereichen gelegenen tertiären Arbeitsplätze besetzt halten. Die geringer Qualifizierten, denen das Geld für den Exodus aus den Städten fehlte, verblieben mehrheitlich im Kernstadtbereich – ihnen laufen aber die Arbeitsplätze weg. Die Stadtstruktur steht dann sozusagen auf dem Kopf, Wohn- und Arbeitsorte werden immer weiter entflochten. Damit steigt das Verkehrsaufkommen – und der PKW wird als Transportmittel immer stärker bevorzugt, auch weil dies notwendig ist: die draußen in aufgelockerten Stadtrandsiedlungen wohnen, haben meist schlechte Chancen, mit den auf wenige Achsen konzentrierten öffentlichen Verkehrsmitteln zur Arbeit zu fahren; und umgekehrt sind diejenigen, die in der Stadt wohnen, oft gezwungen, ein Auto zu ihrem in irgendeinem neu erschlossenen Gewerbegebiet liegenden Arbeitsplatz zu benutzen. Die öffentlichen Verkehrsmittel werden also weiter Fahrgäste verlieren und daher von den Kommunen mit noch höheren Beträgen subventioniert werden müssen.

Die abnehmende Einwohnerdichte der Städte wirkt sich auf das Angebot mit lokalen Versorgungseinrichtungen aus. Die Verlagerung der Bevölkerung in die Randgebiete hat zur Folge, daß sich die Versorgungseinrichtungen ebenfalls verlagern. Sie wandern sozusagen mit ihrer Kundschaft. Arbeitslosigkeit und soziale Segregation der Bewohner zwischen Kernstadt und Randgebieten sowie sinkende Realeinkommen bei den gewerblichen Arbeitnehmern schwächen zusätzlich die Kaufkraft und dezimieren die Einzelhandelslandschaft.

Die haushalts- und personenorientierten Dienstleistungen haben trotz allen Strukturwandels in den Großstädten nicht stärker zugenommen als im Umland oder in den peripheren Gebieten. Sie haben bisher aber auch nicht abgenommen. Als Grund hierfür ist ein Wandel der Angebotsstrukturen zu vermuten, denn trotz zurückgehender Einwohnerzahlen nehmen in den Großstädten die spezialisierten und auf Luxusbedürfnisse ausgerichteten Einzelhandels- und Freizeitangebote zu. Für sie ist nach wie vor die Innenstadt der Standort, der für die weit verstreute Kundschaft am besten erreichbar ist und der die größten Urbanisationsvorteile für die Geschäfte bietet. Diese wirksam werden zu lassen, versuchen zwar die zahlreichen Einkaufszentren an den Kreuzungspunkten von Stadtautobahnen und Ausfallstraßen, die in den letzten Jahren entstanden sind, auch, aber sie bleiben letztlich doch »zweitklassig« – dort kann man sich zwar mit allem Möglichen, alltäglich Notwendigen versorgen, aber trotz aller circusähnlichen Anmache, die von den Betreibern veranstaltet wird, können sie einem verwöhnten Publikum nicht das »Erlebnis« bieten, das das Flanieren und Konsumieren in den erogenen Zonen des Luxus in der Innenstadt vermittelt.

Betriebsschließungen und -verlagerungen hinterlassen leere Gebäude und Brachflächen. In den Jahren des anhaltenden Bevölkerungs- und Wirtschaftswachstums und der starken Expansion des tertiären Sektors wurden die von Fabriken und Handwerksbetrieben freigemachten Flächen rasch wieder gewerblich genutzt oder in Wohngebiete umgewidmet. Wenn aber die Nachfolge-Nutzungen ausbleiben, entstehen »Löcher« im Stadtgebiet; leerstehende Fabrikhallen und zerfallende Gebäude üben nur auf wenige Stadtbewohner einen ästhetischen Reiz aus. Und diese Löcher kosten auch noch Geld, wenn sie, bevor sie für andere Zwecke genutzt werden können, »saniert« oder rekultiviert werden müssen. Denn ökologische Rücksichten haben bei den früheren industriellen Nutzern keine große Rolle gespielt. Daß sich nach der Bebauung mit Wohnungen, wie in Dortmund und Hamburg tatsächlich geschehen, lebensgefährliche Gifte im Boden bemerkbar machen, ist noch die Ausnahme, aber daß Brachflächen nicht mehr benutzt werden, weil der Boden mit »Altlasten« behaftet ist, das ist schon fast die Regel. Auch weil Unklarheit darüber besteht, wer denn nun für die Kosten der Beseitigung von Bodenschäden aufzukommen hat – ob die früheren Besitzer oder die Kommunen –, prägen Brachflächen zunehmend das Bild alter Industriegebiete (vgl. Estermann 1986). Da die Städte neue Betriebe eher mit landschaftlich schön gelegenen und modern erschlossenen Grundstücken anlocken zu können glauben, betreiben sie bisher auch keine gezielte Wiedernutzungspolitik. Der Dezentralisierungsprozeß wird so kumulativ verstärkt.

Abnehmende Einwohnerzahlen und weniger Betriebe bedeuten für die Städte Verluste bei den Steuereinnahmen. 1970, als die Einwohnerverluste für die Großstädte gerade spürbare Dimensionen anzunehmen begannen, hat eine Gemeindefinanzreform die Steuereinnahmen der Kommunen stärker von der Einwohnerzahl abhängig gemacht, als dies vorher der Fall war. Diese Reform zielte darauf ab, die Bedeutung der Gewerbesteuer für die Gesamteinnahmen der Städte zu senken, einerseits um den ruinösen Bürgermeisterwettbewerb um die Ansiedlung neuer Betriebe zu mildern, andererseits um dem starken Bevölkerungswachstum jener Randgemeinden Tribut zu zollen, die zwar die Infrastrukturkosten für die Wohnstandorte zu tragen hatten, von der Gewerbesteuer jener Betriebe, in denen ihre Einwohner arbeiteten, aber nichts ernteten. Daher wurden die Gemeinden an der Einkommenssteuer beteiligt, die am Wohnort entrichtet, während die früher dominierende Gewerbesteuer am Unternehmenssitz abgeführt wird. Mit dieser stärker einwohnerbezogenen Steuerverteilung konnten die Großstädte damals einverstanden sein, weil sie noch die unumstrittenen Zentren der Arbeit waren und ihre Wachstumsperspektiven ungebrochen schienen. In dem Maße aber, wie die Beschäftigungskrise dauerhaft wurde, und je weniger in die Großstädte Zuwandernde den Bevölkerungsrückgang ausglichen, gingen die Steuereinnahmen zurück, während die Umlandgemeinden aus immer volleren Kassen schöpfen können, müssen die Großstädte kürzer treten und sich, um ihren Haushalt auszugleichen, immer weiter verschulden. Denn eine Stadt kann ihre Ausgaben nicht in dem Maße reduzieren, wie ihre Einwohnerzahl sinkt; viele ihrer Einrichtungen haben laufende Fixkosten, die unabhängig von der Benutzerzahl sind: Schwimmbäder, Schulen, Kanalisation oder das Straßennetz können in ihren Größenordnungen und laufenden Kosten nicht parallel zum Bevölkerungsrückgang verkleinert werden. Das geht nur stufenweise, durch die Schließung ganzer Einrichtungen. Dies wiederum setzt negative Signale und verschlechtert die Versorgungslage, weil längere Wege für die Benutzer entstehen. Das wiederum stärkt die Abwanderungstendenzen bei denen, die es sich leisten können. Die Belastungsquote pro Einwohner im kommunalen Haushalt steigt also in schrumpfenden Städten ständig, und jeder Rückgang der Einwohnerzahl bedeutet Verluste im Finanzausgleich.

Die finanziellen Spielräume verengen sich aber nicht nur dadurch, daß weniger Betriebe und Einwohner als Steuerzahler vorhanden sind, sondern auch dadurch, daß die Arbeitslosigkeit zunimmt (Rothgang 1985). Durch die verschiedenen Kürzungsbeschlüsse bei der Unterstützung für Arbeitslose, die mit dem Anschwellen der Arbeitslosenzahlen seitens der Bundesregierung verfügt wurden, sind die Betroffenen immer mehr auf zusätzliche oder ganz auf Sozialhilfeleistungen angewiesen, die aus den kommunalen Haushalten finanziert werden müssen (Huster 1985). Damit wird der Spielraum für investive Ausgaben eingeengt. Zwischen 1980 und 1985 sind die Bauausgaben der kreisfreien Städte fast um ein Drittel zurückgegangen (Reidenbach 1986,3). Die Kernstädte der Verdichtungsräume geben im Vergleich zu anderen Kommunen inzwischen am wenigsten Geld pro Einwohner für Baumaßnahmen aus – das war bis vor einigen Jahren genau umgekehrt. Dieser Rückgang bei den Bauinvestitionen trifft natürlich besonders das lokale Handwerk und verstärkt somit die Probleme.

Um das Öffnen der Schere zwischen steigenden Ausgaben pro Einwohner und insgesamt sinkenden Einnahmen zu verlangsamen, versuchen die Kommunen insbesondere, die Personalkosten zu senken. Dies ist eine der wenigen Möglichkeiten, Ausgabenkürzungen zu erreichen: aber aus tarif- und beamtenrechtlichen Gründen nur über einen Stop von Neueinstellungen möglich, geht also sehr langsam, denn die Fluktuationsrate liegt bei etwa 3 %. Außerdem wird dadurch die Arbeitslosigkeit weiter in die Höhe getrieben, denn die Kommunen gehören zu den größten Arbeitgebern auf dem städtischen Arbeitsmarkt. Da die Personalreduktion nach diesem Verfahren die verschiedensten Aufgabenbereiche betrifft, sind Verschlechterungen der kommunalen Dienstleistungen auch da, wo sie aus politischen Gründen eigentlich nicht angestrebt werden, unvermeidlich.

Diese Entwicklungen haben verschiedene Städte schon weitgehend handlungsunfähig gemacht. Dann werden überhaupt nur noch solche Vorhaben in Angriff genommen, die mit Mitteln der Länder oder des Bundes finanziert werden können. Bundesmittel fließen nur in solche Projekte, die eindeutig dem Wachstumsziel zuzuordnen sind.

Auf dem Wohnungsmarkt wird die Zahlungsfähigkeit der Mieter durch sinkende Realeinkommen und Arbeitslosigkeit geschwächt. Für die Vermieter ergeben sich daraus reduzierte Ertragserwartungen mit der Folge, daß sie weniger investieren. Davon betroffene Quartiere sind dann nur noch für eine bestimmte, finanziell schwache Nachfrage attraktiv. Dadurch verstärkt sich die soziale Segregation, die den Desinvestitionsprozeß auf niedrigerem Niveau erneut hervorruft. Im Extremfall kann dies in der Verslumung enden, zumindest in der Herausbildung von Elendsgebieten, wie sie für einen Duisburger Stadtteil schon beschrieben ist (Rommelspacher/Oelschlägel 1986).

Sinkende Kaufkraft führt des weiteren zur Ausdünnung von Dienstleistungsangeboten. Kleinere Einzelhandelsgeschäfte, die ohnehin schon an der Grenze zur Unrentabilität arbeiten, sind bei einem Umsatzrückgang schnell gezwungen zu schließen. Leerstehende Fabrikgebäude und aufgegebene Industrieflächen werden zu Brachen, die auffällige Anzeichen für wachsende soziale Probleme darstellen. Es entsteht ein Klima von Verfall und Niedergang (vgl. Wupper u. a. 1986).

Daß die dreigeteilte Stadt keine unrealistische Horrorvision ist, zeigt die Entwicklung in England, wo in den Bergbaugebieten, in den Werft- und Stahlstandorten hohe Arbeitslosigkeitsquoten mit dem Verfall ganzer Stadtviertel und gewaltförmigen sozialen Auseinandersetzungen einhergehen. Drohen solche Zustände auch in den schrumpfenden Städten der Bundesrepublik?

Eine strikte Wachstumspolitik nach dem geschilderten Muster müßte derartige Tendenzen unterstützen, denn unter den Bedingungen des Schrumpfens werden die verfügbaren Mittel geringer, und um imageträchtige Erfolge vorweisen zu können, müssen diese auf die wenigen Inseln der Wachstumshoffnung konzentriert werden – koste es, was es wolle, an Geld, Umweltqualität, historischer Substanz und sozialer Gerechtigkeit. Die damit verbundene Vernachlässigung »unbegabter« Gebiete und Gruppen muß langfristig Folgen haben.

Arbeitslosigkeit kann heute nicht mehr als vorübergehendes Phänomen, als ein Ungleichgewicht des Arbeitsmarktes betrachtet werden; sie ist strukturell bedingt und hat damit eine neue Qualität. Mit zunehmender Dauer hoher Arbeitslosigkeit bildet sich eine Bevölkerungsgruppe heraus, die endgültig aus dem Arbeitsmarkt ausgegliedert ist (Büchtemann 1984). Von der Förderung eines neuen Wachstums ist die Integration dieser Arbeitslosen in den Arbeitsmarkt nicht zu erwarten, denn zum einen läuft wirtschaftliches Wachstum nicht mehr mit einer entsprechenden Zunahme von Arbeitsplätzen parallel, und zum anderen werden die Qualifikationen der heute Arbeitslosen in den neuen Wachstumsbereichen kaum noch gebraucht. 1985 gab es in München 58 000 Arbeitslose, obwohl gleichzeitig Arbeitskräfte gesucht wurden. Dies ist durch die Veränderung der Produktion im Zuge der Anwendung moderner Technologien in bestehenden Großbetrieben zu erklären, wo »neue Produktionskonzepte« (Kern/Schumann 1984) die Arbeitsplätze für qualifizierte Facharbeiter vielseitiger und sicherer machen können, andererseits aber die Arbeitsplätze, die geringere Qualifikation verlangt haben, wegrationalisiert werden.

Bis zu den fünfziger Jahren konnte der Rückzug von Industriearbeitern in den »traditionellen Sektor« (Lutz 1984) die Arbeitslosigkeit noch teilweise auffangen und abmildern. Wenn es in der Industrie keine Arbeit mehr gab, gingen viele wieder »nach Hause«: in handwerkliche Kleinbetriebe, um für einen Hungerlohn liegengebliebene Arbeiten zu erledigen; in den familiären Bauernhof, wo immer eine helfende Hand gebraucht werden konnte. Die durchgreifende Modernisierung, Kapitalisierung und Rationalisierung der vergangenen 35 Jahre hat die Nischen und Rückzugsmöglichkeiten des traditionellen Sektors beseitigt. Ein Zurück oder zeitweiliges Ausweichen gibt es nicht mehr. Die langandauernde historisch einmalige Prosperität der Nachkriegszeit führte für den größten Teil der städtischen Bevölkerung zu einer Zurichtung ihres Lebensstils, die sie weitgehend abhängig macht von marktförmigen oder staatlichen Versorgungseinrichtungen. Marktförmige Versorgung wird aber für Arbeitslose weniger zugänglich, weil sie nicht mehr über das Geld für ihre Benutzung verfügen; wenn gleichzeitig, wie es teilweise schon der Fall ist, sozialstaatliche Transfers und Dienstleistungen abgebaut bzw. nicht verstärkt werden, wachsen die von struktureller Arbeitslosigkeit bedrohten Bevölkerungsteile in eine neue Armut hinein.

Dafür, daß diese Entwicklung in der Bundesrepublik bisher noch nicht solche Ausmaße angenommen hat, wie wir sie aus amerikanischen und englischen Städten kennen, gibt es verschiedene Gründe: Die soziale Segregation ist in den deutschen Städten nicht so scharf ausgeprägt. Zwar kennen wir auch die deutliche räumliche Ausgrenzung von Randgruppen (wie die ganz Reichen auf der einen, Ausländer auf der anderen Seite), aber in der Periode der Vollbeschäftigung und des sozialstaatlichen Ausbaus auch im Bereich des Wohnungswesens waren die integrativen Züge der Politik stärker als ihre ausgrenzenden. Die Brüche in diesem Entwicklungsmodell setzen sich nur langsam in räumliche Strukturen um. Diese Trends werden jedoch räumlich sichtbar, wenn sie langfristig und stabil sind.

Bei der Frage, ob ein Quartier verfällt oder auch bei geringerer Mietzahlungsfähigkeit im großen und ganzen instand gehalten und damit vor Verslumung bewahrt wird, spielt auch die Eigentümerstruktur eine wichtige Rolle. Wohnungsmarkttheorien, die die Entstehung von Desinvestition und Verslumung erklären, basieren auf einem exakt kalkulierenden Investitionsverhalten von marktrational handelnden Hausbesitzern. In der Bundesrepublik gehört aber der überwiegende Teil der Wohnungen jenen kleinen Hauseigentümern, die z. T. selbst in den Häusern wohnen und deren Standard auch dann noch erhalten, wenn dies harter ökonomischer Kalkulation widerspricht (Ipsen u. a. o. J.). Gebiete mit kleinteiligen Besitzverhältnissen haben daher eher eine Chance, nicht in eine kumulative Abwärtsentwicklung hineingerissen zu werden, als jene, in denen große Baugesellschaften dominieren, die sich marktkonform verhalten.

Daß eine krisenhafte Zuspitzung auf dem Wohnungsmarkt noch nicht festzustellen ist, ist auch auf einen strukturellen Filter zwischen Arbeitsmarkt und Wohnungsmarkt zurückzuführen. Auf dem Arbeitsmarkt agiert das einzelne Individuum. Aber die individuelle Arbeitskraft ist in der Regel nicht der Akteur auf dem Wohnungsmarkt – das sind die Haushalte. Einem Haushalt gehören häufig noch andere Erwerbstätige an. Etwa zwei Drittel der Arbeitslosen wohnen in Haushalten, in denen noch andere Erwerbstätige leben. Die Einkommensverluste durch Arbeitslosigkeit schlagen sich also nicht in allen Fällen in eine ähnlich starke Reduktion der Mietzahlungsfähigkeit nieder. Dies zeigen auch empirische Studien zur Arbeitslosigkeit, wonach es vor allem Ein-Personen-Haushalte sind, die in Konsequenz des Verlustes des Arbeitsplatzes zu Umzügen gezwungen sind. Hinzu kommt, daß sich die Gruppe der Arbeitslosen heute nicht mehr wie früher fast ausschließlich aus unqualifizierten Arbeitskräften zusammensetzt. In wachsendem Maße sind alle Berufsgruppen betroffen, auch akademisch qualifizierte. Da die Strukturierung der Arbeitslosigkeit stark durch den Arbeitsmarkt selbst erfolgt, sind heute öfter Haushalte anzutreffen, in denen bei gleicher Qualifikation Dauerarbeitslose und Erwerbstätige zusammenleben (Büchtemann 1984).

Verläßliche empirische Untersuchungen darüber, wie sich die soziale Segregation unter dem Einfluß der Arbeitsmarktkrise und Finanznot der Städte entwickelt hat, liegen bisher nicht vor. Krämer-Badoni/Ruhstrat (1986) vermuten, daß in den stagnierenden Städten eher die Mittelschichthaushalte von der Entspannung des Wohnungsmarktes profitieren, während sich die Situation der unteren Einkommensgruppen in den weiterhin prosperierenden Städten sogar noch dramatisieren dürfte. Tendenzen zu einer verstärkten sozialen Segregation unter den Bedingungen anhaltenden Wachstums wie ökonomischer Stagnation sind erkennbar (Bensch

1986). Darüber, daß es sich trotz der genannten retardierenden Bedingungen um eine ernsthafte und mit gravierenden Konsequenzen verbundene Gefahr handelt, können keine Zweifel bestehen.

Die beschriebene Stadtpolitik ist unter Bedingungen schrumpfender Städte mit schweren negativen sozialen, raumstrukturellen und ökologischen Folgen behaftet. Ihre Erfolgsaussichten im Sinne einer Umkehrung von Schrumpfen in Wachstum sind minimal. Und dennoch läßt sie sich als in doppeltem Sinne politisch realistisch beschreiben. Einmal im Sinne resignierter Anpassung an die Realitäten: zwar die alte Politik, aber immerhin in Kenntnis ihrer reduzierten Chancen. Eine Dennoch-Politik, vielleicht auch deshalb, weil andere Möglichkeiten nirgends in Sicht sind. Zum anderen im zynischen Sinne, daß solche Politik, die Machtverhältnisse richtig einschätzend, die schon immer wenig erfolgreiche Orientierung auf integrative Ziele aufgibt und dennoch zu dauerhaft stabilen Lösungen führen kann. Selbst wenn die Filter versagen, die bislang ein Durchschlagen von Arbeitsmarktproblemen auf den Wohnungsmarkt verzögert haben, selbst dann muß keine bedrohliche Krise für das kommunalpolitische System entstehen. Allerdings ist es hierzu nötig, die soziale Ausgrenzung der Gruppen, die schon auf dem Arbeitsmarkt dauerhaft ausgegrenzt sind, nun auch räumlich, verkehrs- und sicherheitstechnisch gleichsam dichtzumachen. Eine erfolgreiche räumliche Ausgrenzung der marginalisierten Gruppen mildert die politische Sprengkraft der Probleme. Da diese Gruppen gerade als marginalisierte im doppelten Sinne schwach sind, ökonomisch schwach und aufgrund der Heterogenität ihrer Lebenssituation politisch schwer organisierbar, können sie sich auch nur schwach zur Wehr setzen. Und ihre räumliche Ausgrenzung macht ihre eventuelle gewaltförmige Gegenwehr auch polizeilich leichter beherrschbar. Schließlich schafft eine räumliche Ausgrenzung die marginalisierten Gruppen auch als moralisches Problem aus den empfindlichen Augen der Mittelschicht. Sie werden faktisch unsichtbar, ein Effekt der segregierten Stadtstruktur, den Friedrich Engels (1970) schon an der englischen Industriestadt des 19. Jahrhunderts sehr plastisch beschrieben hat.

Kapitel 7
Passive Sanierung oder
Gibt es Alternativen?

Gibt es Alternativen zu dieser Politik? Im Boom Ende der sechziger Jahre, als die Großstädte über ihre Grenzen hinaus erweitert und ihre Innenstädte umgestülpt und »funktions-saniert« wurden, damals wurde das Null-Wachstum als stadtentwicklungspolitisches Ziel diskutiert. Die Nachteile weiteren Wachstums erschienen schwerwiegender als seine Vorteile. Der wachstumsorientierte Umbau der Städte hatte auf die bauliche und soziale Identität der Städte wenig Rücksicht genommen. Um Platz zu schaffen für Verkehr und kommerzielle Nutzungen, ist in vielen Städten mehr historische Substanz zerstört worden, und es sind mehr gewachsene Lebenszusammenhänge zerrissen worden als durch den Zweiten Weltkrieg. Liegen im Schrumpfen nicht auch Chancen für das städtische Leben ?

Zum Teil können sogar positive Veränderungen erwartet werden – nur nicht für alle. Eine sinkende Bevölkerungszahl kann den Wohnungsmarkt entlasten, niedrige Mieten und weniger erzwungene Mobilität zur Folge haben. Weil der Druck kommerzieller Nutzungen schwindet, können Wohnungen in den Randgebieten der Innenstadt gerettet werden. Der Wunsch nach größeren Wohnungen – seit langem Ursache für die Randwanderung einkommensstarker Bevölkerung – kann nun innerhalb der Stadt befriedigt werden, ohne daß die Kosten dafür gleich drastisch stiegen. Und Haushalte mit niedrigem Einkommen müßten nicht mehr mit erzwungener Mobilität und weniger Wohnfläche bezahlen, wenn sich die neue Aristokratie der Yuppies im Altbaubestand breitmacht.

Ähnlich positive Effekte des Schrumpfens ließen sich auch für andere Bereiche städtischen Lebens nennen. Und könnte man im übrigen nicht einfach auf den grundlegenden Optimismus der »Theorie der langen Wellen« vertrauen, wonach gerade jene Regionen von der nächsten Basisinnovation profitieren werden, die diesmal nicht dabei sind? Das Ruhrgebiet hatte seine Zeit mit Stahl und Kohle, Bayern und Baden-Württemberg sind jetzt dran. Das nächste Mal sind es vielleicht Regionen an der norddeutschen Küste. Ungleichheiten und Ungleichzeitigkeiten seien eben unvermeidliche Begleiterscheinungen, sogar notwendige Bedingungen kapitalistischer Entwicklung. Diese Einsicht macht längerfristig auch Hoffnung: Früher lagen die einen vorn, jetzt die anderen, und hat man den gegenwärtigen Abschwung einigermaßen überwintert, kann man hoffen, von der nächsten »Welle« emporgetragen zu werden. In der Zwischenzeit fördert man die passive Sanierung.

Aber kann die Stadtpolitik sich damit beruhigen: Einmal muß es gar nicht so schlimm kommen und zum anderen bietet es sogar Vorteile? Also Umwertung der Werte: Wachstum als Unglück, Schrumpfen als Chance? Der Umbruch von Wachstum zum Schrumpfen, von Stadtausbau zu Stadtrückbau ist jedoch nicht nur mit Wertewandel bei Planern und Stadtpolitikern zu bewältigen. Sollen die Chancen des Schrumpfens wirksam werden, so darf die Stadtpolitik die Entwicklungen nicht nur gott- und marktergeben hinnehmen. Sie muß den Schrumpfungsprozeß in ähnlicher Weise zu steuern suchen, wie sie bislang zumindest versucht hat, die Vorteile und Kosten des Wachstums räumlich gleichgewichtig und sozial gerecht zu verteilen. Dazu sind Konzepte nötig.

Eine Strategie passiver Sanierung wäre weder moralisch verantwortbar, noch wäre sie überhaupt langfristig rational. Wir haben weiter oben beschrieben, daß die sozialen Konsequenzen der heute sich herausbildenden räumlichen Ungleichheit politisch dramatischer sind als das Strukturgefälle zwischen Stadt und Land. Es ist eben ein Unterschied, ob urbanisierten Regionen die Beschäftigungsbasis entzogen wird, ohne daß woanders ausreichend neue Beschäftigung entstünde, oder ob bei expandierenden städtischen Arbeitsmärkten in ländlichen Regionen die Industrialisierung gar nicht erst stattfindet. Aber es gibt auch andere als moralische und sozialpolitische Argumente für die Notwendigkeit einer Politik gegen die passive Sanierung. Ungesteuertes Schrumpfen wird mindestens ebenso gravierende negative Begleiterscheinungen haben wie ungesteuertes Wachstum. Seine negativen Folgen können sich sogar gegenseitig so verstärken, daß Schrumpfen in nicht mehr aufhaltbare Erosion übergeht.

Im Zuge passiver Sanierung werden diejenigen abwandern, die hoffen können, woanders ihr Glück zu finden. Das sind nicht die Alten, die Ausländer und die Unqualifizierten, also diejenigen, die den Kern der Dauerarbeitslosen stellen müssen. Denn sie finden auch anderswo keine Arbeitsplätze, dafür aber viele ihresgleichen. Was brächte es den 32000 Bremer Arbeitslosen, nach München umzuziehen, wo es bereits 58 000 Arbeitslose gibt? Räumliche Mobilität löst keine Probleme bei struktureller Arbeitslosigkeit. Der Arbeitsmarkt hat keine Verwendung mehr für im Arbeitsprozeß verbrauchte ältere Arbeitnehmer, für Ausländer, die vor zwanzig Jahren noch von Werbern aus ihren Dörfern geholt worden sind, und für Jugendliche mit schlechter Ausbildung. Abwandern lohnt sich für die jungen, deutschen, hochqualifizierten Arbeitskräfte. Bei passiver Sanierung werden sie es sein, die fortziehen. Damit verlöre die Stadt aber gerade jene, die sie braucht, während ihr jene bleiben, die Kosten verursachen.

Und auch die Hoffnung, das Ganze könne man aussitzen, weil es sich auswachsen werde, wenn nur erst die geburtenstarken Jahrgänge der fünfziger und sechziger Jahre in den Arbeitsmarkt wie auch immer integriert sind, diese Hoffnung auf harmonischen Ausgleich durch den Rückgang der Bevölkerung trügt. Denn auch wenn Angebot und Nachfrage auf dem Arbeitsmarkt aufgrund demographischer Entwicklungen sich einander wieder annähern, so muß dieser statistische Ausgleich kein wirklicher Ausgleich sein. Auf einem quantitativ ausgeglichenen Arbeitsmarkt können qualitative Diskrepanzen fortbestehen, weil sich die Arbeitslosigkeit früherer Jahre gleichsam in den Betroffenen selber eingenistet hat. Die moralische und technische Qualifikation der heute Arbeitslosen wird in fünfzehn Jahren verfallen sein, wenn sie nicht gezielt erhalten wird. Wer heute als Jugendlicher keinen Zugang zum Arbeitsmarkt gewinnt, wird als 35jähriger für die dann angebotenen Arbeitsplätze schon gar nicht mehr in Frage kommen. Die Arbeitslosenquote für Jugendliche unter 20 Jahren ist im Bundesgebiet zwischen 1978 und 1985 von 4,3 % auf 8,1 % gestiegen. In Bayern und Baden-Württemberg lag sie 1985 bei 5 %, im Saarland, in Nordrhein-Westfalen und in den nördlichen Bundesländern über 10 %, in Hamburg und Bremen über 17 % (Arbeitsstatistik 1985 der Bundesanstalt für Arbeit). Eine heute hingenommene strukturelle Arbeitslosigkeit kann also dazu führen, daß eine künftige Nachfrage nach hochqualifizierten Arbeitskräften einem weitgehend unqualifizierten Angebot gegenübersteht, also unbesetzbare Stellen und dauerhafte Arbeitslosigkeit nebeneinander existieren. Ein solcher nur statistisch ausgeglichener Arbeitsmarkt würde die ökonomischen Entwicklungsperspektiven einer Stadt einschneidend beeinträchtigen. Wenn die übrigen Standortfaktoren ubiquitär sind bzw. bei der Standortwahl von Betrieben praktisch keine Rolle mehr spielen, sind fähige Arbeitskräfte eigentlich das einzige, was eine Stadt noch wirtschaftspolitisch sinnvoll fördern könnte.

Die Erhaltung einer bewohnbaren und sogar attraktiven Stadt wird um so schwieriger, wenn jene Gebiete, aus denen kommerzielle Nutzungen und Bewohner sich zurückziehen, schnell verrotten. Die Eigentümer unterlassen Instandhaltungs- und Modernisierungsinvestitionen, die Gebäude verfallen, Fenster vor leeren Räumen laden ein zu Steinwürfen, ungenutzte Gebäude werden schnell ausgeplündert, bis kein brauchbarer Wasserhahn und kein Heizungsrohr mehr übrig ist. Ein inselartiges Nebeneinander von Industriebrachen, Zonen des Verfalls und solchen des Luxus mag in Städten von der Größe New Yorks auf Dauer möglich sein (vgl. Castells 1986). Die Großstädte der Bundesrepublik sind zu klein, als daß solche Gegensätze übersehen werden könnten. Auch das Gesicht einer Stadt kann von Zahnlücken neben Goldbrücken entstellt sein.

Schrumpfen als dominante Entwicklung darf also nicht verleugnet werden. Ungesteuerte passive Sanierung läuft Gefahr, sich zu einem nicht mehr aufhaltbaren Absturz zu beschleunigen. Sollte sich später eine neue Welle der ökonomischen Expansion aufbauen, so hätte eine solche Stadt ihre wichtigsten Karten längst aus der Hand gegeben. Notwendig ist, die Prozesse der Desinvestition, des Rückbaus und des Rückzugs aus Gebäuden und Flächen bewußt zu lenken und den Prozessen der sozialen und räumlichen Ausgrenzung gegenzusteuern. Ziel muß sein, eine Großstadtstruktur zu sichern, die sich auf niedrigerem Niveau von Bevölkerungs- und Arbeitsplatzzahlen stabilisieren kann. Eine solche Stadtpolitik, die Schrumpfen bewußt zu steuern versucht, wird von sehr anderer Qualität sein als die bisherige.

Erstens: Sie wird politisch konfliktreicher sein. Verteilt werden nicht mehr Gewinne, sondern Verluste. Unter Bedingungen des Schrumpfens macht eine erfolgreiche Sanierung eines Stadtviertels die Destabilisierung anderer Stadtviertel wahrscheinlicher. Wenn sich z. B. die Eigentümer der Großsiedlungen aus den späten sechziger Jahren beim Kampf um öffentliche Mittel durchsetzen und wenn Sanierung sowie Nachsubventionierung Leerstände in diesen Wohnungsbeständen dauerhaft vermeiden können, dann werden eben andere Eigentümer an anderen Standorten die Entwertung des Immobilienbesitzes aufgrund von Schrumpfungsprozessen zu tragen haben. Die Konfliktlinien können also zum Teil ähnlich verlaufen wie bei den Auseinandersetzungen um den Umbau der Innenstädte zugunsten von Verwaltungsbauten Ende der sechziger Jahre (Funktionssanierungen), d. h., die Konfliktlinien verlaufen wie früher auch zwischen verschiedenen Eigentümerfraktionen. Aber diese Auseinandersetzungen werden sehr viel härter sein.

Zweitens: Eine solche Stadtpolitik wird einen anderen Gegenstand haben und damit andere Qualifikationen und andere Instrumente erfordern. Bisher war Stadtpolitik dominiert durch die Aufgabe, Wachstum an bestimmte Standorte zu kanalisieren – die klassische Aufgabe der Flächennutzungsplanung –, neue Flächen, neue Gebäude und Räume durch Erweiterung und Umbau der Stadt bereitzustellen. Es ging darum, mit baulich-technischen Maßnahmen Platz zu schaffen für expandierende oder neu hereindrängende Nutzungen und Menschen. Stadtentwicklung erschien als ein von äußeren ökonomischen und sozialen Faktoren bestimmter Wachstumsprozeß, der in den Städten an räumliche, bauliche und infrastrukturelle Schranken stieß. Aufgabe der Planung war es, diese Schranken mit vorwiegend technischen Maßnahmen zu beseitigen. Das ist der Grund für die weitgehende Gleichsetzung von Stadtplanung mit Ingenieurtätigkeit. Der klassische Typus einer ingenieurtechnischen Kanalisierung von Wachstum, flankiert von sozialplanerischen Schutzmaßnahmen, ist weiterhin in den prosperierenden Ballungszentren dominant. In schrumpfenden Städten entwickelt sich aber eine andere Problemlage, die andere Planungsweisen notwendig macht. Statt Investitionen an die richtigen Standorte zu lenken, geht es darum, Desinvestitionen zu verhindern. Statt Raum für hereindrängende oder wachsende Nutzungen bereitzustellen, besteht das Problem darin, Nutzungen zu finden für längst erschlossene Flächen und längst gebaute Gebäude. Das heißt, daß Stadtpolitik einen neuen, nämlich unmittelbar sozialen Gegenstand hat: Es geht darum, soziale Gruppen zu mobilisieren, erwünschte Handlungsmuster zu verstärken, unerwünschte wie Vandalismus zu verhindern, darum also, mögliche Aktivitäten zu erfinden und zu fördern. Wie beispielsweise sind Existenzgründungen zu erleichtern, welche Nutzungen sind für ein brachfallendes Industriegelände überhaupt noch denkbar, welche Rolle können die Großsiedlungen der siebziger Jahre in Zukunft noch spielen? Stadtplanung wird zur sozialen Entwicklungsplanung, die mehr leisten muß, als negative soziale Folgen räumlich-technischer Fehlentwicklungen aufzufangen. Ihre Aktionsfelder und Adressaten sind nun unmittelbar Handlungen und Gruppen, nicht mehr primär Bauten und technische Strukturen. Für eine solche soziale Entwicklungsplanung fehlen die Instrumente, Qualifikationen und Organisationsformen, die Erfahrungen und Modelle.

Das Akzeptieren einer sozial und räumlich höchst problematischen Entwicklung führt früher oder später unweigerlich zur Verschärfung sozialer Gegensätze, die gewaltförmigen Widerstand hervorrufen. Dann wird Stadtpolitik zu einer Frage polizeilicher Beherrschbarkeit von Situationen, die sie selbst mit geschaffen hat. Stadtplaner neigen, weil sie vor allem in raumstrukturellen Kategorien denken, dazu, lediglich die räumliche Konzentration von »Problemgruppen« zu sehen und, wie schon bei der Stadtsanierung in den siebziger Jahren, sich mit deren Dekonzentration zufrieden zu geben. Dies wird angesichts der zu erwartenden Zahl der Marginalisierten noch weniger möglich sein – angemessen und sozial gerecht war es noch nie. Soziale Probleme sind selten dadurch zu lösen, daß man sie räumlich anders verteilt.

Das heißt nun nicht, Stadtplanung werde ausschließlich Sozialplanung, gerichtet auf Menschen und deren Verhalten, orientiert an Zielen der sozialen Gerechtigkeit und einer neuen Urbanität. Auch Schrumpfen beinhaltet Aufgaben für Ingenieure. Mit dem Ende der Wachstumsphase der Städte sind die Male dieser Phase nicht automatisch verschwunden: Die Großsiedlungen des sozialen Wohnungsbaus aus den sechziger und siebziger Jahren, Stadtautobahnen, Industrieanlagen, vergiftete Böden, betonierte Bäche, Schulen, Krankenhäuser, Schwimmbäder müssen unterhalten und repariert oder aber beseitigt, zurückgebaut, für andere Nutzungen hergerichtet werden. Solche »Entbauung« und Sanierung erfordert – wie früher die Bebauung – ingenieurplanerisches Können. Sieht man ab von Reparatur- und Sanierungsmaßnahmen, die teilweise durch Umweltschäden und schlechte Bauqualität erzwungen sein werden, so vermischen sich technische und sozialplanerische Aufgaben. Nach Henckel (1985) lassen sich mindestens fünf Strategien des Rückbaus respektive der Umnutzung sozialer Infrastruktur unterscheiden:

– die Aufwertung, wenn beispielsweise ein herkömmliches Schwimmbad zum aufwendigen Freizeitzentrum ausgebaut wird,

– die Umrüstung, bei der aus der Kindertagesstätte ein Seniorentreff wird,

– die Flexibilisierung, wenn eine Einrichtung mehreren Herren dient, morgens als Schule, nachmittags als Arbeitslosenzentrum, abends als Theater,

– die Umnutzung; Henckel erwähnt das Beispiel eines Hallenbades in Lennep, das in eine Diskothek verwandelt wurde,

– der Rückbau im Sinne von Abriß. Saarbrücken hat in der Innenstadt einen Park eröffnet dort, wo früher Anlagen zur Kohleverladung standen. Und in Husum wird ein Freibad wieder zugeschüttet.

Bei allen Strategien verknüpfen sich sozialwissenschaftliche Überlegungen über mögliche Nutzungen, spezifische Nutzergruppen und deren sich wandelnde Bedürfnisse mit organisatorischen und rechtlichen Überlegungen über denkbare Träger und Trägerformen (weiterhin in der öffentlichen Hand oder kommerziell, selbstverwaltet oder in Individualeigentum?), versicherungs- und haftungsrechtliche Probleme mit technischen Fragen des Um-, Aus- und Rückbaus, schließlich mit raum- und sozialplanerischen Überlegungen. Rückbau stellt sehr komplexe, soziale, technische, rechtliche und vor allem verteilungspolitische Probleme – ganz abgesehen davon, daß er sehr viel Geld kostet. Die Vorstellung, Rückbau sei weitgehend mit der Abrißbirne durchzuführen und erfordere deshalb keinen großen Aufwand, ist gänzlich unrealistisch. Selbst wenn an den Baustrukturen nichts verändert und nichts neu gebaut würde, müssen die Kommunen zukünftig wieder mehr in die vorhandene Substanz investieren, denn schon die teilweise durch bautechnische Mängel, Schlamperei und Fehlplanungen, teilweise durch Umweltbelastungen zusätzlich verteuerten Reparatur- und Sanierungskosten werden künftig mehr Geld erfordern. Rechnet man die Investitionskosten des Rückbaus hinzu, so ist zu erwarten, daß trotz massiver Bevölkerungsverluste die Städte wieder mehr investieren müssen als bisher. Die schrumpfenden Städte werden diese Kosten unter der gegenwärtigen kommunalen Finanzverfassung nicht tragen können. Also bleibt ihnen nur, die Qualität der öffentlichen Infrastruktur zu senken: notwendige Reparaturen werden unterlassen, Personal wird abgezogen, das Netz der Versorgung durch Schließen von Einrichtungen ausgedünnt. Wenn aber z. B. ein Kindergarten geschlossen wird, haben Kinder längere Wege zur dann nächsten Einrichtung. Wenn das öffentliche Schwimmbad zur kommerziellen Schwimmoper verwandelt ist, können viele das Eintrittsgeld nicht mehr bezahlen. Es sind also räumliche und soziale Verteilungswirkungen beim Rückbau von öffentlicher Infrastruktur zu erwarten. Das Quartier mit starker politischer Vertretung wird zu Lasten anderer seine Schulen behalten. Wer über Zeit und Geld verfügt, kann seine Kinder ins »bessere« Gymnasium der Nachbargemeinde chauffieren. Rückbau gleich welcher Form bedeutet unter Bedingungen schrumpfender finanzieller Spielräume fast immer auch schlechtere Versorgung, die vor allem jene treffen wird, die aufgrund geringerer finanzieller und physischer Beweglichkeit auf nahe und billige Einrichtungen angewiesen sind: die Frauen, die Alten, die Kinder und vor allem die Armen.

Stadtpolitik unter Bedingungen des Schrumpfens wird also weniger ingenieurtechnische als soziale Planung sein, und sie wird heftige Verteilungskämpfe beinhalten. Kann man mehr sagen als diese fast schon übliche Klage, daß nämlich Stadtpolitik schwieriger und konfliktreicher wird? Gibt es überhaupt Bereiche, in denen eine Planung des Schrumpfens positiv ansetzen könnte? Oder ist die Planung des Schrumpfens ein Prozeß ohne Ende, plante eine schrumpfende Stadt also ihr eigenes Verschwinden von der Landkarte?

Gegen diese Befürchtung spricht zunächst die Erfahrung, daß die traditionellen Standorte für die Stadtentwicklung stets wichtiger waren als die rationalen. Das Stadtsystem in Mitteleuropa hat angesichts der revolutionären Umwälzungen in Politik und Ökonomie, der Katastrophen von Kriegen, Hungerperioden und Epidemien seit seiner Entstehung eine geradezu staunenswerte Stabilität bewiesen, wie wir in Kapitel 5 beschrieben haben. So wird allenfalls für einige, fast vollständig von der Industrie geprägte Städte zu befürchten sein, daß sie ihre Bevölkerung weitgehend verlieren. Wenn der Bevölkerungsrückgang insgesamt in der Bundesrepublik anhält, könnten in solchen Fällen tatsächlich Ghosttowns entstehen – Ruinen des Kohlerauschs. In den meisten Fällen wird es zwar Gewichtsverschiebungen zwischen Agglomerationen geben, aber kaum eine Stadt wird gänzlich verschwinden. Dafür sprechen gleich mehrere Überlegungen:

Erstens: Ebenso wenig wie es Städte gibt, in denen alles wächst, ebenso wenig besteht irgendeine Stadt nur aus schrumpfenden Bereichen. Auch in München gehen Betriebe in Konkurs und werden Arbeitskräfte entlassen. Umgekehrt gibt es auch in Duisburg oder Bremen stabile bzw. expandierende Betriebe. Das Ruhrgebiet ist gleichzeitig Standort von Produzenten hochmoderner Umwelttechnologien. Daimler-Benz investiert auch in Bremen, Rüstungsgelder fließen auch in norddeutsche Küstenstandorte. Selbst wenn die Arbeitsplatzbilanzen per saldo negativ sind, wie in beinahe allen Großstädten, gibt es also auch Zuwächse, insbesondere in den unternehmensorientierten Dienstleistungen und im Bereich von Forschung, Entwicklung und Management. Diese Arbeitsplätze sind kernstadtorientiert, und ihre Zahl wird auch künftig wachsen. Daß sie sich, wie gezeigt, außerordentlich unterschiedlich auf verschiedene Großstädte verteilen, heißt nicht, daß für insgesamt schrumpfende Städte nicht wenigstens etwas von diesem Kuchen abfiele.

Zweitens: Großstädte erfüllen für ihr Umland notwendige »oberzentrale« Funktionen in Verwaltung, Bildung, Kultur, Gesundheitswesen, Distribution und anderen Dienstleistungen. In diesen Bereichen gibt es vielfältige und dauerhafte Arbeitsplätze, die aufgrund ihrer hohen Spezialisierung auf Standorte in der Kernstadt einer Region angewiesen sind, denn nur dort sind sie für ausreichend viele Menschen erreichbar und finden zugleich ausreichende Kontaktmöglichkeiten mit komplementären Betrieben.

Drittens: Jede Großstadt ist auch Wohnort. Die Kaufkraft ihrer Wohnbevölkerung trägt einen beträchtlichen Teil von Arbeitsplätzen. Die üblichen Kennziffern zur Messung der »Wirtschaftskraft« einer Stadt sagen daher über die tatsächliche ökonomische Basis wenig aus. Brutto-Inlands-Produkt oder Wertschöpfung messen das in einer Stadt erwirtschaftete Einkommen unabhängig davon, zu welchem Empfänger es fließt (vgl. Gerß 1982), d. h., die Berechnung ist auf die Arbeitsplätze und nicht auf die Wohnorte der Beschäftigten bezogen. Das »verfügbare Einkommen« der Privathaushalte ist etwas ganz anderes, doch darüber wissen die Städte in der Regel nicht einmal Bescheid. Die Kaufkraft in einer Stadt muß also nicht in ebenso dramatischem Ausmaß zurückgehen, wie es der Rückgang der Beschäftigtenzahlen suggeriert. Es ist immer weniger realitätsgerecht, die Kaufkraft als bloß abhängige Variable vom örtlichen Arbeitsmarkt zu betrachten. Der Anteil von Transferzahlungen am gesamten Einkommen der privaten Haushalte machte im Jahr 1983 schon nahezu 30 % aus (Bundesminister für Arbeit und Sozialordnung 1984). Seit längerem wächst der Anteil derer, die von Transfereinkommen leben, also von Renten, Stipendien, Arbeitslosengeld, Sozialhilfe usw. Die Beispiele machen deutlich, daß für viele dieser Haushalte das Wort Kaufkraft einen zynischen Klang hat. Aber in dreißig Jahren werden je nach Prognose zwischen einem Drittel und 44 % aller dann lebenden Deutschen über sechzig Jahre alt sein. Von ihnen wird ein im historischen Vergleich einmalig hoher Anteil über sehr viel Geld verfügen. Selbst wenn Renten, Stipendien und andere Transfers im Durchschnitt vergleichsweise niedrigere Einkommen darstellen als Löhne und Gehälter, wird die Bedeutung dieser Einkommen schon aufgrund der demographischen Veränderungen rapide zunehmen. Unterstellt man, daß Vorschläge wie die einer negativen Einkommensteuer oder eines garantierten Mindesteinkommens realisiert werden, so könnte die arbeitsunabhängige Kaufkraft so gewichtig werden, daß die ausschließliche Fixierung der kommunalen Politik auf den formellen Arbeitsmarkt unrealistisch wird. Schon heute wachsen viele Gemeinden am Alpennordrand oder Landkreise wie Lüchow-Dannenberg, weil Rentiers zuwandern. Baden-Baden ist heute noch, Berlin wird mehr und mehr zu einer Rentierstadt, für deren Entwicklung Wohnqualität und Kulturangebot, jedenfalls städtische Qualitäten jenseits des Erwerbsarbeitslebens, von entscheidender Bedeutung sind. Die Stadt Berlin und viele ihrer Bewohner leben schon heute von Einnahmen, die ihnen aus der Bundeskasse zufließen – allein aufgrund politischer Dezision.

Viertens: Die Rolle der Stadt als Wohnort wird auch durch einen Wandel der Wohnpräferenzen gestärkt. Die Städte werden zwar massiv Einwohner verlieren, aber weniger Einwohner heißt nicht notwendig weniger Wohnungsnachfrage in einer Stadt. Frankfurt hat innerhalb von zehn Jahren acht Prozent seiner Wohnbevölkerung verloren. Im selben Zeitraum wurde die Wohnfläche in Frankfurt aber um fast ein Fünftel ausgeweitet. Die Wohnfläche pro Einwohner hat also enorm zugenommen, was in erster Linie mit der Tendenz zu kleineren Haushalten zusammenhängt. Die Zwei-Generationenfamilie ist heute in den Großstädten nur noch eine Minderheit. Ursachen sind wachsende Einkommen wie tiefgreifende Veränderungen in der Rolle der Frau und in den Einstellungen zu Ehe und Familie. Weniger Personen pro Haushalt bedeutet mehr Haushalte trotz insgesamt sinkender Bevölkerungszahl. Nach einer Prognose wird bei einer Abnahme der Bevölkerung bis 1996 um eine Million die Zahl der Haushalte noch um zwei Millionen wachsen. Das heißt, die Nachfrage nach Wohnungen sinkt keineswegs parallel zur Einwohnerzahl, sie kann sogar gegenläufig steigen. Aber diese Nachfrage ist überwiegend auf bestimmte Standorte gerichtet. Hinter der Zunahme der Ein- und Zweipersonen-Haushalte verbergen sich neben den Alten die »Neuen Haushaltstypen«, die zum großen Teil innerstädtische Standorte für ihre Wohnung suchen. Ebenso werden auch in Zukunft Jugendliche, die noch in der Ausbildung sind, in die Kernstädte drängen. Ausweitung der Wohnfläche pro Kopf, Rückgang der Haushalte, die typischerweise am Rand der Stadt wohnen wollen (Familien mit kleinen Kindern), Zunahme der Haushalte, die in der Innenstadt wohnen wollen, und die schon immer innenstadtorientierte Ausbildungswanderung, das sind Trends, die die Bedeutung der Großstädte als Wohnort stützen, auch wenn die Bevölkerung der Bundesrepublik insgesamt massiv zurückgehen wird.

All dies sind stabilisierende Faktoren, mehr aber auch nicht. Wir wollen hier keineswegs dafür plädieren, die Anknüpfungspunkte herkömmlicher Wirtschaftsförderung zu vernachlässigen. Sie dürfen nur nicht überschätzt werden. Denn selbst wenn Stadtpolitik alle Anstregungen auf diese Pole richten würde, bliebe Schrumpfen dennoch der beherrschende Trend in jenen Städten, die nicht Zentren der neuen Wachstumsbranchen sind. Gibt es Anknüpfungspunkte für eine Strategie, Schrumpfen so zu steuern, daß es nicht zur Erosion führt?

Eine Strategie des gesteuerten Schrumpfens muß zwei Ziele zu erreichen suchen: zum ersten, passive Sanierung verhindern, deren Ergebnis der Verlust von Regenerationsfähigkeit und Bewohnbarkeit wäre; zum zweiten, neue urbane Lebensformen stärken. Notwendig ist, gleichzeitig eine Strategie des Überwinterns und neue urbane Qualitäten zu entfalten. Für das, was damit gemeint sein könnte, wollen wir im folgenden einige grundsätzliche Perspektiven skizzieren.

Der Rückgang der Bevölkerung in den großen Städten kann es

erleichtern, den unheilvollen Mechanismus der Gentrification aufzuheben, wonach den einen schlechtere Wohnverhältnisse aufgezwungen werden, um die der anderen zu verbessern, wobei die Opfer gerade jene sind, die schon vorher vergleichsweise schlechter gewohnt haben. Schrumpfen schafft von selbst den Platz, den jede Verbesserung der Wohnqualität innerhalb einer Stadt benötigt. Die physische und – wenn auch sehr verzögert – ökonomische Verfügbarkeit von Flächen und Gebäuden bietet Chancen für ein besseres Leben in den Städten, ohne daß damit Lebens- und Wohnchancen negativ umverteilt werden müßten wie bisher.

Die bisherige Aufwertung des Wohnens in der Stadt geht zu Lasten der Einkommensschwächeren. Man will erreichen, daß Angehörige der Mittel- und Oberschicht in der Stadt bleiben bzw. im Idealfall sogar zuziehen. Dazu werden besser ausgestattete größere Wohnungen in einer angenehmen Wohnumwelt geschaffen. Das bedeutet einerseits höhere Mieten bzw. Umwandlung von Mietwohnungen in Eigentumswohnungen. Wer das nicht bezahlen kann, muß längerfristig ausziehen. Vielleicht noch gravierender als diese über den Preis des Wohnens vermittelten Verdrängungseffekte sind die unmittelbar räumlich bedingten Verdrängungen: Die Wohnungen innerhalb der Altbausubstanz zu vergrößern heißt, daß Wohnungen zusammengelegt werden. Sie besser auszustatten heißt, daß etwa aus einer Zwei-Zimmerwohnung ohne Bad, Toilette und separater Küche eine komplett ausgestatte Ein-Zimmerwohnung wird. Das Wohnumfeld zu verbessern heißt: mehr Infrastruktureinrichtungen, mehr Parkplätze, mehr Grün- und Spielflächen. Dafür muß Platz geschaffen werden, Hinterhäuser, Anbauten, auch ganze Gebäude werden abgerissen. Das bedeutet weniger Wohnungen und also auch weniger Bewohner. Im Zuge von Modernisierungsmaßnahmen muß ein Teil der Bevölkerung abwandern. Da die verdrängten Bewohner – einmal abgesehen von der Misere beim sozialen Wohnungsneubau – kaum neu gebaute Wohnungen finden können, sind sie auf die verbleibenden, noch nicht modernisierten Altbauten angewiesen. Es ist zumindest sehr zweifelhaft, ob die durch diesen Zuzug verbesserten Erträge in den Altbauten immer dazu führen werden, daß entsprechend mehr in die besonders schlechten Wohnungsbestände investiert wird. Wahrscheinlich besteht der Effekt in einigen Gebieten in einer besonders renditeträchtigen Kombination von Überbelegung und Desinvestition, d. h. aber auch in einem beschleunigten

Verfall solcher Gebiete, die als Auffangbecken für die durch Modernisierung Verdrängten übrigbleiben. Innerhalb des Stadtgebiets bildet sich eine sehr feinkörnige hierarchische Untergliederung, deren Extreme durch luxuriöse Eigentumsgebiete einerseits und überbelegte, verfallene Wohnviertel andererseits markiert sind.

Der zweite problematische Aspekt dieser Aufwertungspolitik betrifft ihre möglichen negativen sozialen Verteilungswirkungen. Es gibt kaum Untersuchungen über die Verteilungswirkungen der Wohnungsbaupolitik. Deshalb ist man auf Einzelfallstudien und Schätzungen angewiesen. Allerdings hat die Vermutung eine zumindest sehr hohe Plausibilität, wonach die bisherige Modernisierungs- und Erneuerungspolitik dazu beiträgt, daß sich die Wohnungsversorgung der unteren Einkommensgruppen absolut verschlechtert. In der Bundesrepublik werden jährlich über 600000 Wohneinheiten modernisiert. Man schätzt, daß dabei jede sechste Wohnung aus dem Markt genommen wird – die Gründe (Wohnungszusammenlegung, Abriß) haben wir genannt – d.h., Modernisierung verringerte die Zahl der Wohnungen um jährlich 100000. Gleichzeitig werden die Preise der modernisierten Wohnungen erhöht und Mietwohnungen in Eigentumswohnungen umgewandelt. In einigen Verdichtungsräumen hat innerhalb von fünf Jahren der Bestand an Mietwohnungen um 30 Prozent abgenommen. Wenn aber für untere Einkommensgruppen erschwingliche Wohnungen faktisch nicht mehr gebaut werden, dann muß die Verringerung des Angebots an billigen Altbauwohnungen durch Aufwertungsmodernisierung die Lage der unteren Einkommensgruppen absolut verschlechtern.

Schrumpfen eröffnet die Chance für ein besseres Wohnen aller Städter – allerdings nur räumlich gesehen. Entscheidend wird sein, ob den schrumpfenden Städten genügend Finanzmittel zugestanden werden, um diese Chancen zu nutzen. Der wachsende gesellschaftliche Reichtum schafft die materiellen Möglichkeiten dafür, die Chancen des Schrumpfens auch zu nutzen. Dieser Reichtum kommt heute vornehmlich den Beschäftigten und den Regionen, wo er produziert wird, zugute, also denen, die unmittelbar an seiner Produktion beteiligt sein können. Unter Bedingungen des jobless growth ist der Zusammenhang von wachsendem gesellschaftlichem Reichtum und Zunahme der Beschäftigung zerrissen. Die Menge der Güter und Dienstleistungen, die unsere Gesellschaft herstellt, nimmt zwar zu. Trotzdem wächst die Zahl der Arbeitslosen und damit die Zahl derer, die von diesem Reichtum ausgeschlossen sind – ein aberwitziger Prozeß, wenn gesellschaftlicher Reichtum, der doch die Chance für ein weniger von Anstrengung und Not geprägtes Leben böte, mit fortdauernder, sogar steigender Anspannung bei den Beschäftigten und materieller und sozialer Marginalisierung einer immer größeren Minderheit einhergeht. Wenn Wachstum nicht mehr Beschäftigung garantiert, dann müssen auch die Mechanismen der Verteilung des gesellschaftlichen Reichtums stärker vom Beschäftigungssystem abgekoppelt werden. Das gilt für Regionen wie für soziale Gruppen.

Doch eine Korrektur der Verteilungswirkungen des Wachstums ohne Beschäftigung allein durch höhere Transfers zugunsten der schrumpfenden Regionen und der Arbeitslosen wäre keine angemessene Lösung. Vernachlässigt wurde dabei die enorme psychische Bedeutung, die der beruflichen Arbeit zukommt. Daß die berufliche, »formelle« Erwerbsarbeit knapp wird, bedroht in der »Arbeitsgesellschaft« einen Kern der Identität ihrer Bürger.

Wir definieren uns fast ausschließlich über zwei Rollen: einerseits über unsere Geschlechtsrolle und damit unsere Stellung im System der Familie, andererseits über unsere Berufsrolle und damit unsere Stellung im gesellschaftlichen Arbeitsprozeß. Daß das Bezugssystem Familie diffuser wird, möglicherweise auch weniger relevant, deutet der Wandel der Haushaltsstrukturen an. Immer weniger Menschen verbringen immer weniger Jahre ihres Lebens in der früher als normal und wichtig angesehenen Zwei-Generationen-Familie aus Eltern und Kindern. Diese Diffusion und Labilisierung der familialen Identitätsmuster dürfte das berufliche System als Fokus von Identität zumindest nicht entwerten. Für Frauen hat es sogar an Gewicht gewonnen. Um so bedrohlicher, nicht nur materiell, sondern auch psychisch wird die Tatsache dauerhafter Arbeitslosigkeit.

Die Auflösung der Familie läßt das informelle Netz verwandtschaftlicher Hilfen schwinden: Ein Einzelkind zweier Einzelkinder hat außer Mutter und Vater keine näheren Verwandten, keine Geschwister, keine Vettern, Onkel oder Nichten. Mit seinen Eltern verliert es alle seine Angehörigen. Es gibt also das Verwandtschaftssystem, innerhalb dessen eine traditionelle Identität der Hausfrau ihren – wie fragwürdigen – Sinn haben konnte, immer weniger. Die gesellschaftlich definierte Arbeitsrolle gewinnt dadurch eher an Gewicht. Immer mehr Menschen werden auf das System der beruflichen Arbeit als zentralen Lebens- und Erlebensbereich verwiesen. Zugleich aber verschließt sich dieses System gegenüber einer wachsenden Minderheit auf Dauer, und es ist äußerst fraglich, ob der außerbetriebliche Lebensbereich von Freizeit und Hobby gerade diesen an den Rand der offiziellen, »richtigen«, nämlich (Berufs)-Arbeitsgesellschaft Gedrängten hinreichend Ersatz bietet.

Gerade jene Freizeitaktivitäten, die hohes Prestige vermitteln bzw. in denen Leistungen sozial anerkannt sind, setzen Geld für die Ausrüstung und zugleich viel Zeit für die nötige Übung voraus. Skilaufen, Reiten, Tennis, Segeln, Golf oder Polo sind typischerweise Beschäftigungen einer wohlhabenden Schicht. Wer dieser nicht angehört, kann sie nur erlernen und ausüben, wenn er sie zum Beruf macht, also Profi wird. Jede Freizeitaktivität, jedes Hobby wird in einer Leistungsgesellschaft dadurch abgewertet, daß Arbeitslose sie ausüben können. Ihr gesellschaftliches Prestige lebt davon, daß es Freizeitaktivitäten sind – und Freizeit hat nur, wer berufstätig ist. Abgesehen davon, daß den an den Rand der Gesellschaft Gedrängten das Geld wie die Fähigkeit für prestigeträchtige Freizeitbeschäftigungen fehlen, bietet Freizeit kaum die vielfältigen sozialen Kontakte und die Anerkennung als nützliches Glied der Gesellschaft, die die berufliche Arbeit vermittelt.

Alle Prognosen zur künftigen gesellschaftlichen Entwicklung gehen in irgendeiner Form von der »Spaltung der Gesellschaft« aus (»Zwei-Drittel-Gesellschaft«) in einen Teil, der aus stabil Beschäftigten besteht, die gut qualifiziert sind und gut bezahlt werden, und einen anderen Teil, den dauerhaft Arbeitslose, unstabil Beschäftigte und Arme bilden. Diese Spaltung mit der Aufforderung an die Ausgegrenzten, doch einfach umzudenken und sich von den Grausamkeiten der kapitalistisch organisierten Arbeit abzuwenden, unwirksam machen zu wollen, gleichsam zu entgiften, halten wir für illusionär und leichtfertig. Denn gerade die Spaltung befestigt die gesellschaftlichen Normen von Leistung und beruflichem Erfolg; insbesondere dann, wenn sich die individuellen Dispositionsmöglichkeiten über das Verhältnis von Arbeit und Freizeit auf der Basis eines gesicherten Einkommens erhöhen. Alternativen zur Berufsarbeit werden in einer Arbeitsgesellschaft zweitklassig bleiben, wenn die Leistungsorientierung anderswo immer höher bewertet wird.

Diese Argumente dürfen nicht als Geringschätzung der »Alternativ-Bewegung« mißverstanden werden, in der neue Formen des Lebens und Arbeitens angestrebt werden. Denn auch dort geht es um die Organisierung von Arbeit. Alternativ zum kapitalistischen Sektor ist dies insofern, als die Betriebe demokratisch verwaltet werden und weil der Versuch gemacht wird, die strikte Trennung von Lebens- und Arbeitswelt zu überwinden.

Eine alternative Stadtpolitik setzt, soll sie gelingen, die Lösung des Problems der Verteilung von Arbeit voraus, und zwar doppelt: als objektiv-materielle wie als subjektiv-psychische Basis für ein Gelingen des Lebens auch außerhalb der beruflichen Erwerbsarbeit. Wenn sich einmal die Norm durchgesetzt hat, daß es sich für Frauen schickt, ihr Geld zu verdienen, dann haftet jedem Versuch, den außerbetrieblichen Lebensbereich von hausfraulicher Arbeit wieder aufzuwerten, der Verdacht zynischer Ersatzangebote an. Auf der Basis eines offenen, jederzeit möglichen Zugangs zum Beruf ist die Entscheidung, sich für einige Jahre nur mit Kindern, Küche und Kirche zu beschäftigen, ein Schritt glaubwürdig verwirklichter Identität. Für eine unfreiwillig Arbeitslose wird auch das Mutterkreuz nichts ändern am Verdacht, Frau sei Mutter geworden, weil es zur Rechtsanwältin nicht gereicht hat.

Damit soll nicht der Eindruck erweckt werden, Arbeitsbeschaffung sei weniger als kommunale Wirtschaftspolitik, sondern vor allem als kommunale Sozialtherapie notwendig. Wir haben schon mehrfach darauf hingewiesen, daß eine Stadt, die sich nicht um Arbeitsplätze bemüht, längerfristig ihr Arbeitskräftepotential und damit ihre künftige ökonomische Existenz aufs Spiel setzt. Doch der Hinweis auf die zentrale identitätsstabilisierende Bedeutung beruflicher Arbeit unterstreicht die Notwendigkeit, daß kommunale Wirtschaftspolitik weniger die Betriebe als die Arbeitskräfte fördern sollte. Die verbliebenen Wachstumsbereiche sind klein und kommunalpolitisch kaum beeinflußbar. Es gibt also faktisch kein Potential für Neuansiedlungen. Bestandspolitik, die die Konkurrenzfähigkeit des ortsansässigen Gewerbes stärkt, wird Arbeitsplatzverluste nicht vermeiden können, sie wird sie in vielen Fällen sogar fördern. Längerfristig wird die Qualifikation der Arbeitskräfte von entscheidender Bedeutung sein. Daher müssen kommunale Strategien entwickelt werden, um die Qualifikationen der heute jungen Arbeitslosen massiv zu fördern: über zweite Arbeitsmärkte, Alternativbetriebe, Aus- und Weiterbildung und informelle Arbeit im Rahmen kommunaler/und Haushaltsproduktion. Damit eröffnet sich ein sehr viel weiteres Feld kommunaler Wirtschaftspolitik als die herkömmliche Ansiedlungs- und Bestandspolitik. In vielen Kommunen gibt es hierzu die verschiedensten Ansätze (vgl. Deutscher Städtetag 1984; Rothgang 1985).

Im Vordergrund stehen dabei Instrumente, mit denen ein sogenannter zweiter Arbeitsmarkt geschaffen wird (Maier/Wollmann 1985, Blanke/Evers/Wollmann 1986, Bullmann/Cooley/Einemann 1986). Die Grundidee dabei ist, konsumtive Transferzahlungen, insbesondere die Sozialhilfe, aber auch Arbeitslosengeld und Arbeitslosenhilfe, mit Maßnahmen der Arbeitsbeschaffung (ABM) so zu kombinieren, daß Arbeitslose, die faktisch keine Chance auf dem Arbeitsmarkt erhalten, zwar befristet, aber normal versicherungspflichtig produktiv beschäftigt und nach Tarif bezahlt werden. Die Effekte, die man sich davon erhofft, sind vielfältig: Notwendige, aber von Markt und Staat normalerweise nicht übernommene Arbeiten werden erledigt. Die Kosten für sonst unproduktiv verausgabte Transferzahlungen werden eingespart. Dauerhaft Arbeitslose erhalten eine normale Beschäftigung, damit sowohl eine Stütze gegen die psychosozialen Folgen von Arbeitslosigkeit wie die Hoffnung, anschließend wieder Zugang zum Arbeitsmarkt zu erlangen – und falls dies nicht gelingt, so bewirkt doch die sozialversicherungspflichtige Beschäftigung, daß die aus dem zweiten Arbeitsmarkt wieder Entlassenen Ansprüche an die Arbeitslosenversicherung und später an den Bundeshaushalt (Arbeitslosenhilfe) geltend machen können, der Kommunalhaushalt also auch über die Dauer des Beschäftigungsverhältnisses hinaus entlastet wird. Das ist eine für die kommunalen Haushalte nicht unwichtige Möglichkeit, dem Bund einen Teil der Kosten der Arbeitslosigkeit wieder aufzuladen, die durch verschiedene »Reformen« im Bereich der Arbeitsmarkt- und Sozialpolitik auf die Kommunen abgewälzt worden waren. Beispiele für den zweiten Arbeitsmarkt sind:

– *Die Beschäftigungs-GmbH.* In Hamburg beschäftigte ein solcher Betrieb 1986 1200 Mitarbeiter, die zu Marktpreisen die verschiedensten Arbeiten erledigen, im Bereich Reparatur und Instandhaltung wie bei der Herstellung von bestimmten Produkten.

– *Entwicklungszentren.* Beispiel hierfür ist das in einem aufgelassenen Industriegebiet untergebrachte Dortmunder Entwicklungszentrum, ein alternatives Konzept zu den Technologiezentren. In Entwicklungszentren werden Arbeitsbeschaffungsmaßnahmen im gesellschaftlich nützlichen Bereich wie Recycling, umweltverträgliche Bautechniken usw. mit Qualifizierungsbemühungen etwa zum »Ver- und Entsorger« verknüpft.

– »*Vormittags arbeiten, nachmittags lernen*«, eine Maßnahme, die ebenfalls von der Stadt Dortmund erprobt wird, bei der arbeitslose Jugendliche ohne Hauptschulabschluß, also üblicherweise auf dem Arbeitsmarkt besonders Benachteiligte, aus Mitteln des ABM-Programms finanziert bei der Stadt arbeiten und nachmittags an der Volkshochschule ihren Hauptschulabschluß nachholen.

– Die verschiedenen *Fonds*, mit denen Kommunen und Länder selbstverwaltete und Alternativbetriebe unterstützen, etwa das Nordrhein-Westfälische Programm zur »Modellförderung neuartiger erwerbswirtschaftlicher Unternehmensgründungen«.

– Die *Ansätze zu einer neuen Personalpolitik* in der Stadtverwaltung und ihr nachgeordneten Unternehmungen (Versorgungsbetrieben), die mittels reduzierter Arbeitszeit, Teilzeitarbeit, unbezahltem Urlaub und anderen Formen befristeter Freistellung die vorhandene kommunale Arbeit auf mehr Menschen zu verteilen sucht.

– *Arbeitskräftepools*, über die von Entlassung bedrohte Arbeitnehmer aufgefangen werden. Interessierte Firmen können in diese Pools befristet von ihnen nicht genutzte Arbeitskräfte und Produktionsmittel gegen Entgelt einbringen.

Es gibt vielfältige Formen, wie Beschäftigung produziert werden kann. Die genannten Beispiele stehen für solche Initiativen, die am normalen Beschäftigungsverhältnis und einer Produktion von Gütern und Dienstleistungen für den formellen Markt orientiert bleiben. Alle Formen eines zweiten Arbeitsmarkts sind Nischen, die durch Subventionen offengehalten werden, bis der erste Arbeitsmarkt wieder für alle, die arbeiten wollen, Arbeit bereithält. Sie sind grundsätzlich auf den Arbeitsmarkt orientiert und wollen berufliche Qualifikationen für diesen herstellen oder erhalten. Es sind Strategien des Überwinterns, notwendig, aber zugleich auch politisch gefährdet. Denn sie sind auf öffentliche Transferleistungen angewiesen und laufen immer Gefahr, als unlautere Konkurrenz zur Privatwirtschaft (z. B. zum Handwerk) oder als Finanzierungstrick zur Umgehung richtiger Beschäftigungsverhältnisse im öffentlichen Dienst kritisiert zu werden. Viele Städte bauen tatsächlich gleichzeitig ihren Personalbestand ab und setzen dafür um so mehr ABM-Kräfte ein, die sie nicht selbst bezahlen müssen. Würden aber, um solche Konkurrenzen zu vermeiden, Maßnahmen des zweiten Arbeitsmarktes strikt jenseits der normalen Tätigkeitsfelder von Markt und Staat angesiedelt, so wären sie doppelt beschränkt: Einerseits müßten es solche Tätigkeiten sein, die gerade keine potentiellen Aktivitäten von Markt und Staat wären, von denen also weder die Gewerkschaft Öffentliche Dienste, Transport und Verkehr noch die Industrie- und Handelskammern Konkurrenz befürchten müßten, und andererseits müßten sie dennoch als sinnvolle berufliche Arbeit gelten können, also zugleich gesellschaftlichen Interessen und subjektiven Bedürfnissen genügen. Solche Tätigkeitsfelder dürften sehr eng umrissen bleiben. Schließlich sind auch die Adressaten des zweiten Arbeitsmarkts politisch nicht besonders einflußreich. Von einer politisch schwachen Klientel gestützte Transfers, die zudem die Vorwürfe des unlauteren Wettbewerbs und der bloßen Beschäftigungstherapie vermeiden müssen, stehen auf unsicherem Boden. Das alles heißt, daß die verschiedenen Strategien des zweiten Arbeitsmarkts unter strukturell so ungünstigen Bedingungen stehen, daß sie allein kaum mehr sein können als der Tropfen auf den heißen Stein.

Stadtpolitik, die Schrumpfen steuern will, so kann man zusammenfassen, muß die ganze Stadt, also auch die von Verslumung bedrohten, »unbegabten« Gebiete stärken. Und sie muß sich auf alle sozialen Gruppen richten, nicht nur auf die Bedürfnisse der gegenwärtig auf dem Arbeitsmarkt nachgefragten young urban professionals. Sie wird die Qualität der Stadt als Wohn- und Lebensort verbessern. Sie wird Arbeitsplätze zu sichern versuchen, indem sie die Konkurrenzfähigkeit der ortsansässigen Betriebe stützt. Sie wird die technischen und moralischen Fähigkeiten von Arbeitskräften erhalten, indem sie die Aus- und Weiterbildung und den zweiten Arbeitsmarkt fördert. Sie wird die vorhandene Arbeit umverteilen, indem sie Arbeitszeitverkürzung und Job sharing unterstützt. Diese Überlegungen zu den Alternativen einer forcierten Wachstumspolitik bewegen sich im Rahmen von Auffang-, Überwinterungs- und Reparaturstrategien, die die soziale Selektivität der Orientierung auf alles »Moderne« überwinden und einen drohenden Erosionsprozeß aufhalten sollen. All diese Maßnahmen gehören heute schon zum Repertoire der Stadtpolitik.

Kann man für schrumpfende Städte mehr empfehlen, als dieses Instrumentarium so umfassend und entschlossen durchzuspielen wie irgend möglich – wissend, daß die Möglichkeiten gerade für schrumpfende Städte schon finanziell besonders beengt sind?

Kapitel 8
Informelle Ökonomie in der Großstadt oder
Was uns auch nicht rettet

In der politischen Diskussion über Möglichkeiten zur Bewältigung von Wachstumskrise und Massenarbeitslosigkeit gilt der Bereich der informellen Ökonomie als eine bisher zu wenig beachtete
und unzureichend erschlossene Ressource der Wohlfahrtsproduktion (vgl. Jessen/Siebel u. a. 1987).

Was informelle Ökonomie umfaßt, läßt sich nur pragmatisch bezogen auf die jeweilige Problemstellung entscheiden. Gewöhnlich
unterscheidet man drei Bereiche innerhalb der informellen Ökonomie:

Erstens: die illegale, vorwiegend geldvermittelte *Untergrundwirtschaft*. Prominentestes Beispiel ist die Schwarzarbeit, hinzu-
zurechnen sind aber auch Einkommensteuerhinterziehung, Beste-
chung usw.

Zweitens: die Selbstversorgungsaktivitäten innerhalb eines
Haushalts und innerhalb des sozialen Netzes der Verwandten,
Nachbarn und Freunde, also die *Haushaltsproduktion*: Eigenanbau von Lebensmitteln, eigenhändige Reparatur von Haushaltsge-
räten, Selbsthilfe beim Hausbau, Pflege von Kranken in der Familie usw.

Drittens: schließlich rechnet man unbezahlte Arbeit in freiwilli-
gen Organisationen ohne Erwerbscharakter zur informellen Ökonomie, die *kommunale Produktion*: Freiwillige Feuerwehr, un-
entgeltliche Tätigkeiten in karitativen Organisationen der Kirche
usw.

Je nach politischer Position und Perspektive gilt nun die informelle Ökonomie als eine Ressource, die die formelle *ersetzen*
kann, oder als eine Wachstumsreserve, die in formelle Ökonomie
verwandelt werden könne und müsse. Die erste Perspektive ist die
des links-alternativen Spektrums, nach der durch eine Aktivierung
von Eigenarbeit und Selbsthilfe der Verlust oder freiwillige Verzicht auf Lohnarbeit kompensiert werden und eine *andere* Ökonomie, ein *autonomer* Sektor, aufgebaut werden könne. Leitge-
danke dabei ist, daß eine nichtkapitalistische, in den Lebensalltag

integrierte Form von Selbstversorgung und Güterproduktion ein humaneres, selbstbestimmteres Leben und Arbeiten ermögliche. Dies ist also ein *Gegenentwurf* zur Industriegesellschaft, in dem die Kritik an der entfremdeten Lohnarbeit, an der Großtechnologie und an der Naturzerstörung zusammenfließen (vgl. z. B. Gorz 1983).

Aus entgegengesetzter Perspektive kommt die Forderung nach einer stärkeren Formalisierung der Schattenwirtschaft, wie sie von Handwerkskammern und den Gewerkschaften vorgebracht wird, die in einem großen und wachsenden Umfang von Schwarzarbeit eine der Ursachen für die hohe Arbeitslosigkeit sehen. Entgangene Steuern, Sozialversicherungsabgaben, Gewerkschaftsbeiträge und Unternehmergewinne gelten als volkswirtschaftliche Verluste, die das Wohlergehen der Gesamtgesellschaft beeinträchtigen.

Tatsächlich ist der Anteil der informellen Ökonomie an der gesellschaftlichen Wohlfahrtsproduktion beträchtlich. Die Untergrundwirtschaft leistet einen Beitrag zwischen 4 und 10 % zum Bruttosozialprodukt. Alle Schätzungen kommen zu dem Ergebnis, daß die Selbstversorgungsaktivitäten von Haushalten quantitativ der dominierende Bestandteil der informellen Ökonomie sind. Nach einer Untersuchung von Schettkat (1982) macht die Haushaltsproduktion über ein Drittel des Bruttosozialproduktes aus. Zählt man die Wertschöpfung in Organisationen freiwilliger Selbsthilfe als dritten Bereich einer weitgefaßten Definition der informellen Ökonomie oder Schattenwirtschaft hinzu, so kommt man zu Schätzungen zwischen einem Drittel und der Hälfte des Bruttosozialprodukts der Bundesrepublik.

Die schlichte Vorstellung, daß die formelle Ökonomie und die Steuereinnahmen zwangsläufig wachsen müßten, wenn man die informelle Ökonomie behindere und austrockne, ist allerdings problematisch. Gretschmann (1984) schätzt die speziell bei den Gemeinden verursachten Einnahmeausfälle (Gewerbesteuer, Einkommensteuer, Finanzausgleich) auf Beträge zwischen 1,6 Mrd. DM und 6,8 Mrd. DM, je nach zugrundegelegter Annahme über den Umfang der Schattenwirtschaft. Andererseits ergeben sich – induziert über die Nachfrageeffekte aus der Schattenwirtschaft in die formelle Ökonomie – Mehreinnahmen. Gretschmann geht davon aus, daß dadurch der kommunale Einnahmeausfall wiederum um ein Drittel reduziert werden könne.

Beträchtliche Zweifel sind angebracht hinsichtlich der Schätzungen über Verdrängungseffekte der Schattenwirtschaft. Der Zentralverband des Deutschen Handwerks z. B. schätzt das Volumen der Schwarzarbeit in seinem Bereich auf 40 Mrd. DM pro Jahr. Es ist jedoch äußerst fraglich, ob dies ohne erhebliche Abstriche in potentielle Umsätze des Handwerks umgerechnet werden kann. Die indirekten Nachfrageeffekte werden nämlich vernachlässigt: Haushalte mit niedrigem Einkommen können z. B. ein eigenes Haus nur durch Mobilisierung sämtlicher Ressourcen verwirklichen: Maximierung des Geldeinkommens, Einsatz der eigenen Arbeitskraft und der von Nachbarn und Verwandten, Ausnutzung des Betriebs als Materialquelle usw. Bricht man ein Stück aus diesem sehr komplexen Gefüge legaler und illegaler Aktivitäten heraus, etwa die Schwarzarbeit, kann das ganze Projekt der Haushaltsproduktion scheitern. Damit entfällt aber einmal die mit dem Projekt verbundene legale Nachfrage nach Leistungen des Handwerks und nach Material und Werkzeug, denn selbst beim Hausbau in Selbsthilfe entfallen im Durchschnitt 75 % auf Nachfrage nach legalen Leistungen. Zum anderen ergeben sich negative Wohlfahrtseffekte etwa hinsichtlich der Wohnungsversorgung unterer Einkommensgruppen. Die einfache Gleichung: Mehr Schwarzarbeit gleich weniger legale Arbeit stimmt also nicht. Sie geht an der Tendenz zur immer engeren Verflechtung zwischen formeller und informeller Ökonomie vorbei. Die Frage, ob das Potential der informellen Ökonomie für das Wachstum der formellen Wirtschaft eingeengt oder als Basis für den Aufbau einer anderen Gesellschaft dienen könne, ist aber gar nicht die entscheidende. Sowohl die Angst vor wie die Hoffnung auf die informelle Ökonomie gehen auf die Vorstellung zurück, daß dieser Bereich seit einiger Zeit stark *wachse*.

Dieser Vorstellung liegen verschiedene Theorien zugrunde, die sich in folgenden Thesen zusammenfassen lassen:

Nach der »*Wertwandelhypothese*« wird informelle Arbeit als humane Alternative zur Erwerbstätigkeit attraktiv. Die Mitte der Identität von Individuen verlagere sich in den außerbetrieblichen Lebensbereich. An die Stelle berufszentrierter Werte träten hedonistische Orientierungen: »Verschiebung der (ökonomischen) Wertschöpfung zur (sozialen) Wertschöpfung« (Matzner 1982). Gretschmann/Heinze (1982, 140) erwähnen die Wiederaufwertung von arbeitsmarktexternen Rollen, in deren Zuge »sozialökonomische Aktivitäten in die quasi private Sphäre« verlagert würden, was »eine (Wieder-)belebung der informellen Ökonomie« zur Folge habe. Als Beispiele dienen die Alternativbetriebe und die »neuen Selbständigen« (Vonderach 1980).

Nach der *Hypothese vom »Markt- und Staatsversagen«* haben Zentralisierung, Bürokratisierung, Massenproduktion und fehlende Partizipation zu wachsenden qualitativen Diskrepanzen zwischen Angebot und Nachfrage geführt, was Haushalte veranlasse, in Selbsthilfe und Eigenarbeit ihre Bedürfnisse angemessener zu befriedigen (Matzner 1982). Beispiele sind hier die wachsende Zahl der selbstorganisierten Kindergärten und -läden.

Nach der *»Rationalitätshypothese«* erlaubt informelle Arbeit die billigere und effizientere Befriedigung von Bedürfnissen (Joerges 1985). Steigende Preise insbesondere für Dienstleistungen und steigende Belastung des Lebenseinkommens durch Steuern und Abgaben würden den Kauf von Gütern und Dienstleistungen erschweren. Billigere, kleinere und einfacher zu handhabende Werkzeugmaschinen zusammen mit besonderer Ausbildung würden Qualität und Produktivität von Do-It-Yourself (DIY) erhöhen. Beides lege nahe, Konsumgüter und Dienstleistungen unter Einsatz von »Haushaltsinvestitionsgütern« und eigenem Arbeitsvermögen selbst zu produzieren. Als Beispiele hierfür dienen die Expansion des DIY und die Rückverlagerung bestimmter Versorgungsfunktionen wie etwa das Wäschewaschen aus Wäschereien in die mit Waschmaschinen und Trocknern ausgestatteten Haushalte.

Nach der *»Krisenhypothese«* werden aufgrund krisenbedingter Steuerausfälle staatliche Leistungen verteuert, eingeschränkt oder abgeschafft. Im Zuge einer Dualisierung des Arbeitsmarktes würden niedrig qualifizierte, konfliktschwache Gruppen an den unsicheren, schlechtbezahlten Rand des Arbeitsmarktes oder aus ihm herausgedrängt. Weniger Sozialleistungen, niedrigere, unstete Löhne und längere lohnarbeitslose Zeiten veranlaßten dazu, »informelle Formen der Arbeit ... zu suchen« (Heinze/Olk 1982, 6). Als Beispiele dienen etwa Schwarzarbeit und Gelegenheitsverdienste von Arbeitslosen.

Die beiden ersten Hypothesen zeigen einen Wandel der subjektiven Prioritäten an, in dessen Folge Aktivitäten in die informelle Ökonomie verlagert werden. Die beiden anderen beschreiben einen Wandel der objektiven Bedingungen, der in einer Kombination von Zwang (Verlust des Arbeitsplatzes, Verteuerung sozialer

Dienste...) und neueröffneten Chancen (DIY, Haushaltsinvestitionsgüter) die Individuen in die informelle Ökonomie drängt. Jede einzelne der Hypothesen ist für sich genommen plausibel. Aber addieren sie sich zu einem Wachstum der informellen Ökonomie? Zwei Einwände sind zu erheben:

Erstens: Die Aussagen zur Verlagerung von produktiven Aktivitäten werden nicht genügend differenziert hinsichtlich der sozialen Gruppen, die sie ausüben, und hinsichtlich der objektiven Bedingungen, unter denen sie ausgeübt werden können.

Zweitens: Die Verlagerungen von produktiven Tätigkeiten vom formellen zum informellen Sektor werden nicht vollständig bilanziert. Gegenbewegungen, die ebenso feststellbar sind, also Verlagerungen von früher informell verrichteten Tätigkeiten in den formellen Sektor, werden meist ausgeblendet.

Differenzierung nach sozialen Gruppen

Die These vom Wertwandel, gerade dann, wenn man ihn nach Maslow (1977) als ein Phänomen gestiegenen Wohlstands interpretiert, ist kaum in Übereinstimmung zu bringen mit den Hypothesen, die informelle Ökonomie als Krisen- oder Armutsphänomen erklären. Wenn Wertwandel ein Zeichen von Reichtum und gesicherter ökonomischer Existenz darstellt, dann müßte der informelle Sektor bei hoher (bzw. steigender) Arbeitslosigkeit, allgemein in wirtschaftlichen Krisenzeiten sich wieder zurückentwickeln. Eine plausible Vermutung, die aber gegenläufige Entwicklungen hinsichtlich des Wachstums der Schattenwirtschaft, soweit sie auf Wertwandel und soweit sie auf Veränderung der Arbeitslosenquote beruht, vermuten lassen. Oder aber man akzeptiert die Krisenhypothese nur für die unmittelbar bedrohten sozialen Gruppen, die Wertwandelhypothesen nur für die Mittel- und Oberschicht.

Insbesondere auf dem Heimwerkermarkt haben sich Maschinen, Werkzeug und Material so verbessert und relativ verbilligt, daß bestimmte Tätigkeitsbereiche von unteren Einkommensgruppen erobert, die Wohnstandards angehoben, also die informellen Arbeiten in, an und für die Wohnung ausgeweitet werden konnten. Doch diese Effekte sind bei veränderter allgemeiner ökonomischer Situation durchaus umkehrbar. Auch hier muß also zwischen sozialen Gruppen differenziert werden, will man die Wirkung der verschiedenen Faktoren realistisch beurteilen. Während möglicherweise erst sinkende Reallöhne Mittelschichtshaushalte dazu veranlassen, auf informelle Produktionsformen zurückzugreifen, werden Unterschichtshaushalte dadurch gerade der Voraussetzungen informeller Arbeit beraubt: Arbeitslosigkeit kann ihre Kaufkraft so verringern, daß für sie Werkzeug und Material unerschwinglich werden.

Differenzierung nach objektiven Bedingungen für informelle Arbeit

Neben sozialen und demographischen Merkmalen spielen branchen- und arbeitsmarktspezifische Differenzierungen sowie die Lebensbedingungen im außerbetrieblichen Bereich eine wichtige Rolle. Dazu zählen nicht nur materielle, sondern vor allem auch soziale Bedingungen.

Informelle Produktion setzt soziale und stoffliche Ressourcen voraus, die nicht überall und nicht für alle gleichermaßen verfügbar sind. Der Anbau von Nahrungsmitteln benötigt Gartenfläche, die Herstellung von Gebrauchsgütern Platz, z. B. eine Werkstatt. Es ist unmittelbar einsichtig, daß Industriearbeiter in städtischen Agglomerationen darüber weniger verfügen können als ihre Kollegen auf dem Lande. Zwischen beiden Gruppen haben Jessen/Siebel u. a. (1987) große Unterschiede in Art und Umfang informeller Arbeit festgestellt.

Die verschiedenen Faktoren, die für die Ausweitung der informellen Ökonomie sprechen sollen, wirken in verschiedene Richtungen, je nach allgemeiner ökonomischer Situation, Schichtzugehörigkeit, außerbetrieblichen Lebensbedingungen und dem Stand der Produktivkräfte in verschiedenen Tätigkeitsbereichen. Je nachdem, welcher Ausschnitt produktiver Tätigkeit untersucht wird und je nach Rahmenbedingungen ist Schrumpfen, Wachsen oder Stagnation festzustellen. Dies ist solange unproblematisch, wie der Geltungsbereich der Aussagen auf den beobachteten Ausschnitt wirtschaftlicher Aktivitäten beschränkt bleibt. Fragwürdig wird es dort, wo in Pars-pro-toto-Argumentationen generell ein relatives Wachsen des informellen »Sektors« behauptet wird. Fragwürdig nicht nur wegen der unzulässigen Verallgemeinerung selektiver Beobachtungen und wegen mangelnder Differenzierung der Aussagen, sondern weil die Wachstumsbehauptung so lange unbewiesen bleibt, wie nur die Argumente »dafür« addiert werden, ohne entgegenstehende Trends zu diskutieren.

Fehlende Bilanzierung

Industrialisierung, Urbanisierung, Funktionsverlust der Familie, Ausbau öffentlicher Infrastruktur sind klassische Stichworte, die auf Ausweitung von Markt und Staat zu Lasten der informellen Ökonomie hindeuten. Sie bleiben in der Diskussion über informelle Ökonomie bisher weitgehend unbeachtet. Eine Bilanzierung wird fast nirgends versucht. Eine der seltenen Ausnahmen ist Pahl (1984), der den linearen Wachstumsbehauptungen unter Hinweis auf Gegentendenzen widerspricht:

– *Rückgang der Selbständigen.* Weil diese die besten Chancen zur Steuerhinterziehung haben, schrumpft mit der Verringerung ihrer Zahl auch das Volumen dieses Bereiches der Untergrundwirtschaft.

– Verstärkte polizeiliche, steuerliche und nachbarliche *Überwachung.* In manchen Finanzämtern und bei den Handwerkskammern sind schon spezielle Spürtrupps eingerichtet worden, die Schwarzarbeit als Steuerhinterziehung und unlauteren Wettbewerb verfolgen.

– Zunahme der *Arbeitslosigkeit,* die die Chancen verringert, den Betrieb als Basis für informelle Ökonomie zu nutzen.

Zwar beziehen sich Pahls Argumente in der Hauptsache auf die Entwicklung der Untergrundwirtschaft, also des illegalen Teils der informellen Ökonomie. Sie sind aber teilweise auch auf die legale Haushaltsproduktion übertragbar:

– Steigende Marktpreise legen es gerade bei Arbeitslosigkeit Haushalten nahe, Güter und Dienstleistungen unter Einsatz von Haushaltskapitalgütern selbst zu produzieren, statt sie zu kaufen. Zugleich aber nimmt die Arbeitslosigkeit ihnen das Geld für Anschaffung und Betrieb solcher Haushaltskapitalgüter. Dies steht im Widerspruch zur häufig vertretenen Argumentation, daß »eine Zunahme informeller Tätigkeiten« aus der »Strukturkrise des Arbeitsmarktes« abzuleiten sei (Heinze/Olk 1982, vgl. auch Dallago 1987).

Die Beschreibungen und Erklärungen, aus denen ein Wachstum der informellen Ökonomie abgeleitet wird, sind uneinheitlich und verweisen auf divergierende Tendenzen. Dabei spielt auch das

Problem eine Rolle, daß keine einheitlichen Definitionen verwendet werden und daß manche Bereiche, wie z. B. illegale Praktiken, einer empirischen Messung kaum zugänglich sind.

Aber die übliche Frage nach quantitativen Verschiebungen von Aktivitäten zwischen formellem und informellem Sektor scheitert nicht nur an methodischen und begrifflichen Schwierigkeiten. Diese sind allemal – und sei es per Konvention über eine Definition des Gegenstands – lösbar. Entscheidend ist vielmehr, daß die Frage, so formuliert, falsch gestellt ist. In der Realität zeichnet sich ein qualitativer Wandel ab, in dessen Verlauf Markt, Staat und informelle Arbeit immer enger miteinander verflochten werden. Die Frage nach einem Wachstum des sogenannten informellen Sektors zu Lasten des formellen macht immer weniger Sinn, weil im Zuge der Integration von Markt, Staat und informeller Ökonomie diese ihren Charakter als getrennte Sektoren gerade verlieren. Genau auf diesen Qualitätswandel und die sich daraus ergebenden strukturellen Veränderungen für die informelle Arbeit verweist explizit oder implizit jede der oben genannten Hypothesen zum Wachstum des informellen Sektors.

Auf die Integration von Eigenarbeit in die Vermarktungsstrategien der Privatwirtschaft und in die Abwälzungsstrategien der staatlichen Sparpolitik ist explizit jene Argumentation gerichtet, die eine Zunahme informeller Arbeit aus der Auslagerung unrentabler Bereiche der Güter- und Dienstleistungsproduktion (Endfertigung, Selbstbedienung) und aus dem Überwälzen von Risiken (Lagerhaltung) in die Privathaushalte ableitet (Joerges 1985): z. B. beim IKEA-Modell, bei dem nur ganz bestimmte und exakt vorgeplante Handgriffe der Endmontage dem Kunden übertragen werden. Werkzeug und Schrauben liegen bei, die Löcher sind vorgebohrt, und jeder Handgriff ist in der Gebrauchsanleitung genau vorgeschrieben. IKEA spart Produktions-, Lager- und Transportkosten. Aber ist die daraus resultierende Eigenarbeit mehr als ein sich Einfügen in jene Lücke, die eine geschickte Planung dafür vorgesehen hat? Nicht ohne Grund hat man diesen Mechanismus des Überwälzens von Kosten auf die privaten Haushalte *Ausbeutung* der Eigenarbeit genannt.

Die zunehmend auf den außerbetrieblichen Bereich gerichteten arbeitsinhaltlichen Orientierungen, die nach der *Wertwandelhypothese* sich u. a. in produktiven Tätigkeiten innerhalb der alternativen Ökonomie ausdrücken sollen, haben häufig ihre materielle

Grundlage in wie auch immer bescheidenen staatlichen Transfer-zahlungen. Generell geben informelle Arbeiten dann Raum für andere als ökonomisch-zweckrationale Motive der Selbstverwirklichung oder Erholung, wenn sie durch (Lohn-)Einkommen vom Zwang einer Arbeit fürs Lebensnotwendige befreit sind (vgl. Jessen/Siebel u. a. 1987).

Auch die *Krisenhypothese* wäre unterschätzt, würde man sie als reine Wachstumsthese auffassen. Unterschätzt würden die Bedeutung eines tragfähigen sozialen Netzes und die Funktion der Selbsthilfeorganisationen der Marginalisierten, die technischen, aber vor allem die moralischen Qualifikationen der Arbeitskraft wachzuhalten für den Fall, daß der formelle Arbeitsmarkt sie doch noch einmal anfordern sollte.

Schließlich bedeutet die Selbstversorgung mit Gütern und Dienstleistungen aufgrund von *Markt- und Staatsversagen* in der Regel mehr als bloße Substitution. Nur wenige selbstorganisierte Infrastruktureinrichtungen müssen auf staatliche Unterstützung in jeder Form verzichten, und wenn, so ist die Forderung nach Förderung fast immer Teil ihrer politischen Ziele. Das zeigen die aktuellen Diskussionen um die Finanzierung von Frauenhäusern oder Arbeitslosenzentren.

Die wachsende Verflechtung zwischen offizieller und Schattenwirtschaft läßt sich am Beispiel der *Rationalitätshypothese* plastisch machen. Danach stellen immer mehr Haushalte auf dem Markt angebotene Leistungen selbst her, um Geld zu sparen. Daraus ergeben sich vielfältige und zwiespältige Konsequenzen: Die meisten Haushaltsproduktionen benötigen Energie, Halbfertigwaren, Werkzeug und Maschinen. Kosten und Komplexität dieser Produktionsmittel steigen. Die entsprechende Ausstattung eines durchschnittlichen Haushalts soll mittlerweile die Investitionskosten für einen Arbeitsplatz in der Industrie übersteigen. Darüber hinaus haben sich die Arbeitsprozesse, die geforderten Fähigkeiten und ihre soziale Qualität verändert. Einerseits wird die Handhabbarkeit von Apparaten und Maschinen sowie von Materialien erleichtert. Andererseits setzt die Komplizierung des Geräts (Personal-Computer) immer aufwendigere Qualifikationen voraus. Tradiertes Wissen wird entwertet. Die Fähigkeiten zur informellen Arbeit werden zunehmend selbst Gegenstand von Marktstrategien (do-it-yourself-Kurse, eine anschwellende Literatur mit Informationen und Anleitungen). Es entstehen neue haushaltsbezogene Dienstleistungen im Informations-, Beratungs-, Wartungs- und Versicherungsbereich. Diese formelle Vermittlung informeller Arbeit verändert auch deren soziale Qualität: an die Stelle persönlicher Beziehungen treten stoffliche Produkte: Märchenkassetten ersetzen die Großmutter, das Gartenhandbuch den Ratschlag des Nachbarn, der Kundendienst die aushelfende Hand des Kollegen.

Um die Dominanz des Qualitätswandels gegenüber den quantitativen Verschiebungen auch zwischen Staat und Familie an einem plastischen Beispiel zu verdeutlichen: Vor 100 Jahren wurden psychisch Kranke in der Rolle des Dorftrottels geduldet, später hinter hohen Mauern in psychiatrischen Großkliniken kaserniert und heute werden sie in einer Kooperation zwischen Tages- oder Nachtklinik, Sozialarbeitern und privaten Familien betreut. Eine Beschreibung dieser Veränderungen als Verschiebungen von Arbeitsprozessen zwischen Staat und Familie ist wenig aussagekräftig. Entscheidend ist, daß im Zuge dieser Entwicklung die sozialen Netze, die privaten Haushalte und die staatlichen Betreuungsinstitutionen sowie das professionelle Personal ihre Rollen geändert haben, und zwar in Richtung auf immer engere Verflechtung.

Der Prozeß der Verflechtung hat die Bedeutung von Eigenarbeit und informeller Ökonomie jedoch keineswegs geschmälert, zum Teil sind dadurch ihre Voraussetzungen sogar verbessert worden. Nach wie vor ermöglicht die informelle Ökonomie einen höheren Lebensstandard, der nicht erreichbar wäre, wenn die Haushalte ihre Wohnungs- und Güterversorgung allein mit dem Geld bestreiten müßten, das ihnen aus der Lohnarbeit für den Kauf von Gütern und Dienstleistungen auf dem Markt zur Verfügung steht. Eigenproduktion und selbstorganisierte Dienstleistungen tragen also durchaus, trotz allen Wandels, zur Erhöhung der Wohlfahrt bei. Und, was besonders wichtig ist, die Eigenarbeit hat humane Qualitäten, die in der durchrationalisierten und fremdkontrollierten Lohnarbeit selten sind. Gerade auf diese Qualität setzen solche Strategien, die in der Förderung von informeller Ökonomie den Ansatz für den Aufbau einer anderen Gesellschaft sehen. Was bedeutet das in unserem Kontext für die Stadtpolitik?

Wir wollen im folgenden anhand der Ergebnisse einer Untersuchung zur informellen Ökonomie von Industriearbeitern (Jessen/ Siebel u. a. 1987) Chancen und Voraussetzungen der informellen Arbeit darstellen, um daraus Anknüpfungspunkte für dualwirtschaftliche Strategien der Stadtpolitik zu gewinnen, Strategien also, die sich auf *alle* Formen von Arbeit richten, sowohl die formelle, über Markt und Staat organisierte als auch die informelle Arbeit in den sozialen Netzen von Verwandtschaft, Nachbarschaft und Freunden.

Betrachtet man das Spektrum der informellen Arbeit, so fällt zunächst ein fester Sockel von Arbeiten auf, die fast unterschiedslos von allen Haushalten selbst durchgeführt werden. Dieser Sockel umfaßt Instandhaltungs-, Reparatur- und Verschönerungsarbeiten an der Wohnung, am Auto und an langlebigen Gebrauchsgütern. Über diesen Sockel hinaus breitet sich ein sehr vielschichtiges Spektrum außerbetrieblicher Arbeiten aus. Es dominieren Haus und Garten als Ort von Arbeit (Werkstatt), als Gegenstand von Arbeit (Verschönerung und Instandhaltung, Aus- und Umbauten) und als Ziel informeller Arbeit: Kaum ein Industriearbeiter ist zum eigenen Haus ohne Eigenarbeit und umfassende Mobilisierung informeller Netze gekommen. Der Zeitaufwand variiert stark und reicht bis zu einem vollen zweiten Arbeitstag. Die ökonomischen Effekte schwanken entsprechend zwischen marginalen Einsparungen bis zu größerem Besitz. In Extremfällen haben sich Arbeiter zwei Häuser erarbeitet oder erzielen ein Einkommen, das ihren Lohn mehr als verdoppelt.

Jenseits des Sockels variiert dieses Spektrum informeller Arbeit weniger nach betrieblicher Arbeitssituation und Phase des Lebenszyklus als nach der Wohnsituation. Vergleicht man Haushalte, die derselben sozialen Schicht angehören, aber unter städtischen bzw. unter ländlichen Bedingungen leben, so verblüfft der erstaunliche Unterschied in Umfang und Ertrag informeller Arbeit. Fast alle der bei Jessen/Siebel u. a. befragten Arbeiter auf dem Land wohnen im eigenen Haus, ein Besitz, der nach Abzug der Schulden im Durchschnitt einen Wert zwischen 50.000 und 100.000 DM repräsentiert. Ihre städtischen Kollegen haben sich nichts Vergleichbares erarbeiten können, obwohl sie über gleiche Qualifikationen und gleiches Einkommen verfügen und in gleiche berufliche Arbeitssituationen im Betrieb eingebunden sind.

Wenn man Unterschiede in den außerbetrieblichen Lebensbedingungen als zentrale Erklärung für die beträchtlichen Unterschiede der informellen Arbeit heranzieht, verweist man dann auf mehr als auf die triviale Differenz zwischen den räumlichen und rechtlichen Möglichkeiten von Wohnungsmietern und Hauseigentümern?

Der Hinweis auf Haus und Garten als den Kristallisationspunkten informeller Arbeit beinhaltet tatsächlich mehr als diese Trivialität. Hausbesitz ist nicht nur materielle Bedingung informeller Arbeit, sondern ihr häufigstes und sichtbarstes *Ergebnis*. Es ist ein sehr komplexes und heterogenes Geflecht von materiellen, sozialen und moralischen Bedingungen, in das informelle Arbeit eingebettet sein muß, um zu solchen Ergebnissen zu führen.

Die, gemessen am Einkommen, beträchtlichen Besitzunterschiede zwischen städtischen und ländlichen Arbeiterhaushalten, die an dieser Studie teilgenommen haben – sie repräsentieren immerhin das Zwei- bis Vierfache des Netto-Jahreslohns eines Arbeiters –, sind nicht Ergebnis von Erbschaften. Sie lassen sich auch nicht aus einer besseren Marktposition der ländlichen Haushalte erklären, nach dem Muster: höheres Einkommen und niedrigere Ausgaben ergeben auf dem Lande höhere Sparleistungen. Faßt man alle Lohneinkommen der Haushalte zusammen, also auch das Einkommen der Ehefrau, so stehen die städtischen Haushalte eher besser da.

Bei den Ausgaben ergibt sich ein differenziertes Bild, bei dem die Ländler aber nicht unbedingt als weniger belastet erscheinen. Unterschiede zeigen sich dagegen in qualitativer Hinsicht: Ländliche Haushalte konzentrieren ihre Anstrengungen in bezahlter Lohnarbeit etwa in Überstunden und Nachtschicht sowie Erwerbsarbeit der Ehefrau auf bestimmte Phasen, in denen sie alle verfügbaren Ressourcen mobilisieren. Bei städtischen Haushalten geschieht beides kontinuierlicher. Ländliche Haushalte geben ihr Geld häufiger für investive und prosumtive Haushaltsgüter aus (Werkzeug, Material, Haushaltsmaschinen). Städtische Haushalte neigen eher zu rein konsumtiven Ausgaben (z. B. Urlaub). Schließlich spielt auch eine spezifische biographische Form des Sparens eine Rolle: die Zeitpunkte von Heirat und Gründung eines eigenen Haushalts liegen auf dem Land oft weit auseinander. Das junge Ehepaar wohnt häufig über die Geburt des ersten Kindes hinaus bei den Eltern, ohne mehr als symbolisch dafür zahlen zu müssen, eine wichtige Voraussetzung, um Startkapital ansparen zu können.

Die phasenspezifische Mobilisierung aller Ressourcen und die besondere Form des Generationenvertrages auf dem Land, bei dem informelle Leistungen der Eltern ihren Kindern das Ansparen eines Startkapitals ermöglichen, informelle Arbeit also auf recht indirekte Art in Geldkapital umgewandelt wird, sind Beispiele dafür, daß es nicht nur niedrige Immobilienpreise und das Sozialkapital weit verzweigter sozialer Netze sind, die informelle Arbeit auf dem Lande besonders effektiv machen. Hinzukommen muß die besondere Art der zeitlichen und räumlichen Kombination aller Ressourcen. Der Mann mobilisiert alle Mittel, die ihm durch seine formelle Arbeit zugänglich sind: Lohneinkommen, Helfer, Material, Werkzeug, Produktionseinrichtungen, Informationen. Zugleich versucht er eine Art Gegenverwaltung des eigenen Arbeitsvermögens: Soweit innerhalb des Lohnarbeitsverhältnisses überhaupt möglich, ist er bemüht, den Einsatz seines Arbeitsvermögens im Betrieb mit Anforderungen der Haushaltsproduktion abzustimmen: Urlaub wird gemäß den Erfordernissen des Hausbaus genommen, Nachtschicht bringt höheres Einkommen und ermöglicht zugleich informelle Arbeit bei Tageslicht. Überstunden werden je nach zeitlichem und finanziellem Bedarf der informellen Arbeit gesucht oder abgelehnt. Ähnliches trifft auch für das Engagement der Ehefrau in formeller und informeller Arbeit zu.

Ort dieser Mobilisierung aller Ressourcen ist der Haushalt. Als Einheit der Produktion aber folgt der Haushalt einer besonderen Rationalität, deren Differenz zu der des homo oeconomicus zusammenhängen könnte mit den Unterschieden zwischen Geld als dem zentralen Medium der formellen Ökonomie und Arbeitsvermögen als der zentralen Ressource der Haushaltsproduktion. Geld – das macht seine ungeheure Überlegenheit aus – ist qualitativ unbestimmt, weder zeitlich noch räumlich noch inhaltlich gebunden. Arbeitsvermögen dagegen haftet an Personen. Durch seine Einbindung in betrieblich organisierte Lohnarbeit, durch berufliche Ausbildung und Zurichtung in beruflichen Erfahrungen sowie durch die Bindung an Produktionsmittel ist es in vielfältiger Weise qualitativ bestimmt. Allerdings erscheint das Arbeitsvermögen angesichts der prinzipiellen Knappheit des Geldes in Arbeiterhaushalten als beinahe beliebig dehnbare Ressource. Mit dieser Spezialität des Arbeitsvermögens scheint nun eine besondere Logik der Haushaltsproduktion verknüpft zu sein, die sich weder aus der Funktion erschließt, vernutzte Arbeitskraft wiederherzustellen, also aus der Annahme von Freizeit als funktionaler Abhängiger der Lohnarbeit, noch aus der Rationalität des homo oeconomicus. Die Logik der Haushaltsproduktion ist weniger orientiert auf Ziele bzw. Zwecke als auf Gelegenheiten bzw. Mittel. Häufig wird etwas nur deshalb gemacht, weil man zufällig über die Mittel dazu gestolpert ist. Der Aktivist der informellen Ökonomie hält immer die Augen offen, vielleicht findet man was, womit sich was machen läßt – was, das wird man dann schon sehen. Ökonomisch relevantes Tun wird nicht aus unökonomischen Tätigkeiten ausgegliedert, sondern bleibt gekoppelt mit vielfältigen Funktionen in komplexen Aktivitätsmustern. Schließlich beruht die Logik der Haushaltsproduktion weniger auf bewußten Wahlakten zwischen alternativen Möglichkeiten als auf den habitualisierten Regeln einer moralischen Ökonomie. So bedingt z. B. die Norm der Selbstzuständigkeit des Handwerks für alle im Haushalt anfallenden Instandhaltungs- und Reparaturarbeiten einen Handlungsablauf, bei dem nicht zwischen der Alternative informeller vs. formeller Erledigung nach wie immer komplexen Kosten-/Nutzenkalkülen abgewogen wird, sondern zunächst versucht man es selber, dann greift man auf die sozialen Netze zurück, über die man verfügt. Erst zum Schluß und nachdem diese Lösungsversuche gescheitert sind, werden illegale und legale Marktleistungen in Anspruch genommen. Nicht die informelle, sondern die formelle Ökonomie ist hier also subsidiär. Daß damit auch spezifische Beschränktheiten einhergehen, etwa ein ausgeprägter Konservatismus der Arbeiter bezüglich Baustoffen und Techniken, ist leicht vorstellbar, aber auch leicht als sinnvoll verstehbar.

Um zusammenzufassen: Die teilweise beträchtlichen Erträge der Haushaltsproduktion bei Arbeitern auf dem Lande sind nicht nur aus besonderem Fleiß und Sparsamkeit, also aus der Summe von Mehrarbeit und Konsumverzicht zu erklären. Sie beruhen vielmehr auf der Art und Weise, in der ländliche Arbeiterhaushalte sämtliche verfügbaren formellen und informellen Ressourcen mobilisieren und miteinander kombinieren. Es ist eine Lebensweise, in der räumliche Bedingungen, Erwerbschancen, soziale Netze, typische Handlungsmuster und eine besondere Logik der Haushaltsproduktion zu spezifischen biographischen Mustern verflochten sind. Diese Lebensweise erweist sich damit als eine Konstellation verschiedener sozialer, ökonomischer und räumlicher Bedingungen, die der informellen Arbeit besondere Produktivität verleiht.

Die Produktivität informeller Ökonomie bei den beschriebenen Haushalten beruht auf Voraussetzungen, die heute praktisch nur in ländlich geprägten Lebensbereichen anzutreffen sind. Das »Sozialkapital« eines verzweigten und stabilen sozialen Netzes mit gemeinsamer normativer Orientierung, das Verläßlichkeit und Unterstützung garantiert, existiert nur bei regionaler Immobilität. Denn innerhalb der Freundeskreise und der Nachbarschaft, und auch in der Verwandtschaft, besteht ein Anspruch auf Hilfe und Unterstützung allein, wenn man die Erwartung haben kann, daß bei anderer Gelegenheit die gewährten Hilfen »zurückgezahlt« werden. Die mit dem Haus- und Bodeneigentum verbundenen Aneignungsmöglichkeiten sind es, die die »Gegenverwaltung« des eigenen Arbeitsvermögens, also die spezifische Form eigener zeitlicher Disposition über das Verhältnis von Lohn- und Eigenarbeit erst sinnvoll und dann auch notwendig machen. Bevor wir diskutieren, ob die Ausbreitung einer solchen Lebensweise auch in verstädterten Regionen überhaupt wünschenswert ist, wollen wir die vorhandenen Möglichkeiten ausleuchten.

Dualwirtschaftliche Strategien, die unter Bedingungen großstädtischer Verdichtungsräume das ökonomische Potential der informellen Arbeit mobilisieren wollen, müßten die vielfältigen materiellen und sozialen Ressourcen, die in der ländlichen Lebensweise eingeschlossen sind, in den großstädtischen Wohnvierteln überhaupt erst bereitstellen bzw. durch gesellschaftliche Organisationsformen ersetzen.

Das ökonomische Potential der informellen Ökonomie als einer Alternative der Stadtpolitik ist gerade in den städtischen Agglomerationen, die von der Krise der formellen Ökonomie besonders hart betroffen sind, sehr beschränkt. Denn für die Entfaltung des unbestritten hohen ökonomischen Potentials informeller Arbeit sind Voraussetzungen notwendig, über die gerade langfristig Arbeitslose nur selten verfügen und für die ebenfalls nur schwer von den Kommunen Ersatz geschaffen werden kann. Informelle Arbeit ist nämlich keine Alternative, sondern ein Pendant, ein Komplement zur formellen, betrieblich organisierten Lohnarbeit.

Zentral für die Rolle der außerbetrieblichen Arbeit in der Versorgung des Haushaltes ist ihre materielle und soziale Angewiesenheit auf die betrieblich organisierte Lohnarbeit. Dies beruht auf der Tatsache, daß informelle Ökonomie materielle Ressourcen benötigt, etwa Räume, Werkzeug und Maschinen. Sie erfordert soziale Ressourcen in Form eines Sozialkapitals von informellen Netzen, über die Geld, Arbeitskraft, Material und Informationen zu mobilisieren sind. Und schließlich ist sie auf technische Fähigkeiten und moralische Qualifikationen angewiesen.

Diese materiellen und immateriellen Produktionsvoraussetzungen informeller Arbeit sind heute weitgehend gebunden an den Arbeitsplatz in der formellen Ökonomie. Das Lohneinkommen erlaubt, Produktionsmittel für höherwertige informelle Arbeit zu erwerben. Das soziale Netz der Betriebsbelegschaft ist den nachbarschaftlichen und verwandtschaftlichen Netzen an Qualifikation und Information meist weit überlegen. Die berufliche Qualifikation ist häufig auch in außerbetrieblicher Arbeit zu verwenden. Und schließlich eröffnet der Zugang zum Betrieb ein vielfältiges Material-, Werkzeug- und Maschinenpotential. Der Betrieb als Lohnquelle, Materialbasis, Qualifikations- und Arbeitskräftereservoir wie als Informationsquelle ist eine zentrale Voraussetzung für die informelle Arbeit. Mit dem Verlust des Arbeitsplatzes sinken daher trotz gewonnener Zeit Umfang, Niveau und Ertrag der informellen Arbeit. Sollte sich also die Kluft zwischen Erwerbstätigen und Arbeitslosen durch die Spaltung des Arbeitsmarktes vertiefen, dann wird auch die informelle Ökonomie zu keinem Ausgleich verhelfen. Im Gegenteil: Die Ungleichheit wird durch sie noch überhöht. Die Aktivisten der informellen Ökonomie sind eher die in den formellen Arbeitsmarkt integrierten, qualifizierten und gut verdienenden Arbeitskräfte. Die informelle Ökonomie ist keine Alternative zur formellen Arbeit, jedenfalls nicht für die Masse der Arbeitslosen oder für eine Region.

Die Lebens- und Haushaltsformen in den Städten sind – im Unterschied zu den ländlichen – durch eine stärkere Trennung von Wohnen und Arbeiten, durch eine stärkere Rollendifferenzierung und höhere Mobilität geprägt. Mit dem Begriff der »Urbanisierung« bezeichnen wir eine Entwicklung der Haushalts- und Sozialstrukturen, die gerade *nicht* jene Merkmale haben, die wir oben als Voraussetzung für eine ausgeprägte Haushaltsproduktion beschrieben haben.

Große Haushalte mit mehreren arbeitsfähigen Mitgliedern betreiben sehr viel mehr informelle Ökonomie als kleine Haushalte (vgl. Pahl/Wallace 1985). Die massive *Zunahme der Ein- und Zwei-Personen-Haushalte* destruierte also fortlaufend die Voraussetzungen für eine produktive Haushaltsstrategie. Von 1950 bis 1982 stieg die Zahl der Ein-Personen-Haushalte in der Bundesrepublik von 3,2 Mio. auf 7,9 Mio., d. h. von einem Anteil von

19,4 % aller Haushalte auf 31,3 %. Diese Entwicklung ist besonders ausgeprägt in den großen Städten. In Hamburg beispielsweise nahm der Anteil der Ein-Personen-Haushalte von 1950 bis 1982 von 28,4 % auf 40,6 % zu (Droth/Dangschat 1985).

Parallel mit dieser Entwicklung und als eine ihrer Ursachen verliert die Familie an Stabilität. Für Städte wie Berlin, Hamburg und Frankfurt schätzen Schwarz/Höhn (1985,14), daß 40 % der Ehen wieder geschieden werden. Insgesamt hat sich die Zahl der Scheidungen seit Beginn der sechziger Jahre mehr als verdoppelt.

Beides, sinkende Haushaltsgröße und zunehmende *Instabilität der Familie*, verschlechtern die Voraussetzung für informelle Arbeit im Haushalt. Einerseits verringert sich die durch größere Haushalte bedingte ökonomische Notwendigkeit zu Ersparnissen mittels Eigenarbeit. Andererseits schwinden die Möglichkeiten dazu, da ein kleinerer Haushalt über weniger Arbeitskräfte und damit auch weniger Chancen zur Arbeitsteilung verfügt. Außerdem beeinträchtigen die Instabilität der Familie und die dadurch wie durch berufliche Faktoren bedingte höhere *räumliche Mobilität* der Haushaltsmitglieder die Chancen, ein für informelle Arbeit nutzbares Sozialkapital in Gestalt verwandtschaftlicher und nachbarlicher Netze aufzubauen. Auch erschwert die durch räumliche Mobilität entstehende größere Distanz zwischen (pflegebedürftigen) Eltern und ihren (woanders lebenden und arbeitenden) Kindern die Pflege und Hilfeleistungen innerhalb der Familie.

Die zunehmende *Berufstätigkeit der Frauen* beeinträchtigt vor allem das familiale Potential für Hilfs- und Pflegedienste, aber auch für die mit der traditionellen Frauenrolle verknüpften informellen Arbeiten im Haushalt (Hausarbeit). Der Abschluß einer Berufsausbildung ist heute für beinahe jede Frau selbstverständlich. In den letzten Jahren ist der Anteil von Berufstätigen unter den Frauen mittlerer Altersgruppen ebenfalls gestiegen. Dies gilt auch für Altersgruppen, in denen die meisten Frauen verheiratet sind und kleinere, zuwendungsbedürftige Kinder haben. Waren 1962 nur 37 % der zwischen 30 und 35 Jahren alten, verheirateten Frauen berufstätig, so waren es 1982 bereits 53 % (BMJFG 1984,43,Tab. 4). Berufstätigkeit von Frauen beschränkt sich immer weniger auf die Phase vor der Ehe bzw. der Geburt des ersten Kindes und nach dem Auszug der Kinder.

Mit dem Rückgang der in Landwirtschaft und Industrie Beschäftigten mit manuell-handwerklicher Qualifikation und der *Zu-*

nahme von tertiären Berufen haben immer weniger Berufstätige Zugang zu Qualifikationen und Produktionsmitteln, die für manuelle produktive Arbeiten außerhalb der beruflichen Arbeit nutzbar sind.

Vor allem unter Bedingungen zunehmender Urbanisierung – verstanden nicht nur als Veränderung der Siedlungsweise (Verstädterung), sondern auch als Wandel der Berufs- und Haushaltsstrukturen sowie der Lebensweisen – dürfte also das Potential für informelle Arbeit kaum zunehmen. Mit fortschreitender Urbanisierung und technischem Wandel der industriellen Produktion gehen der informellen Ökonomie wichtige Ressourcen verloren: Räume, Qualifikationen, Arbeitskräfte und soziale Netze. Mit dem Verlust des Arbeitsplatzes sind die Voraussetzungen für die Eigenarbeit ebenfalls entscheidend beeinträchtigt.

Informelle Ökonomie ist also kein Allheilmittel, erst recht keine eigenständige Alternative, deren gleichsam automatisches Wachstum gerade dort Ausgleich schaffen könnte, wo schrumpfende Bevölkerung und strukturelle Arbeitslosigkeit materielle und psychische Defizite entstehen lassen. Sie müßte folglich politisch gefördert werden. Eine solche dualwirtschaftliche Strategie, die im Bereich von Arbeit neben Bestandspolitik und zweitem Arbeitsmarkt auf die informelle Ökonomie setzt, wäre außerordentlich komplex, keineswegs billiger als herkömmliche Formen der Arbeits- und Sozialpolitik und hätte vielfältige politische Widerstände zu überwinden. Aber eine derart komplexe Politik ist notwendig, denn sie ist die einzig aussichtsreiche unter den Bedingungen schrumpfender Städte.

Die Förderung der sogenannten informellen Arbeit oder Schattenwirtschaft verlangt grundsätzliches Umdenken: Überwindung der seit der Charta von Athen in den Prinzipien der Wohnungs- und Stadtplanung festgeschriebenen räumlichen und zeitlichen Trennung von Wohnen und Arbeiten, Ablösung von der Vorstellung, die wohnungsnahe Infrastruktur habe allein der Erholung und Entlastung von Arbeit zu dienen, der private Haushalt sei eine Einheit des Konsums, die Wohnung sei der Ort, wo gekaufte Güter und Dienstleistungen verbraucht werden. Arbeit habe ihren Ort im Betrieb, und soweit sie im privaten Wohnbereich noch auftrete, sei sie räumlich möglichst unsichtbar und zeitlich möglichst kurz zu halten. Diese in der Stadtplanung perfektionierte und in den Wohnungen versteinerte Trennung zwischen Beruf und Freizeit, Arbeit und Konsum ist zu einer »Modernisierungsfalle« (Offe/ Heinze 1986) geworden, in der ganz wesentliche Potentiale materieller und immaterieller Wohlfahrt verschwinden. Der private Haushalt ist unter anderem auch durch Stadt- und Wohnungspolitik in die Rolle einer bloßen Konsumeinheit gedrängt worden.

Stadtplanung, Wohnungs- und Sozialpolitik haben den privaten Haushalt überwiegend als eine Konsumeinheit behandelt. Sozialhilfe und andere staatliche Transferzahlungen sollen ein für notwendig gehaltenes Konsumniveau ermöglichen. Stadtplanung und Wohnungspolitik haben z. B. reine Schlafstädte errichtet. Ihr Ideal war ein Wohnen, das von allen Spuren produktiven Tuns gereinigt ist. Die räumliche Trennung von Wohnen und Arbeiten war Prinzip des Städtebaus ebenso wie der Wohnungsgrundrisse. Wo Arbeit innerhalb der Wohnung noch auftrat, sollte sie möglichst minimiert und aus den Augen geschafft werden. Daher haben die Wohnungsreformer der zwanziger Jahre die separate Küche auch im Arbeiterwohnungsbau durchzusetzen versucht. Indem man die Prinzipien der Rationalisierung der Industriearbeit, etwa bei der »Frankfurter Küche«, auf die Arbeit der Hausfrau übertrug, sollte die Hausarbeit auf das unumgängliche Minimum beschränkt werden. In einem berühmten Plädoyer für den neuen Wohnungsbau aus dem Jahre 1929 heißt es: »Wir wollen befreit sein ... vom Haus, das uns versklavt, vom Haus, das die Arbeitskraft der Frau verschlingt«. (Giedion 1985,6) Wie eine gut funktionierende Maschine sollte die Wohnung vor allem die Frauen soweit entlasten, daß sie am Berufsleben und auch an der Politik außerhalb der Wohnung teilnehmen konnten. So fortschrittlich dies Konzept der Wohnmaschine auch war, so einseitig war es. Das städtische Wohnen ist durch einen Städte- und Wohnungsbau, der die räumlichen Möglichkeiten zur informellen Arbeit beseitigt hat, und durch Hausordnungen, Mietrecht und Hausverwaltungen, die die rechtlichen Möglichkeiten dazu beschnitten haben, auf Essen, Schlafen und Medienkonsum erst reduziert worden. Daß die Wohnung Ort, Gegenstand und Ziel außerordentlicher und effektiver Arbeitsanstrengungen von privaten Haushalten sein kann, ist von der Stadtpolitik bislang vernachlässigt worden. Das Eigenheim bezieht aber seine Attraktivität zum Teil gerade aus der Tatsache, daß es im Gegensatz zur Mietwohnung dafür die besten technischen, rechtlichen und räumlichen Voraussetzungen bietet.

Auch die Sanierungspolitik – wo sie nicht gezielt Wohnungen

zugunsten von Büros verdrängt hat – wollte nur das Beste für die Betroffenen: Sie sollten aus technisch schlechten Wohnungen und sozial rückständigen Lebensverhältnissen befreit werden zu Licht, Luft, Sonne, Zentralheizung und Warmwasserversorgung in modernen Wohnanlagen (vgl. Tessin 1978). Schon der Begriff der Wohnanlage erinnert an das Konstruktive und Modellierte, an den modernisierenden Zugriff der Planung. So richtig und notwendig die Verbesserung der Haustechnik war, so einseitig waren diese Sanierungsstrategien zugleich. Die spezifische Produktivität, die in dieser Rückständigkeit eingeschlossen war, wurde ignoriert, weil es keine Produktivität ist, die sich in formellen Einkommen und verkäuflichen Waren zeigt. Also wurde sie zusammen mit den alten Gebäuden und Verhältnissen wegsaniert zugunsten eines neuen Lebens in Gropiusstadt, Neu-Perlach und Steilshoop (vgl. Becker/Keim 1977, Herlyn u. a. 1987).

Sozialwissenschaftliche Untersuchungen von solchen Stadtgebieten, die für eine Sanierung vorgesehen waren, unterstützen einerseits diese Modernisierungsperspektive (z. B. Zapf 1969) oder betonen zu ihrer Verteidigung die kommunikativen Qualitäten des Lebens in alten Stadtteilen als besonderes »Milieu« (Keim 1979). Die ökonomischen Vorteile von Altbaugebieten wurden vor allem in niedrigen Mieten gesehen (Thürmer-Rohr 1974). In amerikanischen und englischen Studien ist dagegen die spezifische Sozialökonomie von Arbeitervierteln schon früher analysiert (Young/Willmott 1957, Gans 1962) und für zurückliegende historische Perioden sogar als Existenzvoraussetzung angesichts niedriger Löhne beschrieben worden (Lowenthal 1975). Heute gibt es ebenfalls Beispiele für das hohe ökonomische Potential der informellen Arbeit im Wohnbereich jenseits der Selbsthilfe beim Hausbau auch unter städtischen Bedingungen: die illegale Landnahme durch türkische Einwohner auf Brachflächen im Ruhrgebiet oder die Ansätze genossenschaftlicher Selbstorganisation in ehemaligen Werksiedlungen wie z. B. in Duisburg oder Oberhausen (z. B. Günter 1980, Rommelspacher 1985).

Natürlich ist es ein Unterschied – das muß immer wieder betont werden –, ob informelle Arbeit als Strategie zur nackten Existenzsicherung »geschützt« und damit eine Notlage konserviert werden soll oder ob sie sich als frei gewählte Tätigkeit auf der Grundlage einer gesicherten Existenz entfaltet. Und keinesfalls darf die gegebene Beschreibung von Möglichkeiten und Voraussetzungen der informellen Ökonomie an Beispielen von ländlichen Haushalten dahingehend mißverstanden werden, daß wir urbane Lebensformen zurückdrängen oder gar durch vorindustrielle Lebensverhältnisse ersetzen wollten. Gerade in der Kombination von Merkmalen der urbanen und der ländlichen Lebensweise könnten die Chancen liegen, das erreichte Niveau des gesellschaftlichen Reichtums, das der Industrialisierung zu verdanken ist, mit den Qualitäten eines selbstbestimmteren und erfüllteren Lebens zu verbinden.

Die zunehmende Verflechtung der informellen Ökonomie mit dem Markt- und Staatssektor beinhaltet einen Prozeß der Humanisierung: von einer durch Not erzwungenen Subsistenzproduktion zu produktiver selbstbestimmter Arbeit für differenzierte Bedürfnisse. Andererseits bedeutet dies die immer engere Einbindung der informellen Arbeit in vom Markt und von der technischen Entwicklung »vorgesehene« Nischen. Wie die Massenmedien die passive Erholung organisieren, so die (DIY-)Industrie die informelle Arbeit.

Aber der Prozeß der Marktintegration ist unaufhaltbar. Die Humanisierung wie die Enteignung informeller Arbeit sind untrennbar in die Entwicklung der formellen Arbeit eingebunden. Der Arbeitsplatz im Betrieb als Einkommens- und Materialbasis, Qualifikations- und Arbeitskräftereservoir und als Informationsquelle ist zentrale Voraussetzung gerade für die humaneren Qualitäten der informellen Arbeit. Erst in dem Maße, in dem die Arbeit in der informellen Wirtschaft durch das Einkommen aus beruflicher Arbeit vom Zwang der Lebensnot befreit ist, läßt sie Raum für weitergehende Motive: Entfaltung von Fähigkeiten, Erholung, Verwirklichung eigener Ideen, Versicherung der eigenen Identität ... Wenn man nicht auf einen bestimmten Ertrag aus informeller Arbeit angewiesen ist, kann man Spaten und Hammer aus der Hand legen, wann man will, und Umfang, Gegenstand, Zeitpunkt und Standard der informellen Arbeit können selber festgelegt werden. Man muß die Arbeit nicht machen, man kann sie also auch liegenlassen. Die Entwicklung der offiziellen Wirtschaft in den letzten vierzig Jahren hat einen ungeheuren Reichtum geschaffen. Was wir heute als humane Qualitäten in der Schattenwirtschaft wahrnehmen können, ist auch Resultat dieser Entwicklung und daher an das erreichte Niveau gesellschaftlichen Reichtums gebunden. Freude an der Arbeit im Garten konnte sich erst in dem Maße entfalten, wie solche Arbeiten nicht mehr existentiell notwendig sind. Die Knochenarbeit am Bau kann man »machen lassen«, seit man genug Lohneinkommen hat, um Helfer und Maschinen bezahlen zu können. Würden Arbeitslosigkeit, längere Phasen von Kurzarbeit und Kürzungen im sozialen Netz beispielsweise den Eigenanbau von Nahrungsmitteln wieder erzwingen, verlören diese Tätigkeiten auch wieder ihre positiven Momente.

Industrialisierung und Verstädterung waren zugleich Prozesse der *Befreiung* und der *Enteignung*. Sie haben ein materielles Niveau der Reproduktion hervorgebracht, das vor 150 Jahren für die Masse der Menschen noch undenkbar schien, und sie haben das Leben aus den zeitlichen Rhythmen der Natur gelöst. Die vollständige Trennung von Wohnen und Arbeiten, die immer weitergehende Kolonisierung des alltäglichen Lebens durch Markt und Staat haben aber immer mehr Möglichkeiten autonomer Lebensführung eliminiert. Dies war tatsächlicher Fortschritt, so lange in diesen Prozessen immer noch die Dimension der Entlastung, die Befreiung von notwendiger Arbeit vorherrschend war. Aber dieses Modell ist fragwürdig geworden und verliert seine historische Berechtigung, wenn es nicht mehr die Integration aller garantiert und wenn die sorgfältige Trennung der Lebenssphären objektiv nicht mehr notwendig ist. Auf der Basis einer gesicherten Existenz, die heute für alle bei weniger Arbeit im formellen Sektor realisierbar wäre, gewinnen Zeit und räumliche wie soziale Möglichkeiten zur Eigenarbeit eine ganz andere Qualität. Die Steigerung der Wohlfahrt ist dann nicht mehr auf eine beständige Ausweitung der formellen Ökonomie allein angewiesen, sondern kann auch den Haushalten zur Disposition gestellt werden.

Dabei dürfen allerdings die zivilisatorischen Errungenschaften der urbanen Lebensweise nicht in Frage gestellt werden, denn der Verlust individueller Freiheit wäre kein angemessener Preis für die Verbesserung der Möglichkeiten zur Eigenarbeit. Wenn wir oben die Situation der Industriearbeiter, die in ländlichen Kontexten leben, als ideale Konstellation für eine hohe Produktivität im informellen Bereich von Arbeit beschrieben haben, dürfen deren negative Aspekte nicht übersehen werden: sie arbeiten tatsächlich mehr als ihre urbanisierten Kollegen, sie machen faktisch keinen Urlaub, und sie sind organisatorisch und normativ in familiäre Kontexte eingebunden, denen sie sich anpassen müssen, wenn sie die großen Vorteile dieses Sozialkapitals nicht verlieren wollen. Soziale Abweichung von diesem »Milieu« im Sinne des Ausprobierens oder Übernehmens anderer Rollen und Verhaltensweisen ist weitgehend ausgeschlossen, ebenso räumliche Mobilität, und damit bleibt der Erfahrungshorizont beschränkt. Bodenständigkeit und Konservativismus liegen nahe beieinander – diese Grunderfahrung hat Friedrich Engels zu seiner Philippika gegen das Hauseigentum bei Arbeitern motiviert, denn in räumlicher Mobilität sah er eine Voraussetzung für Widerstandskraft (Engels 1971).

Wohnungsmobilität und Arbeitsmarktmobilität sind heute angesichts eines gut ausgebauten (und leicht verbesserbaren) öffentlichen Verkehrsnetzes sowie großer Verbreitung von Individualverkehrsmitteln weitgehend entkoppelt. Einen Zwang zum Wechsel zwischen regionalen Arbeitsmärkten, die früher auf einzelne Städte beschränkt waren, gibt es heute sehr viel weniger. In den meisten Fällen würde er die Position auf dem Arbeitsmarkt nicht verbessern. Die objektiven Möglichkeiten zum Aufbau stabiler sozialer Netze wären also gegeben, wenn in den Städten die individuellen Aneignungsmöglichkeiten geschaffen würden.

Die Voraussetzungen in jenen Städten, deren Entwicklungsperspektiven in der formellen Ökonomie als düster bezeichnet werden müssen, sind freilich nicht gerade optimal für eine Entfaltung der informellen Produktivität. Gerade in den sogenannten altindustriellen, großstädtischen Problemgebieten fehlen die beiden zentralen Voraussetzungen für die Entfaltung des ökomomischen Potentials der informellen Ökonomie. Die materiellen und sozialen Faktoren der »ländlichen« Lebensweise sind nicht gegeben, und die zweite Voraussetzung, der Arbeitsplatz in der formellen Ökonomie, ist gerade bei den Adressaten und in den Gebieten nicht vorhanden, in denen vorrangig geholfen werden soll, denn es handelt sich um Arbeitslose.

Eine Stadtpolitik, die versucht, die sozialen und materiellen Voraussetzungen für eine informelle Ökonomie zu schaffen, muß zwei zentrale Voraussetzungen erreichen: Einmal muß sie die räumlichen und rechtlichen Aneignungsmöglichkeiten im Wohnbereich erweitern. Zum zweiten muß sie darauf hinwirken, daß die formelle, betrieblich organisierte Lohnarbeit als die Basis, auf der eine produktive informelle Arbeit sich erst entfalten kann, umverteilt wird zugunsten der Arbeitslosen. Eine Politik, die den Bestand der öffentlich finanzierten Wohnungen faktisch verschenken und etwa über Arbeitszeitpolitik die formelle Lohnarbeit gleichmäßig verteilen würde, könnte die objektive Basis schaffen, auf der sich eine ökonomisch relevante informelle Ökonomie unter den Bedingungen schrumpfender Städte entfalten kann. Damit ist aber eine dualwirtschaftliche Strategie der Kommunen an Voraussetzungen gebunden, die von den Kommunen allein nicht zu schaffen sind. In dieser Vielfalt von politischen, rechtlichen, finanziellen und administrativen Voraussetzungen, also in ihrer außerordentlich großen Komplexität, liegt die zentrale Schwäche der dualwirtschaftlichen Alternative.

Selbsthilfe beim Wohnungsbau, Selbstorganisation sozialer Dienste, Mitbestimmung im Stadtviertel verlangen technische und moralische Fähigkeiten, über die die Bevölkerungsgruppen mit schlechter Ausbildung und niedrigem Einkommen am wenigsten verfügen. Eine Politik der Dezentralisierung und Auslagerung sozialstaatlicher Politikbereiche in die informellen sozialen Netze wird daher in erster Linie von ökonomisch, qualifikatorisch und sozial Bessergestellten aufgegriffen. Wenn Politik die in der Tat beträchtlichen Selbsthilfepotentiale mobilisieren will, wird sie vor allem die Ärmeren und schlechter Ausgebildeten überhaupt erst selbsthilfefähig machen müssen. Das setzt Beratung, Training, Geld und Raum voraus, ein Programm, das – soll es besser sein – sicherlich nicht billiger kommt als die herkömmliche Form sozialstaatlicher Dienste. Außerdem sind Belastungen aus Leistungen informeller Hilfe sozial ungleich verteilt, insbesondere geschlechtsspezifisch zu Lasten der Frauen, während ihre Nutznießer seltener jene sind, die aufgrund ihres geringen Zugangs zu formellen Dienstleistungen von Staat und Markt ihrer besonders bedürften. Dualwirtschaftliche Strategien können also durchaus negative Verteilungseffekte haben, zumindest können sie die Adressaten gerade verfehlen, die von ihnen unter sozialpolitischen Gesichtspunkten profitieren sollten.

Und noch ein Dilemma einer politisch-administrativen Förderung informeller Arbeit ist zu benennen. Dort, wo informelle Arbeit privater Haushalte besonders produktiv ist, beruht sie u. a. auf einer besonderen Logik der Haushaltsproduktion, die nicht identisch ist mit rationalem Verhalten auf dem Markt. Das Sozialkapital informeller sozialer Netze beispielsweise entfaltet seine ökonomische Wirksamkeit gerade in dem Maße, in dem das soziale Netz aus primär nicht ökonomischen Fäden geknüpft ist. Jeder Versuch, soziale Netze unter primär ökonomischen Gesichtspunkten herzustellen und instrumentell zu nutzen, läuft daher Gefahr, das Sozialkapital solcher Netze gerade zu zerstören. Dieses Dilemma legt ein vorsichtiges Vorgehen nahe bei den Versuchen, informelle Arbeit zu fördern oder gar politisch zu funktionalisieren.

Die Voraussetzungen, informelle Arbeit unter Bedingungen schrumpfender Städte zu mobilisieren, erscheinen also nicht als besonders günstig. Und dualwirtschaftliche Strategien allein deshalb zu empfehlen, weil die formelle Wirtschaft nicht mehr genug hergibt, wäre wenig aussichtsreich. Als solche Strategie zweiter Wahl wird sie kaum mehr als ein Trostpflaster bieten, kaum mehr sein können als eine Selbstverwaltung von Armut.

Dennoch gibt es Möglichkeiten, die informelle Ökonomie auch in den Städten zu fördern. Wir haben gezeigt, daß man für die Eigenarbeit ein Pfund braucht, um damit zu wuchern: Qualifikation, Zeit, Kapital und Raum. Die Stadtpolitik muß darauf gerichtet sein, die Verfügung der Haushalte über diese Mittel zu erhöhen. Das erfordert einen räumlichen und sozialen Umbau, der lange Zeit in Anspruch nimmt und der nicht wie eine traditionelle Großsiedlung, in der das Leben von Planern vorgedacht und vorgeformt wurde, am Reißbrett geplant und technisch umgesetzt werden kann.

Die Stadtplanung und Wohnungspolitik muß damit beginnen, eine *materielle und personelle Infrastruktur* in Wohngebieten, die nicht nur Erholung und Konsum, sondern auch produktive Tätigkeiten fördert, bereitzustellen. Notwendig sind in den Gebäuden wie im näheren Wohnumfeld *Werkstätten*, in denen die Produktionsvoraussetzungen informeller Arbeit bereitgehalten werden: Das sind zuallererst Flächen und Räume, die durch Schallschutz, technische Aussstattung, Lage und Zugänglichkeit für verschiedene Arbeiten geeignet sind. Dazu gehören auch Werkzeug, Material und Maschinen. Eine solche Wohnumfeldverbesserung hätte voraussichtlich größere Folgewirkungen, als wenn Straßenmöblierung, Grünflächen und Parkplätze geschaffen werden. Hierfür gibt es Modelle in Stadtteilwerkstätten (DDR), Kulturläden (Nürnberg), Haus der Eigenarbeit (München).

Die Aneignungsmöglichkeiten müssen erweitert werden, auch im Sinne der *rechtlich abgesicherten Verfügung* der Bewohner über ihre Wohnbedingungen. Die Privatisierung in Form von Individual- wie von genossenschaftlichem Eigentum und eine entsprechende Absicherung der Mietermodernisierung sind Voraussetzung dafür, daß die Bewohner sich des Nutzens ihrer Anstrengungen auch sicher sein können.

Die Grenzen der eigenen *Qualifikation* sind auch die Grenzen der informellen Arbeit – sofern aus den sozialen Netzen, über die man verfügt, keine Hilfe kommt. Die Volkshochschulen können hier ihr jetzt schon bestehendes Angebot an Qualifizierung in handwerklichen Tätigkeiten erweitern. Die Kommune kann qualifizierte Beratung, z. B. aus dem Kreis arbeitsloser Handwerker, in stadtteilbezogenen Werkstätten bereitstellen. Da sich ökologische Techniken beim Bauen und in der Ver- und Entsorgung von Haushalten ausbreiten sollten, müssen auch in diesem Bereich Qualifizierung und Beratung zunehmen. Ökologische Techniken stellen teilweise enorme Anforderungen an Arbeit und Qualifikation der privaten Haushalte.

Neben materiellen und personellen Ressourcen sind *organisatorische Leistungen* etwa bei der Verknüpfung von Arbeitsbeschaffungsmaßnahmen, Umschulung und Modernisierungsarbeiten im Stadtteil gefordert. Zu diesem Typus der organisatorischen Unterstützung gehören auch solche Versuche, die im Bereich der informellen Arbeit arbeitsteilige Spezialisierung und größere Kapitalinvestitionen ermöglichen sollen, so z. B. der von Offe/Heinze (1986) vorgeschlagene Kooperationsring auf der Basis von Leistungsgutscheinen. Dazuzuzählen sind auch die von Selle (1986) vorgeschlagene »intermediären Organisationen«. Zentral ist hierbei die Annahme, daß die für Selbsthilfeprojekte erforderlichen organisatorischen Leistungen weder von den Beteiligten selbst noch von der Kommunalverwaltung erbracht werden können. Die intermediären Organisationen haben folgende Aufgaben:
– Professionalisierung bestimmter technischer, finanzieller und organisatorischer Aufgabenbereiche,
– Verbesserung der Vertretungs- und Durchsetzungschancen gegenüber den Verwaltungen, Verbänden,
– Beratungs- und Gründungshilfen,
– Propagierung der Ziele und Motive der Gruppen,
– Verbesserung der Orientierung und der Durchsetzungsfähigkeit auf verschiedenen Märkten (Selle 1986, 22).

Die *Arbeitspolitik* hätte durch Arbeitsbeschaffungsmaßnahmen, Ausbau eines zweiten Arbeitsmarktes, massive Förderung von Job-sharing und Arbeitszeitverkürzungen die normale Erwerbstätigkeit als die neben den Wohnbedingungen zweite wesentliche

Voraussetzung produktiver informeller Arbeit auszuweiten. Wo dies nicht möglich ist, sollten die Transferzahlungen zumindest so ausgestattet werden, daß private Haushalte sich auch Produktionsmittel für informelle Arbeit verschaffen können. Dabei geht es nicht nur um den Umfang der Mittel. Mindestens ebenso wichtig ist, die *Dispositionsmöglichkeiten* der Haushalte über Raum, Zeit und Geld zu erweitern. Ähnlich wie ein Betrieb kann der private Haushalt seine Produktivität durch die Art und Weise, in der er seine Mittel einsetzt, erhöhen. Zum Beispiel müssen die sozialen Netze räumlich und die eigene Arbeitskraft zeitlich verfügbar sein. Eine noch so große Verwandtschaft nutzt wenig, wenn sie weit vom Bauplatz entfernt wohnt. Arbeiterhaushalte versuchen während der häufig sehr langen Phase des Hausbaus, sämtliche verfügbaren Ressourcen an Geld und Arbeitskraft zu mobilisieren. Die tarifrechtlichen Bestimmungen setzen solchem individuellen Management der beruflichen Arbeitszeit gegenwärtig sehr enge Grenzen. Eine Arbeitszeitpolitik, die die individuellen Wahlmöglichkeiten erhöht, wird wahrscheinlich höhere positive Effekte für die Schattenwirtschaft haben als eine generelle Arbeitszeitverkürzung. Ähnlich können *sozialstaatliche Transferzahlungen* so umgestaltet werden, daß die Berechtigten besser damit kalkulieren können. Rentenansprüche, Sozialhilfe und Arbeitslosengeld könnten z. B. teilweise kapitalisiert werden, so daß ein Haushalt zu Beginn eines Projekts, etwa Umbau des Hauses für Fremdenzimmer oder Wohnungsmodernisierung, auch größere Summen einzusetzen hätte. In Frankreich haben 1984 rund 40.000 Arbeitslose von der Möglichkeit Gebrauch gemacht, sich ihre Arbeitslosenunterstützung bis zu einem halben Jahr im voraus auszahlen zu lassen, um sich selbständig zu machen (Neef 1986). Auch in den Niederlanden ist dies möglich.

Angesichts des beträchtlichen Umfangs der informellen Arbeit von bis zu 40 % des Bruttosozialprodukts würde eine auch nur ansatzweise Förderung dieses Potentials beträchtliche Wohlfahrtseffekte auslösen. Allerdings ist die Vorstellung, Politik könne Verlagerungen in den informellen Bereich fördern, ebenso verfehlt wie die umgekehrte, repressive Maßnahmen könnten den Markt zu Lasten des informellen Sektors stärken. Beide Vorstellungen sind wenig realistisch, weil sie an den Tendenzen der Integration von Markt, Staat und Schattenwirtschaft vorbeigehen. Zwar birgt die Schattenwirtschaft in der Tat hohe produktive Potentiale, zwar ist sie in der Tat ein Bereich, in dem neue Motive und Werte platzgreifen können, aber dieses Potential entfaltet sich nur auf der Basis von Staat und Markt. Um die Schattenwirtschaft zu einem Bereich auszubauen, dem nicht lediglich die Verwaltung der eigenen Armut in Selbsthilfe überlassen wird, ist demnach eine sehr umfassende und aufwendige Politik nötig. Dies kostet erstens Geld, um die materiellen Voraussetzungen zu schaffen. Es braucht zweitens ein professionelles Personal, das aufwendige organisatorische und beratende Leistungen erbringen kann. Und es setzt drittens eine Verwaltungsorganisation voraus, die gleichzeitig beweglich, koordiniert und aktiv in die Brennpunkte informeller Ökonomie eingreifen kann. Der Sozialstaat wird mit Sicherheit nicht billiger, wenn er das praktisch fördert, was heute oft nur als Vorwand für den Rückzug staatlicher Politik dient, nämlich die Initiative und Eigenverantwortung der privaten Haushalte: Nicht weniger Sozialstaat also, sondern ein anderer.

Von dualwirtschaftlichen Strategien ist nicht nur deshalb zu sprechen, weil sie sich auf beide, die formelle wie die informelle Ökonomie, richten. Dualwirtschaftlich sind solche Strategien auch von ihren Funktionsvoraussetzungen her. Wir haben oben darauf hingewiesen, daß der Zugang zur formellen beruflichen Arbeit funktionale Bedingung für eine humane informelle Arbeit ist. Das gilt materiell und psychisch. Erst auf der Basis einer gesicherten, zumindest jederzeit möglichen normalen beruflichen Arbeit, also auf der Basis gesicherter traditioneller Identitätsmuster kann sich ein Interesse an anderer Arbeit entfalten: die Natur zu bewahren und zu pflegen, ökologisch bewußt zu wohnen und zu verbrauchen, bestimmte Gebrauchswerte mühevoll herzustellen, wie es in den vielfältigen Formen der Eigenarbeit für Verwandte, Freunde, Nachbarn oder für sich selber üblich ist, Angehörige und Nachbarn zu pflegen, sich in politischen und karitativen Organisationen, Gewerkschaften, Bürgerinitiativen und Kirchengemeinden zu engagieren. Eine Verschiebung der Identität als arbeitendes und deshalb sozial anerkanntes Mitglied der Gesellschaft aus dem Beruf in eine Arbeit im außerbetrieblichen Lebensbereich gelingt nicht, wenn sie durch Arbeitslosigkeit erzwungen wird, also Notnagel oder Trost sein soll. Die Selbstsuggestion, die unerreichbaren Trauben normaler Berufstätigkeit seien viel zu sauer, ist ein unsicheres Fundament für das Engagement in informeller Arbeit. Der Wandel arbeitsbezogener Werte vollzieht sich nicht nach dem

Wetterhäuschenmodell: Wenn die formelle Arbeit sich zurückzieht, tritt die informelle um so weiter nach vorne. Alle Studien zur Arbeitslosigkeit belegen, daß bei Verlust der beruflichen Arbeit auch das politische und gewerkschaftliche und generell das Engagement im außerbetrieblichen Lebensbereich sinkt. Umgekehrt aber (vgl. Jessen/Siebel u. a. 1987) ist das subjektive Interesse an der eigenen Arbeit im Betrieb um so höher, je höher das Engagement in informeller Arbeit außerhalb des Betriebs ist. Gelingende dualwirtschaftliche Strategien haben also zur objektiven und zur subjektiven Voraussetzung, daß unter Bedingungen des jobless growth zwei zentrale Fragen der Arbeitsgesellschaft – die unsere Gesellschaft immer noch ist – gelöst werden: die Verteilung der gesellschaftlichen Arbeit auf alle, die arbeiten wollen, und die Verteilung des gesellschaftlichen Reichtums, so daß auch jene Regionen, Städte und Menschen daran partizipieren, die von den neuen Technologien gegenwärtig mehr die Lasten in Gestalt von Arbeitslosigkeit als die Segnungen in Gestalt von Einkommen, Steuern und Gewinnen zu spüren bekommen.

Die Stadtentwicklung muß sich darauf einstellen, daß in vielen Großstädten künftig weniger Menschen mit insgesamt weniger Geld leben, die aber mehr Zeit zur Verfügung haben. Das Quartier, das Haus, in dem man lebt, gewinnen dann eine größere Bedeutung, weil es zum Lebensmittelpunkt in einem unmittelbaren Sinn auch für die beschäftigte Bevölkerung wird. Zeit zu haben, ohne materielle Not leiden zu müssen, ist ein Reichtum, der bisher immer nur einer kleinen Schicht von Privilegierten vorbehalten war. Ob eine reiche Gesellschaft wie die der Bundesrepublik sich auf eine innere Verfassung zubewegt, in der die wachsende Armut einer beträchtlichen Minderheit einem wachsendem Reichtum der Mehrheit gegenübersteht, ist vor allem eine gesellschaftspolitische Entscheidung. Die Großstadtentwicklung hängt von solchen Entscheidungen künftig noch mehr ab. Arbeitszeitpolitik, Eigentumsrecht und Mindesteinkommen sind daher auch zentrale Themen der Stadtpolitik. Diese Entscheidungen sind allerdings auf kommunaler Ebene allein nicht zu treffen.

Daß eine alternative Stadtpolitik notwendig ist, sagt leider wenig über ihre politische Durchsetzbarkeit. Die Forderung, den Schrumpfungsprozeß zu planen, gibt sich realistisch und ist zugleich doch utopisch. Umverteilung der Lebensarbeit, Verschenken öffentlich finanzierter Wohnungen, Abbau von Industrieanlagen und hochverdichteten Wohngebieten – wohlfeile Pläne, aber wer soll sie finanzieren? Und wer soll sie politisch durchsetzen? Die sich in einigen Kommunen abzeichnenden rot-grünen Koalitionen sind ein sehr labiler politischer Träger für die Vielzahl der notwendigen Veränderungen. Die Betroffenen sind überwiegend an den politischen und sozialen Rand der Gesellschaft gedrängte Gruppen. Gerade sie verfügen über wenig ökonomische und politische Druckmittel, um sich durchzusetzen. Und was haben diese Randgruppen gemeinsam mit den Stammwählern der SPD? Welcher Zukunftsentwurf wäre so überzeugend, daß er auf Dauer die gewerkschaftlich organisierten Industriearbeiter in einer rot-grünen Koalition halten könnte, auch wenn diese Koalition den Abbau der Industrie zu organisieren hätte? Die Frage der politischen Durchsetzbarkeit ist damit auch die Frage nach einem politisch mobilisierenden, identifikationsfähigen anderen Modell vom Großstadtleben und Stadtkultur.

Kapitel 9
Kulturpolitik oder
Das Ende der Stadtkultur

Die politische Bedeutung der Bilder von der Stadt

Spätestens seit Frankfurt mit so staunenswertem Erfolg sein Image umgeprägt hat, ist Stadtkultur ein aktuelles Thema. Die Etats der Kulturdezernenten wachsen. Jährlich gibt der Staat ca. 8 Mrd. DM für Kulturarbeit aus. 62 % (5 Mrd.) davon bringen die Kommunen auf, 2,5 Mrd. die Länder (ohne die Stadtstaaten), eine halbe Mrd. der Bund. Rechts wie links, bei Grünen, SPD und CDU wird das Hohelied der urbanen Metropole angestimmt (vgl. z. B. Sens 1986). Dabei geht es nicht nur um die direkten und indirekten ökonomischen Funktionen von Stadtkultur. Die Bedeutung städtischer Kulturpolitik würde weit unterschätzt, verstünde man sie nur im Bezugssystem erweiterter Konkurrenz unter den Kommunen um wirtschaftliche Vorteile. Im Kern geht es um eine Auseinandersetzung über unser Bild vom richtigen Leben. Und derjenige besitzt politische Macht, der die Fähigkeit hat, unsere Vorstellungen vom richtigen Leben zu bestimmen. Herrschaft ist immer auch Herrschaft über die Köpfe.

Bis heute funktioniert eine nur oberflächlich modifizierte Wachstumspolitik in den Städten wider alle noch so realistischen Einwände politisch ohne Störungen. Einmal aus blanker Alternativlosigkeit: Die konträren Perspektiven der Großstädte haben bisher nicht zu einer Reformulierung und Differenzierung stadtentwicklungspolitischer Ziele geführt; das tatsächliche, andauernde Wachstum einiger weniger Städte läßt die Propaganda, mit einer hinreichend konsequenten Wachstumspolitik könnten Schrumpfungsbereiche kompensiert und überdeckt werden, als realistisch erscheinen. Entwicklungen wie Bevölkerungsrückgang und Deindustrialisierung werden daher fast ausnahmslos als Gefahr wahrgenommen. Ansätze zu veränderten städtischen Leitbildern sind nicht in Sicht. Die Konturen politischer Reaktionen auf die veränderte Situation sind noch kaum auszumachen. Zwar ist das Schrumpfen der Arbeitsplätze insgesamt und insbesondere der Industriearbeitsplätze in den Städten unausweichlich, aber welche

Politik würde die nächsten Wahlen überleben, wenn sie nur das Sichfügen ins Unvermeidliche propagiert? Solange ihnen der Geruch von Muckefuck anhaftet, der Verdacht, bloßer Ersatz zu sein für eine richtige Arbeit in einer richtigen, und das heißt prosperierenden Großstadt, solange werden stadtpolitische Alternativen schwerlich Befürworter finden. Schrumpfen, Rückbau von Straßen, Schließen von Schulen, Abbruch leerstehender Gebäude verbinden wir mit Verlust, Verfall und Resignation. Eine restaurierte Oper mit allem Pomp und Glanz strahlt allemal mehr Vitalität aus als die Idee, man könne jede zweite Häuserzeile in der dichtverbauten Innenstadt abreißen, um Kleingärten für die Bewohner einzurichten. Und Beschränkungen des Autos zugunsten des Fahrrades werden es schwer haben, begeisterte Anhänger massenhaft an die Wahlurnen zu treiben, zumal bei Regen. Die Grünen, die Alternativen propagieren, tun dies vor allem mit Drohungen: Bei weiterer Rüstung droht das Ende der Menschheit; bei wachsendem Konsum erschöpfen wir die natürlichen Quellen; wenn wir weiter so produzieren, ist die ökologische Katastrophe absehbar. Eine asketische Logik, die mehr mit der Angst vor dem Untergang als mit der Hoffnung auf Glück argumentiert, hat es aber schwer gegen die eingewurzelten Klischees des Mehr, Höher, Besser.

Das Image der Stadt Frankfurt ist in sehr kurzer Zeit umgemodelt worden. Es ist eine Stadtkronenpolitik, die mit wenigen städtebaulichen Gesten einen sehr kleinen zentralen Ausschnitt des Stadtgebiets umgestaltet hat. Aber nicht allein die effektvolle Konzentration städtischer Symbole aufs Zentrum als dem Punkt höchster Sichtbarkeit bedingt den Erfolg. Auch nicht nur der enorme finanzielle Aufwand, der fürs Facelifting betrieben wird: Frankfurt gibt mit 11 % seines Haushalts, d. h. 324 Mio. im Jahr 1986, nach Berlin (14,3 %) mit Abstand am meisten für Kultur aus. Die Frankfurter Stadtkronenpolitik ist auch deshalb so durchschlagend, weil sie an das überkommene Bild der dynamischen Metropole anknüpft und damit an ein Bild vom Stadtleben, mit dem sich selbst jene identifizieren, die vornehmlich dessen Lasten zu tragen haben. Der Umbau der Stadt zugunsten besserer Arbeitsplätze, gehobenen Wohnens, überlokal beachteter Kultur und eines konsumfördernden Ambientes hat schon immer die Unterschicht aus ihren billigen Wohnungen an günstigen Standorten und aus ihren gewachsenen sozialen Bindungen verdrängt. Auf der anderen Seite nutzen die Stadtbewohner mit niedrigem Einkommen und gerin-

ger (Aus-)Bildung Oper und Museum nur selten. Ihre Arbeitsplätze, wenn sie solche haben, liegen nicht in den luxuriös ausstaf-
fierten modernen Bürogebäuden des Zentrums, und die Waren in
den Fußgängerzonen einer boutiquisierten Innenstadt sind ihnen
meist zu teuer. Aber der Verkehr dorthin belastet ihre Wohnquartiere.

Dennoch, Hochhäuser, Paläste bürgerlicher Hochkultur und
postmoderne Architekturgesten haben, vielleicht gerade weil sie
mit der Ästhetisierung von Luxus und Macht die Probleme der
heutigen gesellschaftlichen Entwicklung übergehen und verdrängen helfen, offensichtlich eine identitätsstiftende und -stabilisie-
rende Bedeutung über den Kreis ihrer direkten Nutznießer hinaus.
Sie symbolisieren Wachstum und Leistungskraft und können damit an die noch lebendigen Erfahrungen vom »Wirtschaftswun-
der« anknüpfen, das – trotz konstanter oder sogar größer gewor-
dener sozialer Ungleichheit – jedem einzelnen das Erlebnis von
Mehr und Besser, von individuellem Vorankommen und über dessen sichtbare Ergebnisse (Kleidung, Auto, teure Geräte, Möbel)
auch soziale Anerkennung vermittelt hat. An diese erlebte Einheit
von Strukturwandel und steigendem gesellschaftlichem wie individuellem Reichtum, von Gemeinwohl und Individualinteressen
(Beck 1984) wird erinnert und damit an den zentralen Mechanismus, der die soziale, politische und psychische Integration fast aller in der Bundesrepublik nach dem Elend von 1945 gewährleistet
hat. Daß die architektonische Sprache der Hochhäuser gewählt
wird, ist nicht mit Platzmangel und hohen Bodenpreisen zu begründen. Die modernen Kommunikationsmedien ließen dezentrale Standorte bei gleichbleibender Effizienz zu. Hochhäuser an
zentralen Standorten produzieren Ideologie, mit ihnen wird die
Stadt sichtbar besetzt. Sie aktualisieren die Bilder einer Dynamik,
die einmal real das Versprechen für ein besseres und befreites Leben für alle war. Den aus Verzweiflung, Elend und politischer
Verfolgung Emigrierten war die Skyline von Manhattan, die Frei-
heitsstatue vor der Wolkenkratzersilhouette das Symbol einer
wirklichen Hoffnung, der Eingang in eine Welt der unbegrenzten
Möglichkeiten und bürgerlichen Freiheiten. »Mainhattan« dagegen repräsentiert eine Ordnung der Ausgrenzung und des Aus-
schlusses: Asylanten werden verjagt, Ausländer haben kein
Wahlrecht, ein großer Teil der Arbeitsuchenden wird in dieser
Wirtschaft keine Beschäftigung finden. Und dennoch kann die

Stadtkronenpolitik offensichtlich noch Hoffnungen an sich binden, denn das alte Bild ist lebendig, und ein neues Bild anderen Lebens ist nicht sichtbar.

Darin liegt der zweite und entscheidende Grund für den überwältigenden politischen Erfolg einer wachstumsorientierten Wirtschafts- und Kulturpolitik selbst in den Städten, wo sie keine objektive Basis hat: Bei allen Überlegungen zu einem veränderten Bild von der Großstadt, zu einer neuen Stadtkultur spürt man, wie sehr wir in einem Gedankengefängnis leben, das Wachstum heißt. Wir haben das Problem, überhaupt ein Bild des richtigen Lebens in einer Großstadt zu formulieren, dessen Grundzug nicht wachsender Reichtum ist. Auch Biographien gelten uns dann als gelungen, wenn sie sich in Kategorien des Wachstums erzählen lassen: Beruflicher Aufstieg, höheres Einkommen, größerer Besitz. An den Grenzen des Wachstums erkennen wir die Grenzen unserer Stadtkultur und unserer Bilder von uns selbst.

Unser Bild von der Großstadt und dem Leben darin wird sich ändern müssen. Nur noch wenige Großstädte werden in ihren Grundzügen von jenen Merkmalen geprägt sein, die wir mit dem Begriff der Metropole verbinden: Expansion, Veränderung, Modernität, Aufstieg und Sensation. Es ist unwahrscheinlich, daß die gegenwärtige, auf Rettung des alten Bildes von Funktion und Struktur einer Großstadt gerichtete Politik aussichtsreich ist. Alternativen müssen entwickelt werden. Und im Schrumpfen liegt auch eine Chance. Abnehmende Nutzungs- und Bevölkerungsdichte geben Raum für ein Leben, das in Großstädten so lange unmöglich war. Stabilität, kleinräumige Verkehrsnetze, Dezentralisierung und mehr Selbstbestimmung, aber auch Humanisierung der beruflichen Arbeit sind Stichworte, die ein Stadtleben umreißen, das sich viele wünschen. Dies hat nichts mit den Vorstellungen der romantischen Großstadtkritiker der Jahrhundertwende zu tun, die das Rad der Entwicklung zurückdrehen wollten. Eine Großstadt wird sich nicht in Dörfer vorindustrieller Beschaulichkeit auflösen, aber sie wird von weniger Zwang und Raumnot geprägt sein können. Nur werden die Chancen des Schrumpfens so lange verschlossen bleiben, wie wir an der Identität von Wachstum und Urbanität festhalten.

Die Diskussion um eine neue Urbanität macht es sich zu leicht, wenn sie sich auf rote, schwarze oder grüne Entwürfe für das Leben in einer Metropole konzentriert. Das war solange berechtigt, als die Entwicklung jeder Stadt die Metropole zu ihrem Fluchtpunkt haben konnte. Mit dem Auseinanderbrechen dieses einheitlichen Musters städtischer Entwicklung in zwei polare Typen wird das Bemühen um einen emanzipatorischen Begriff von Stadtkultur gerade bei den städtischen Lebenswelten ansetzen müssen, die wir bis heute nur als Verlierer zu kennzeichnen in der Lage sind. Es geht nicht nur um die Urbanität der klassischen Metropole, sondern auch um das weit brisantere Problem, ob sich unter Bedingungen des Schrumpfens ein emanzipatorischer Begriff von städtischem Leben entwickeln kann. Ist es denkbar, daß sich in Duisburg oder Gelsenkirchen ein Selbstbewußtsein herausbildet, das sich nicht insgeheim als zweite Wahl gegenüber Düsseldorf oder München begreifen muß? Die entscheidende Frage lautet also: Welches identifikationsfähige, politisch mobilisierende Bild eines gelungenen Lebens in der Stadt ist denkbar unter Bedingungen, wonach eine Großstadt in den nächsten fünfzehn bis zwanzig Jahren bis zu einem Viertel ihrer Einwohner, ihrer Arbeitsplätze und entsprechende Einnahmen verliert, mit all den Konsequenzen für die alltägliche Lebenssituation ihrer Bewohner?

Allerdings: Eine neue Qualität städtischen Lebens wird man kaum durch Reden herbeiführen. Denn dies ist weniger ein Problem intellektueller Konstruktionen, die sich dann planen und durchsetzen ließen. Die Initiative der Bevölkerung läßt sich nicht von oben herbeizaubern; Planung und Politik können nur Gelegenheiten schaffen – ganz ähnlich übrigens wie die Wirtschaftsförderung herkömmlicher Art. Eine neue Urbanität wird aus sozialen Bewegungen heraus entstehen müssen. Intellektuelle Diskussion kann dazu nur insofern beitragen, wie sie die ausgehöhlten Formen zersetzt. Ihre Aufgabe ist die Kritik, die den Raum für Neues freizumachen hilft und zugleich das festhält, was im Kritisierten emanzipatorisch gemeint war. Die Kategorie der bürgerlichen Urbanität, auf die sich alle Stadtpolitik heute noch beruft, bietet selber zugleich die Maßstäbe der Kritik an dieser Politik.

Kulturpolitik

Die Städte investieren in Kultur. Neue Staatsgalerie und »Kulturmeile« in Stuttgart, eine Neue Pinakothek und ein monströses

Kulturzentrum in München, Museen in Reihe in Frankfurt, Köln, Krefeld, Düsseldorf, Mönchengladbach, eine neue Philharmonie in Köln, Kulturforum in Berlin, aufwendig restaurierte Opern in Frankfurt, Hamburg und Stuttgart. Die Stuttgarter schämten sich nicht, zur Wiedereröffnung einen Enkel des alten württembergischen Königs in die wiederhergestellte Königsloge zu setzen. Hinter all dem Aufwand an Geld, klugen Gedanken und schöner Architektur stehen handfeste Überlegungen: Stadtkultur hat im wahrsten Sinne des Wortes Konjunktur. Das Thema ist politisch aktuell, und seine Aktualität wird mehr und mehr mit wirtschaftspolitischen Argumenten begründet. Dabei werden ihr drei ökonomische Funktionen zugeschrieben.

Erstens: Kultur ist ein Standortfaktor von wachsender Bedeutung. Qualität und Vielfalt des kulturellen Angebots bestimmen wesentlich die Wohnqualität. Aufgrund zunehmender Freizeit, Einkommen und Bildung steigen die Ansprüche an diese Dimension der Wohnqualität. Stadtkultur wird so zum Mittel gegen die Stadtflucht der oberen Mittelschicht und für den Zuzug von Betrieben mit hochqualifizierten Arbeitsplätzen. Geradezu unentbehrlich ist ein attraktives kulturelles Ambiente für den Erfolg einer Stadt als Messe- und Kongreßzentrum.

Zweitens: Kultur ist eine Industrie. Sie beschäftigt häufig überdurchschnittlich qualifizierte Arbeitskräfte und erzielt wachsende Umsätze, bringt also Kaufkraft, Steuereinnahmen und Arbeitsplätze.

Drittens: Kultur ist eine Tourismusbranche. Wie Messen und andere Kirchenfeste im Mittelalter ziehen kulturelle Einrichtungen und Veranstaltungen Fremde in die Stadt. 38 % der Theaterbesucher wohnen außerhalb der Stadtgrenzen. Drei von vier Museumsbesuchern kommen von außerhalb. Von diesen 71 % sind wiederum die Hälfte sogar von weiter her, aus anderen Regionen, angereist (Taubmann/Behrens 1985). Die Fremden zahlen nicht nur für Eintrittskarten. Während des »Jahres der romanischen Kirchen« waren die Kölner Hotels um fast 50 % besser ausgelastet. Ähnliche Multiplikatoreffekte des Kulturtourismus ergeben sich für Gaststätten, Taxiunternehmen und öffentliche Verkehrsbetriebe. Nach einer von Schnorbus (1986) zitierten Studie waren den kulturellen Einrichtungen der Stadt Zürich 1984 öffentliche Subventionen in Höhe von 67 Mio. Franken zugeflossen. Dem standen an zusätzlichen Einnahmen bei der öffentlichen Hand (Steuern und Gebühren) 25 Mio. sowie 196 Mio. Franken bei der privaten Wirtschaft gegenüber.

Wie schön, könnte man sagen, daß Kultur sich auch auszahlt. Wenn Kultur zum Wirtschaftsfaktor avanciert, läßt sie sich politisch durchschlagskräftiger verteidigen. Aber es bleibt nicht bei einer Taktik geschickter Begründungen. Die ökonomisch funktionalisierte Stadtkultur meint eine ökonomisch funktionalisierte Stadt. Von der bürgerlichen Urbanität bleibt übrig, was sich den Verwertungsprinzipien kapitalistisch durchrationalisierter Ökonomie fügt. Ihr kritisches Potential wird ausgeschieden; wenn »es bei der Kultur... um Wirtschaftskraft und Arbeitsplätze, Umsätze, Gewinne, Investitionen, kurz um Beiträge zum Sozialprodukt geht« (Senatsrat Opper, Hansestadt Bremen, zitiert nach: Contraste 10/1986), so trifft das die Sache selbst. Was uns heute als »die Stadt« verkauft wird, ist ausgelaugte Ideologie und äußerst selektiv.

In dem Maße, in dem Stadtkultur zum Instrument im interkommunalen Konkurrenzkampf wird, wird sie auch den Mechanismen dieses Kampfes unterworfen. Das Schwache gerät an den Rand, das Starke muß immer stärker werden, um zu überleben, und über Stärke oder Schwäche entscheidet der Markt. Besucherzahlen aber sind ein ähnlich fragwürdiger Maßstab wie Einschaltquoten. Museen z. B. konkurrieren mit immer spektakuläreren Ausstellungen: Stauffer, Preußen, Tut-Ench-Amun, Impressionisten... An diesem Karussell können sich nur die Größten beteiligen. Nur sie verfügen über die notwendigen Räume, Personal, Gelder, Know how. Vor allem aber verfügen allein sie über Bestände, aus denen sie im Tausch gegen die Leihgaben anderer, deren Fülle erst eine Ausstellung spektakulär macht, Interessantes anbieten können. »Das Prinzip do ut des beherrscht dieses Geschäft eindeutig. Nur wer gibt, wird auch etwas erhalten« (Schnorbus 1986). Wie die kleinen wohnungsnahen Geschäfte in der Konkurrenz zwischen Supermärkten am Stadtrand und aufgemotzten Fußgängerzonen im Zentrum zerrieben werden, so können auch im kulturellen Konkurrenzkampf die kleinen Museen nicht mithalten. Was die Metropole vor der Provinzialität bewahrt, läßt die Provinz um so mehr verödet erscheinen. Ebenso läßt die Konzentration der Mittel auf die Stadtkrone wenig übrig für die Stadtteile.

Der Prozeß der räumlichen Selektion zugunsten weniger metropolitaner Standorte ist zugleich ein sozialer Selektionsprozeß.

Wenn Köln zur Eröffnung einer neuen Gemäldegalerie 2000 »Persönlichkeiten aus aller Welt« einlädt und seine Werbung in den IC-Zügen plaziert, dann richtet es seine Kultur auf die Interessen einer überregional mobilen Schicht aus, eben jener, die auch die Kölner Messen, Kongresse und Hotels füllen soll. Mobil ist, wer sich Mobilität leisten kann. Der soziale Einzugsbereich wächst nicht parallel zum räumlichen. Die Kultureinrichtungen der Städte werden weit überdurchschnittlich von den Angehörigen der oberen Mittelschicht und von potentiellen Aufsteigern, »Gymnasiasten und Studierenden«, benutzt. Erst recht die sogenannte Hochkultur ist Kultur für eine kleine Schicht Gebildeter mit hohem Einkommen. Der Finanzwissenschaftler Andreae hat dies besonders pointiert kritisiert: Das System der öffentlichen Kultursubventionen sei »eine Umverteilung öffentlicher Gelder zugunsten der Gutverdienenden«, die auch die Marktpreise zahlen könnten (zitiert nach *Frankfurter Allgemeine Zeitung*, 31. 1. 1987). Subventionen sollten dagegen nur dem Neuen und Experimentellen zufließen. Diese Vorhaltungen sind altbekannt, deshalb auch ärgerlich, vielleicht sogar fatal, denn ist der Angriff auf den elitären Charakter der Stadtkultur nicht zugleich ein Angriff auf diese selbst?

Stadtkultur gehört von jeher zu den »oberzentralen Funktionen«, deren Vielfalt und Überschuß über die Grenzen der Stadt hinaus gerade die Qualität des Städtischen ausmachen. Wollte man die städtische Kulturpolitik auf Angebote nur für den Geschmack der Ortsansässigen verpflichten, wäre der Effekt die Provinzialisierung auch der Metropole, sicher nicht die Kultivierung der Provinz. Und schafft man mit der elitären Distanz nicht auch das kritische Potential von Kultur ab? Gewiß nicht, denn die Distanz des Elitären ist die Distanz von Herrschaft. Kritische Distanz dagegen ist die zwischen dem Bestehenden und dem, was an dessen Stelle möglich wäre. Das Geschäft der Kritik ist nicht, herabzusetzen, sondern Möglichkeiten offen zu halten. Eben diese kritische Funktion von Stadtkultur aber wird durch ihre wirtschaftspolitische Indienstnahme beseitigt. Kulturpolitik als Konkurrenz um Zuwächse muß das längst Anerkannte zu Lasten des Experimentellen bevorzugen. Frankfurt gibt von seinen 324 Mio. für Kultur gerade 5 Mio. für »alternative Kultur«. Der Rest dient wohl kaum einer Kultur des Widerstandes, der Kritik oder Provokation. Es wird in Museen investiert. Ein Drittel aller Museen in der Bundesrepublik sind zwischen 1971 und 1981 entstanden. Es geht um die schöne Stadt, ein Ziel, das schon immer mit Verschleierung zu tun hatte. Die bombastische Inszenierung der herrschenden Kultur feiert das Bestehende: wir bauen schön, damit alle sehen, daß es schön ist, wie es ist. Und vor allem bauen wir Museen. Was brauchen wir dringender als ein Museum, wenn das Wachstumsmodell einer Gesellschaft, das mit seinen sozialstaatlichen Absicherungen immerhin die Integration aller einigermaßen realistisch anstreben konnte, gerade zerbricht, wenn Spaltungen und Ausgrenzungen die neuen Konturen sind? Die postmoderne Architektur ist genau der richtige ästhetische Ausdruck für ein Bewußtsein, das mit den Problemen von gestern nichts mehr zu tun haben will (Habermas 1985), das das ewige Schuldgefühl wegen noch vorhandener sozialer Ungerechtigkeit souverän abschüttelt und mit gebauten Witzchen den urbanen Flaneur erheitert.

Das heutige »neue Frankfurt« ist nicht nur Museumspolitik und postmoderne Architektur, sondern auch ein Umsiedlungsprogramm, um die Empfangshalle der Stadt von Prostitution und Drogenhandel zu säubern. Die Politik der Stadtverschönerung betreibt eine Maskerade, die schon Engels am Manchester des 19. Jahrhundert beschrieben hat: »Die Stadt selbst ist eigentümlich gebaut, so daß man jahrelang in ihr wohnen und täglich hinein- und herausgehen kann, ohne je in ein Arbeiterviertel oder nur mit Arbeitern in Berührung zu kommen.« Diese »heuchlerische Bauart« ist »immerhin hinreichend, um vor den Augen der reichen Herren und Damen mit starkem Magen und schwachen Nerven das Elend und den Schmutz zu verbergen, die das ergänzende Moment zu ihrem Reichtum und Luxus bilden« (Engels 1970, 70f.).

Unter dem Deckmantel der Ästhetisierung werden auch die Spuren einer unschönen Vergangenheit aus dem Bild der Stadt getilgt (Herterich 1986). Die Paulskirche z. B. ist 1948 wieder aufgebaut worden. Die Mittel waren knapp, und so erinnert der Bau sichtbar an Armut und Not nach dem Ende des Nationalsozialismus. Eben das stört als unschön, freudlos und kalt, und so wird gefordert, »die feingliedrige, edle Struktur« der alten Sprossenfenster und »das alte, edel geschwungene Walmdach« wiederherzustellen (Krüger 1985). Sicher ohne Absicht, aber in der logischen Konsequenz einer rein ästhetisierenden Betrachtung wird geschmäcklerisch aus der Geschichte ausgewählt. Im Fall der Paulskirche goutiert der Autor das Biedermeier. Der Vorschlag findet sich wie zum Hohn unter dem Titel »Wieviel Geschichte braucht eine

Stadt?« Treffender wäre: Welche Geschichte braucht eine Stadt? Antwort: eine, die »Sinn stiftet« und »Geborgenheit«. Für solche Bemühungen um städtische oder gar nationale Identität bietet die jüngere deutsche Geschichte nicht gerade viel an Wahrem, Gutem und Schönem – also brauchen wir sie nicht. Mit der unerwünschten Geschichte wird ebenso umgegangen wie mit unerwünschten sozialen Gruppen: sie wird verdrängt, physisch und psychisch.

Solange Städte von Ungleichheit und Macht geprägt sind, ist ihre ästhetisierende Betrachtung Ideologie, erst recht eine Stadtpolitik, die sich darauf beschränkt, die Räume der Herrschaft zu gestalten, statt Herrschaft abzubauen. Auf einem gemeinsamen Spaziergang durch das »neue Frankfurt« meinte kürzlich ein polnischer Wissenschaftler, er könne diese Skyline nicht schön finden, denn den Banken in diesen Türmen gehöre heute schon alles, was sein Land in den kommenden dreißig Jahren exportieren werde. Ob die Kaufleute, die im Mittelalter ihre Waren den Rhein hinauftreidelten, die Ritterburgen ähnlich wahrgenommen haben wie heute die Touristen auf den Romantic-tours der Köln-Düsseldorfer-Schiffahrtsgesellschaft? Und hat Versailles die Bürger von Paris vor der Revolution als ein Werk der Architektur begeistern können? Die rein ästhetische Betrachtung von Architektur hat erst dann ihr Recht, wenn die Herrschaft aus den Gebäuden ausgewandert und nur noch ihre Geste übriggeblieben ist. Aber wäre der Stadtkultur geholfen, wenn man vor jeder Bank ein Dritte-Welt-Mahnmal aufstellen würde, das täglich die Profite ausweist, die diese Bank aus der Verschuldung der Armen zieht? Oder sollte man in den Schaufenstern eines Automobilkonzerns auch darauf hinweisen, wieviel Bäume das letzte Jahr gestorben und wieviel Menschen mit Autos dieser Marke schon zu Tode gefahren wurden? Addiert man zu jedem Gebäude einen moralisierenden Zeigefinger, so wird dessen Architektur dadurch nicht besser.

Daß Architektur Herrschaft ästhetisiert, ist eine Plattheit, und würde man daraus die Konsequenz ziehen, es dürfe solange nur häßlich gebaut werden, wie das Elend und die Ungerechtigkeit dieser Welt nicht beseitigt sind, so wäre es obendrein Barbarei. Das Problem der Ästhetisierung der Stadt (vgl. Durth 1977) liegt nicht so sehr in einer Wahrnehmungsweise, die die Stadt unter rein ästhetisch-gestalterischen Aspekten betrachtet und darüber ihre soziale und politische Seite vergißt. Das Problem liegt darin, daß Stadt mehr ist als Raum, nämlich sozialer Lebenszusammenhang.

Ästhetisierung der Stadt bedeutet daher immer mehr als nur eine Weise der Wahrnehmung, sie ist Politik. Stadtgestaltung ist mehr und grundsätzlich anderes als das Spielen mit Räumen, Licht und Farbe. Sie ist immer auch konkreter Eingriff in Lebensweisen von Menschen. Stadtpolitik, die in der Absicht, positive Identifikation zu stiften, eine schöne Stadt schaffen will, muß dazu mehr beseitigen als nur häßliche Gebäude. Sie muß sich mit den häßlichen Seiten der Geschichte ebenso praktisch auseinandersetzen wie mit denen der gegenwärtigen sozialen Wirklichkeit. Stadtpolitik, die davon absieht, ist ideologische Praxis. Stadtkultur erschöpft sich nicht in der Tatsache, daß die Stadt Ort oberzentraler Einrichtungen und ästhetischer Erlebnisse ist. Stadtkultur ist eine konkrete Form des Lebens, und zwar aller Stadtbewohner. Die Ökonomisierung der Kulturpolitik sieht davon ebenso ab wie die Ästhetisierung der Stadtgestaltung. Während erstere eine handfeste Umverteilung von öffentlichen Geldern und städtischen Lebenschancen zu Lasten der Ausgegrenzten und zu Gunsten der Integrierten betreibt, fördert letztere die politische Dethematisierung der sozialen Probleme.

  Die Ästhetisierung der Stadt schafft das Elend nicht ab, sondern nur beiseite. Der Neuinszenierung Frankfurts gebührt die gleiche Hochachtung, die Engels vor 150 Jahren in Manchester empfand für die »so zartfühlende Verhüllung alles dessen, was das Auge und die Nerven der Bourgeoisie beleidigen könnte« (Engels 1970, 72). Die Ästhetisierung der Stadt ist nicht dafür zu kritisieren, daß sie im Elend schöne Inseln schafft; keine Kommune kann allein und von sich aus die überkommunal determinierten Prozesse gesellschaftlicher Ausgrenzung umkehren. Aber die Ästhetisierung der Stadt überhöht diese Ausgrenzungsprozesse. Die schönen Inseln werden zu einem Netz verknüpft, in dem der bessere Bürger, wenn er nur seinen Geschäften nachgeht, sich bewegen kann, ohne mit den Kehrseiten der Stadt noch in Berührung zu kommen. Es entsteht eine Stadtstruktur, in der bestimmte Erfahrungen mit Geschichte und mit sozialer Wirklichkeit gezielte Absichten voraussetzen: den Gang ins Museum, den bewußten Schritt vom Parkhaus nicht in die Fußgängerzone, sondern abseits in die Viertel der Armen. Eine Stadt, in der bestimmte Erfahrungen nur noch gezielt gemacht werden können, also Wissen und Absicht voraussetzen, hat etwas von dem verloren, was als besondere Qualität des Städtischen gilt: die Chance, Neues, Unvorhergesehenes zu erleben, unwillkürlich Erfahrungen machen zu können. Dieser Verlust der Qualität des Städtischen geht über eine in sozialpsychologischen Kategorien zu beschreibende Verarmung der Erlebnisvielfalt hinaus. Jene politischen und sozialen Probleme, die nicht mehr in unserer alltäglichen Erfahrungswelt präsent sind, haben auch an politischer Brisanz verloren. Die stillste und zugleich effektivste Weise, Herrschaft zu sichern, besteht darin, unliebsame Themen aus dem Bewußtsein der Öffentlichkeit auszuschließen. Eben das ist die latente politische Funktion der Ästhetisierung der Stadt. Sie betreibt die Dethematisierung gesellschaftspolitischer Probleme, indem sie eine Stadtstruktur fördert, die jenen auf der Sonnenseite der Stadt es leicht macht, die Schattenseiten nicht zur Kenntnis zu nehmen.

Städtische Kulturpolitik, die sich dem Primat der Wirtschaftspolitik fügt, übernimmt auch deren Selektivität. Inhaltlich durch Orientierung auf oberzentrale Funktionen von Kultur zu Lasten der Schutzfunktion städtischer Kulturpolitik, räumlich durch Konzentration auf die Stadtkrone zu Lasten einer dezentralen Vielfalt, sozial durch Orientierung auf die obere Mittelschicht, politisch durch Ästhetisierung der Stadt als Verdrängung nicht nur des optisch, sondern auch des sozial und politisch Störenden. Solche Überhöhung realer Ab- und Ausgrenzungsprozesse ist notwendige Konsequenz einer ökonomisch funktionalisierten Kulturpolitik. Aber ist diese Kritik an der politischen, sozialen und räumlichen Selektivität der kommunalen Kulturförderung, die Altbekanntes wiederholt, nicht auch eine müßige Kritik, denn sie fordert Konsequenzen, die die Möglichkeiten jeder öffentlichen Kulturpolitik übersteigen?

Gegenentwürfe, wie sie schließlich auch von kommunalen Kulturpolitikern formuliert werden – statt der integrativen die kritische, statt der professionellen die Basiskultur –, weisen in eine problematische Richtung. Sicher ist Kultur immer Stilisierung, Überformung und zugleich Widerstand gegen vorherrschende Formen etwa der politischen Verarbeitung von Geschichte. Aber kann dieser Widerstand in Politik inkorporiert werden, ohne daß er zur bloßen Inszenierung verkommt? Ist es denkbar, daß kommunale Kulturpolitik den Widerstand gegen kommunale Politik unterstützt? Die staatliche Akademie der Künste betreibt, vertreten durch ihren Direktor, die Sezession? Die ausgestreckte Hand voller Geld des Kulturdezernenten kann sich nicht lösen aus der

Verwandtschaft mit der Faust, die den Knüppel schwingt gegen Punks und andere Formen des Protests. Kulturpolitik hat als Politik notwendig auch die Seite der Zensur: was Kultur sei und was nicht. Diese Ambivalenz ist auch nicht aufzuheben durch Ausweitung des Kulturbegriffs. Solange es die Trennung zwischen professioneller und Basiskultur gibt, ist Basiskultur nicht nur andere, sondern auch zweitrangige Kultur. Und der Begriff der Alltagskultur ist entweder nichtssagend oder bedrohlich, wenn er mit der Forderung nach einer auf alltägliche Kulturproduktion gerichteten umfassenden Kulturpolitik verknüpft wird: »Der alternative Kulturbegriff bezieht den Menschen mit allen seinen Bedürfnissen, Ausdrucksmöglichkeiten und der Gesamtheit seiner Lebensumstände ein. Alternative Kulturpolitik bezieht sich somit auch nicht auf den Freizeitmenschen, ist keine Freizeitpolitik, sondern durchdringt alle Lebensbereiche. In diesem Sinne ist jeder Mensch kulturell tätig, indem er sich als handelndes Subjekt begreift, ihm seine Bedürfnisse bewußt werden und er sie auf den gegebenen Zustand seiner Lebensumwelt – der Gesellschaft – projiziert« (Grüne Selbstverständlichkeiten, zit. nach Alternative Kommunalpolitik 3, 1984, 24). Der Schutz des privaten Lebens vor politischer Gestaltung, und sei sie kulturpolitisch maskiert, ist eine eisern zu verteidigende historische Errungenschaft städtischen Lebens, selbst wenn sie weitgehend nur Anspruch geblieben ist. So problematisch jede Trennung zwischen Kultur und Nichtkultur theoretisch auch immer sein mag, für praktische Kulturpolitik im Sinne administrativer Maßnahmen ist sie konstitutiv. Eine auf Alltagskultur umfassend gerichtete Kulturpolitik ist entweder Leerformel oder gefährlich nah bei Orwellschen Phantasien umfassender Steuerung und Kontrolle. Kulturpolitik gerät notwendig in Aporien, wo sie zu initiieren sucht, was nur aus sozialen Bewegungen heraus entstehen kann, neues Sprechen, anderes Sehen, Überraschung, Kritik und Widerstand. Städtische Kulturpolitik enthält strukturell eine Affinität zum Etablierten, zur professionellen institutionalisierten »Einrichtungskultur«. Jenseits der oberzentralen Funktionen und der Einrichtungen von Kultur bewegt sie sich wie der unglückselige König Midas, der hungerte, weil alles zu Gold wurde, was er berührte. Kulturpolitik über die kulturellen Einrichtungen hinaus müßte gerade durch Selbstbeschränkung wirksam werden. Sie hätte Möglichkeiten zu schaffen, daß Experimentelles, also Unbekanntes und deshalb Unvorhersehbares sich entwickeln kann, indem sie Räume bereitstellt und zugleich grundsätzlich wegsieht. Früher wurde in den Hansestädten eine offene Truhe im Rathaus aufgestellt, in die jeder Bürger den Betrag hineinlegte, den er als seinen Beitrag zu den allgemeinen Angelegenheiten empfand, ohne daß irgend einer prüfte. Das Umgekehrte wäre heute von der Kulturpolitik zu verlangen: Eine offene Truhe voller Geld auf den Marktplatz zu stellen und wegzusehen, ein vielleicht doch nicht ganz ernst zu nehmender Vorschlag, der aber die Problematik veranschaulicht, Geld zu geben und sich jeglicher Kontrolle zu enthalten, gleichsam freie Kulturzonen zu schaffen, in denen Raum für Neues entsteht durch zahlenden Rückzug der Politik. Stanisław Lem hat dies als das Paradoxon der Schöpfung beschrieben: Nicht alle Allmacht und Allwissenheit einzusetzen, sondern sie zurückzuhalten, sie zu begrenzen, läßt erst eine freie, autonome Welt entstehen: »Demnach kam es dazu während unserer höchsten vorbedachten Selbstbegrenzung und in solcher Nachbarschaft des Nichts, daß wir unsere ganze Allmacht gegen uns kehren mußten, um auszuharren in diesem alleräußersten Verzicht, um – endlich uns selbst von dem Geschaffenen abziehend – die gekoppelten Kräfte unangetastet zu belassen, auf daß aus ihnen werde, was selbst werden kann. So wußten wir demnach nicht, was geschehen werde, denn wir wollten nicht wissen. Wir schritten und schreiten nicht ein. Und deshalb wissen wir wahrhaftig nicht, was sie dort in unseren und zugleich nicht unseren Abgründen so denken. Um die Aufrichtigkeit weiter zu treiben – wir wissen nicht einmal sicher, ob sie, die Einwohner dieser Sachen, überhaupt denken. Entstanden sein nämlich müssen sie: Es gibt Zeichen dafür.« (Lem 1979, 88)

Von Kulturpolitik, die wirklich offene Gelegenheiten schafft, ist also eine zutiefst paradoxe Anstrengung verlangt, in der Tat Übermenschliches, und es ist fraglich, ob die so erreichte Nähe zu Gott den Kulturpolitiker mit so viel Verzicht versöhnen kann.

In diese Paradoxien zwischen Selektivität und politischer Kontrolle, Intervention und Zurückhaltung ist Kulturpolitik nicht erst durch ihre wirtschaftspolitische Instrumentalisierung geraten. Kulturpolitik ist in solche Aporien verstrickt worden, weil es die Kultur, der man in weiser Zurückhaltung bloß ein wenig die materiellen Gelegenheiten verbessern mußte, um sie zu fördern, kaum noch gibt. Daher fördert Kulturpolitik, was hohl zu werden droht, und sucht zu initiieren, was nur von selbst entstehen könnte. Denn Kultur als städtische Kultur im Sinne einer spezifischen Lebensform hat ihre gesellschaftliche Basis verloren. Das Auseinanderbrechen der Stadtentwicklung in die polaren Muster von Wachstum und Schrumpfen hat die gewohnten Vorstellungen darüber, was städtisches Leben sei, noch mehr zerbrochen. Auch früher gab es Provinz und metropolitanes Zentrum, aber sie konnten begriffen werden als Sprossen an derselben Leiter, nur etwas höher oder tiefer. Heute ist für schrumpfende Städte die Gleichsetzung von Wachstum und Stadtentwicklung ähnliche Selbsttäuschung wie die Gleichsetzung der individuellen Wohlfahrt mit dem Bruttosozialprodukt angesichts der Entkoppelung von wirtschaftlichem Wachstum und Beschäftigung. Für die schrumpfenden Städte wie für jene Menschen, die dauerhaft vom Arbeitsmarkt ausgeschlossen sind, birgt das Bild der hektisch pulsierenden, dynamischen Metropole mehr Hohn als Perspektive. Sie sind die Verlierer, auf deren Kosten zunehmend dieses Bild nur noch aufrechterhalten wird. Die Prosperität süddeutscher Städte ruht – zumindest zum Teil – auf einer Umverteilung von Beschäftigungs- und Gewinnchancen zu Lasten anderer Standorte. Die an den politischen, ökonomischen und sozialen Rand der Gesellschaft Gedrängten zahlen mit einer Verschlechterung ihrer Wohn- und Lebenssituation dafür, daß sich eine neue urbane Schicht von Yuppies in den Innenstädten breitmachen kann. An diesen Widersprüchen muß der Versuch, ein einheitliches Bild städtischen Lebens durchzusetzen, scheitern.

  Ein einheitliches Bild der städtischen im Gegensatz zur ländlichen Lebensweise hat es nur vor der Industrialisierung gegeben. Wir kennen historisch zwei positive Bilder städtischer Lebensformen: die bürgerliche Urbanität der antiken und mittelalterlichen Stadt und das proletarische Milieu. Beide haben sich aufgelöst. Zwar war die Gleichsetzung von Proletariat und Großstadt nie stichhaltig. Selbst auf dem Höhepunkt der Verstädterung hat nicht mehr als ein Drittel aller Arbeiter in Großstädten gelebt (Häußermann 1984). Dennoch läßt sich von einem großstädtischen proletarischen Milieu sprechen, entstanden aus gleicher ökonomischer Lage auf dem Arbeits- wie auf dem Wohnungsmarkt, geprägt von Normen der politischen und alltäglichen Solidarität, die sich aus gemeinsam erfahrener Not am Arbeitsplatz und außerhalb entwickelt hatten. Dieses Milieu ist teils durch Gewalt – Unterdrückung der Kader der Arbeiterbewegung im Nationalsozialismus –

zerschlagen, teils in korporatistischen Strukturen von Arbeit und Kapital aufgesaugt, teils durch die sanfte Überredungskunst des Konsums zersetzt, teils durch die Zerstörungen und Umwälzungen der Stadtstrukturen in Krieg, Wiederaufbau und Sanierung zerrissen worden (Niethammer 1984). Schließlich wurde durch die Differenzierungen der Arbeits- und Lebenssituationen innerhalb der Arbeiterschaft, durch den Rückgang der Zahl der als Arbeiter Berufstätigen, durch die Abwanderung auch von Arbeitern aus den Städten und durch die Umschichtungen innerhalb der Arbeiterschaft aufgrund der Zuwanderung von Ausländern die soziale Substanz des proletarischen Milieus aufgezehrt (vgl. Mooser 1984). Proletarisches Milieu existiert heute allenfalls noch als Folklore und erzwungene Rückständigkeit, nicht mehr als politisch selbstbewußter Gegenentwurf zur bürgerlichen Urbanität. Als derart abgelebte Gestalt wird es zum Objekt des ausgreifenden denkmalpflegerischen Interesses. Die »Musealisierung«, wie Lübbe die zunehmende »Vergangenheitsbezogenheit unserer Gegenwart« genannt hat, verhält nicht mehr bei den Dingen: »Neuerdings werden Siedlungen an Ort und Stelle samt ihrer Bewohner musealisiert.« (Lübbe 1986, 2)

Auch die soziale Substanz bürgerlicher Urbanität ist geschwunden. Urbanität bezeichnet eine bestimmte Organisation des Politischen, die Demokratie, eine bestimmte Organisation des Ökonomischen, den freien und gleichen Tausch auf dem Markt, schließlich und darauf beruhend eine bestimmte Art zu leben, die Dialektik von Privatheit und öffentlicher Sphäre. Bürgerliche Urbanität ist historisch gebunden an die ökonomische Unabhängigkeit des selbständigen Warenproduzenten, der seine Produkte auf dem Markt tauscht, an die politische Beteiligung des Bürgers am Stadtregiment und an das Gegenüber privater und öffentlicher, d. h. für alle gleichermaßen zugänglicher Räume. Demokratische Politik, selbständige Warenproduktion und das vermittelte Gegenüber von Privatheit und Öffentlichkeit, diese für die historische Kategorie der Urbanität entscheidenden Gehalte sind aus den Städten ausgewandert. Die bürgerliche Privatsphäre ist nicht mehr der Ort selbständiger Produktion, und die Politik der Stadtregierung kaum noch der Ort, an dem städtische Politik entschieden wird. Für die nationale und übernational organisierte Politik sind die Kommunen ein Mülleimer, in dem die sozialen und ökologischen Folgeprobleme zentral formulierter Politiken und überlokal determinierter gesellschaftlicher Prozesse gelagert werden. Für die Investitionsentscheidungen der großen Unternehmen sind Städte fast beliebig austauschbare Standorte. Diese Prozesse haben die Politik auf kommunaler Ebene ausgehöhlt. Zugleich ist der Bürger auch in der Arena von Stadtpolitik mediatisiert worden. Bis er sich Gehör verschaffen kann, hat er die immer vielfältigeren Filter der Medien und der Parteien, Interessenverbände und kommunaler Verwaltung zu passieren.

Es hat also seine objektiven gesellschaftlichen Gründe, daß wir Urbanität nicht mehr in politischen und ökonomischen Kategorien, sondern allein in sozialpsychologischen definieren. Urbanität ist eine Kategorie des Verhaltens und der emotionalen Befindlichkeit geworden. Sie realisiert sich am reinsten im Konsum. Entsprechend ist die Planung urbaner Räume weitgehend identisch mit der Inszenierung von Konsumwelten, sei es als Fußgängerzone, als Einkaufs- und Freizeitzentrum oder Hotelhalle. Der dernier cri sind die Passagen, postmodern dekoriert und abschließbar. Die Stadtverwaltungen bieten sogar öffentliche Straßen zur Überdachung, Möblierung und Beheizung an. Die privatwirtschaftlich organisierte Polizei, die diese cleanen Räume von unerwünschtem Volk reinigt, ist die logische Konsequenz – und in München schon Realität.

Diese Inszenierungen schaffen Urbanität als inselartiges, allseitig beschränktes Phänomen: Sozial beschränkt auf die kaufkräftige Mittelschicht, zeitlich auf die Öffnungs- und Geschäftszeiten, räumlich auf wenige städtische Bijous, deren Glanz erkauft wird mit der Verödung der dezentralen Standorte. Die Inszenierung richtet sich immer weniger an die ortsansässige Bevölkerung. Ihr Adressat sind der national und übernational agierende Investor und das hochmobile Publikum der Messe- und Kongreßbesucher. Die Stadt richtet sich her für den Touristen. Ihren Höhepunkt erreicht diese Inszenierung von Inseln der Urbanität daher in modernen Hotels. John Portmans Mariott Marquis Hotel in Atlanta mit seinem 46 Stockwerke hohen Atrium ist die rechtlich total privatisierte Stadt mit allen Versatzstücken amerikanischer Urbanität: Straßentheater, Park und Wolkenkratzer, arrangiert zur gigantischen Hotelhalle.

Kapitel 10

Medien und Urbanität oder
Was auf uns zukommen könnte

Der Prozeß der rechtlichen Privatisierung ehemals öffentlicher Räume, der zeitlichen Isolation und räumlichen Segregation von Gruppen, Handlungsmustern und damit auch von Erfahrungen, kurz die Entöffentlichung der Stadt wird durch die neuen Informations- und Kommunikationsmedien weiter vorangetrieben. Selbst das konsumbestimmte Surrogat von Urbanität, das wir heute in den Städten noch finden und das Politiker und Geschäftsleute immer wieder aufs Neue zu inszenieren suchen, erscheint unter den Perspektiven der neuen Medien als bedroht. Trotz des bereits beschriebenen Verfalls von Urbanität existieren noch Elemente einer städtischen Lebensform, deren Zerstörung eine weitere kulturelle Verarmung bedeuten müßte.

Seit Jahren gibt es einen heftigen Streit über die Frage, welche Konsequenzen die neuen Medien für unser zukünftiges Leben haben werden. Pessimistischen Voraussagen über eine zu erwartende Idiotisierung, Entfremdung und Fremdbeherrschung des sozialen und privaten Lebens stehen die Verheißungen einer Informationsgesellschaft gegenüber, in der es uns bei immer weniger notwendiger Arbeit immer besser gehen soll. Der Utopie eines souveränen Umgangs mit immer größerem verfügbarem Wissen steht die Drohung des totalen Überwachungsstaates gegenüber. Auch für das städtische Leben gibt es positive wie negative Zukunftsbilder. Aber bevor wir uns den möglichen Konsequenzen der neuen Medien für den städtischen Alltag zuwenden, einige Anmerkungen zu den prinzipiellen Problemen einer derartigen prognostischen Betrachtung.

Technische Neuerungen haben unmittelbare Wirkungen weder auf soziale Prozesse noch auf räumliche Strukturen – diese ergeben sich erst aus dem gesellschaftlichen Kontext ihrer Anwendung. Wirkungen oder Veränderungen einer Technik sind insofern nicht unmittelbar, als sie in einer bestimmten historischen Situation entstehen und angewandt werden; diese Situation bestimmt ihre Anwendbarkeit und ihre Folgewirkungen mit. Für die hier zu disku-

tierenden »neuen Informations- und Kommunikationstechniken«
gilt dies besonders, da ihre Qualität zunächst in der Perfektionie-
rung und quantitativen Steigerung von Prozeduren liegt, die bereits heute im privaten und geschäftlichen Alltag üblich sind (vgl.
Kapitel 3).

Aber zusammen mit neuen Informationstechniken entstehen
auch neue Verhaltensweisen und Gewohnheiten, die wir uns heute
nur schwer vorstellen können. Über die Chancen und Gefahren
neuer Informationstechniken für unsere heutige Zivilisation zu
sprechen ist eher möglich, als über jene Zivilisation zu spekulieren,
die durch diese neuen Techniken geprägt sein wird; denn das wird
eine Lebenswelt sein, der diese Techniken nichts Neues oder
Fremdes mehr sein werden, und der kritische Standpunkt des sozialwissenschaftlichen Analytikers verschiebt sich dann, weil er
selbst Teil dieser anderen Kultur ist. Wir können leichter sagen,
was anders wird, als wie anders es wird.

Wenn wir heute über Informations- und Kommunikationstechniken sprechen, nehmen wir leicht einen konservativen Standpunkt in dem Sinne ein, daß wir uns an den Elementen unseres
jetzigen gesellschaftlichen Lebens orientieren, die uns erhaltenswert erscheinen. Was erhaltenswert und bedroht erscheint, müssen wir daher qualifizieren und am Maßstab befreiten und besseren
Lebens explizieren – Veränderungen dürfen nicht per se beklagt
werden, aber sie können daraufhin untersucht werden, ob sie uns
mehr Zwang auferlegen oder mehr Möglichkeiten selbstbestimmten Lebens eröffnen. Daher ist die Abschätzung der Folgen ein
besonders heikles Unterfangen.

Diese Abschätzung kann nicht deterministisch sein, die möglichen Konsequenzen sind aber andererseits auch nicht gänzlich beliebig. Sie hängen sicher ab von den technischen Möglichkeiten,
wie auch davon, wer auf welche Weise ihre Anwendung beeinflussen kann, d. h., ob technische Arrangements geschaffen werden,
die dann ein bestimmtes Verhalten erzwingen; und sie hängen
letztlich auch vom bewußten Verhalten der Menschen ab, die gegen bestimmte Entwicklungen Widerstand leisten können.

Man darf sich nicht einfach eine neue Technik in die bestehende
Welt denken, denn dann verkennen wir die Tatsache, daß es sich
bei der Veränderung des alltäglichen Lebens durch neue Medien
um eine wechselseitige Beeinflussung handelt: Neue Informa-
tions- und Kommunikationsmedien beeinflussen unseren Alltag –

dieser ist aber zunächst, so wie er ist, vorhanden und verändert sich nicht einfach deshalb, weil es eine neue Technik gibt – vielmehr prägt er seinerseits deren Anwendung; d. h., die Veränderungen sind schleichend, z. T. unmerklich.

Während die Entwicklung der Technik in der industriellen Arbeit von den Soziologen ausführlich untersucht und ihre Konsequenzen breit dargestellt worden sind, steckt eine Soziologie der Technik im außerberuflichen Alltag noch in ihren Anfängen. Ein großer Teil der gegenwärtigen Literatur, der sich mit den möglichen Folgen neuer Medien beschäftigt, ist auf normativen Kultur- und Menschenbildern aufgebaut, denen weitgehend spekulativ Wirkungen einer veränderten technischen Umwelt kontrastiert werden. Obwohl es notwendig und wichtig ist, auf Gefahren für die Entfaltung von Individualität aufmerksam zu machen, wird doch keine derartige prognostische Aussage beanspruchen können, eindeutige und dauerhafte Wirkungen schon mit Sicherheit zu behaupten. Der Wert solcher Prognosen kann u. U. gerade darin liegen, politische und gesellschaftliche Reaktionen anzustoßen, die ihre Realisierung verhindern.

Besonders eindrucksvoll geraten Voraussagen über die zukünftige Informationsgesellschaft, die Annahmen machen, die keineswegs als gesichert gelten können. Dazu gehört zum einen die Annahme der Homogenität von Technikfolgen, also die undifferenzierte Rede von »der Technik«. Daß es nicht »die Wirkung« einer summarisch gefaßten Technik gibt, braucht nicht weiter begründet zu werden; für die Informations- und Kommunikationsmedien gilt dies besonders. Dazu gehört auch die Annahme der zeitlichen Konstanz von Folgewirkungen. Bestimmte prognoserelevante Merkmale der Technik können sich so schnell ändern, daß Voraussagen in kürzester Zeit überholt sind, z. B. hinsichtlich der Zugänglichkeit (Preise) wie hinsichtlich der Belastung (Bildschirme). Ebenso falsch ist die Annahme kumulativer Effekte für bestimmte Techniken, denn Wirkungen ein und derselben Technik können durchaus unterschiedlich sein und sich auch im Laufe ihrer Anwendung verändern. Ein Medium wie das Telefon diente zunächst vor allem herrschaftlichen Zwecken, es hat sich aber nach fast ubiquitärer Ausbreitung auch zu einem Instrument subversiver Aktion entwickelt. Für die Wirkung ist also sowohl die soziale Verfügbarkeit wie die »Kultur« der Anwendung einer Technik bedeutsam, die wiederum durch sie selbst mitgeprägt wird. Jede Technik wird unter verschiedenen Umständen von verschiedenen Personen verschieden gebraucht – sofern sie dies zuläßt. Denn es gibt auch technische Wirkungen, die nicht gegensinnig angeeignet werden können, weil sie als solche ein nicht revidierbares zerstörerisches Potential darstellen. Die Atomtechnik ist das bekannteste Beispiel. Diese Eigenschaft hat nicht jede Technik, nicht einmal die meisten uns heute bekannten Techniken besitzen diese Eigenschaft. Aber Technik wird auch nicht unschuldig geboren und entfaltet dann irgendwelche segensreichen oder schädlichen Wirkungen; Techniken werden entwickelt und verbreitet in einem gesellschaftlichen Herrschaftszusammenhang, wo Macht und Geld über Investitionen und Verfügbarkeit entscheiden. Wenn Szenarien einer zukünftigen technisierten Stadt entworfen werden, bleibt immer das Dilemma, daß wir wissen müßten, welche gesellschaftlichen Verhältnisse dann herrschen werden. Kurzum: Prognosen über die informatisierte Stadt sind höchst problematisch, aber dennoch notwendig, gerade um rechtzeitig an der Gestaltung jener gesellschaftlichen Verhältnisse mitzuwirken, deren konkrete Gestalt wir noch prägen, aber noch nicht kennen können.

Die neuen Informations- und Kommunikationstechniken verstärken zunächst bestehende Tendenzen und verfestigen Gewohnheiten. Das zeigen alle bisherigen empirischen Untersuchungen. Insoweit sind sie Werkzeug in der Hand von Akteuren, deren Handlungseffizienz sie steigern und deren Optionen erweitern (Fischer 1985). Aber die neuen Techniken setzen auch Bedingungen für soziales Handeln und Begrenzungen – sowohl für jene, die sich ihrer bedienen, wie auch, vielleicht noch stärker, für jene, die sich ihrer nicht bedienen oder nicht bedienen können. Daraus entstehen Zwänge, die den Alltag möglicherweise entscheidend verändern. Vor allem darauf wird sich eine kritische Technik-Betrachtung zu richten haben.

Will man sich eine Vorstellung von dem Alltag machen, der von den Möglichkeiten der elektronischen Kommunikation strukturiert ist, muß man davon ausgehen, daß sich im Prinzip zukünftig alle Erledigungen, bei denen keine Materialien transportiert werden müssen, telekommunikativ durchführen lassen. Das könnte so aussehen: Zum Einkaufen braucht man das Haus nicht mehr zu verlassen. Der Fernseher wird angeschaltet, auf dem die Einzelhandelszentralen ihr gesamtes Warenangebot mit genauen Preisangaben in schönen Bildern präsentieren. Preisvergleiche und

Qualitätstests liefert der Informationsdienst der Verbraucherzentralen, den man mit der Fernbedienung kurz dazwischenschalten kann, bevor die Bestellung über die Tastatur eingegeben wird. Das Laufen von Laden zu Laden, um sich eine Marktübersicht zu verschaffen, ist überflüssig geworden. Die Lieferung erfolgt mehrmals täglich frei Haus. Post- und Bankgeschäfte werden nicht nur von zu Hause aus veranlaßt, sondern gleich selbst durchgeführt (Tele-Banking). Das Versenden von schriftlichen Mitteilungen auf Papier ist zum teuren Luxus geworden. Buchhandlungen und Bibliotheken gibt es nur noch wenige für exzentrische Interessen, denn die Kataloge, elektronisch gespeichert, können zu Hause durchgesehen werden. Die holografischen Speicher erlauben es, alles, was in einer großen Universitätsbibliothek untergebracht ist, auf einem kleinen Würfel von der Größe einer Zigarettenschachtel (Otten 1986, 515) unterzubringen. »Bücher« werden also am Bildschirm gelesen, wichtige Ausschnitte können auf dem Printer ausgedruckt werden. Das dauert nur Sekunden. Immer weitere Bereiche des Bildungssystems können telekommunikativ organisiert werden; das »lebenslange Lernen«, das angesichts rascher Veränderungen der Arbeitstechniken stets notwendiger wird, findet zu Hause am Terminal statt. Auch der sehr personalintensive Gesundheitssektor, in dem lange nach Möglichkeiten zur Eindämmung der Kostensteigerungen gesucht wurde, bleibt nicht unberührt: der angewählte Diagnose-Computer des Medizin-Centers entwirft nach den Angaben des Benutzers einen Therapieplan mit Rezept, das der diensthabende Arzt nach einer Unbedenklichkeitsprüfung gleich in der Apotheke ausdrucken läßt ... usw., usw. Die dezentralen Dienstleistungseinrichtungen, die sich mit fortschreitender Suburbanisierung auch in Wohngegenden angesiedelt haben, werden wieder aufgelöst oder auf eine Minimalbesetzung für komplizierte Fälle reduziert; persönliche Beratung findet nur noch gegen Aufpreis statt. Viele Unternehmen, die keinen festen Ort brauchen, an dem die Maschinen stehen, mit denen etwas hergestellt wird, existieren nur noch in den elektronischen Kanälen des Kommunikationsnetzes. Der Arbeitsplatz »Büro« hat sich in Luft aufgelöst, das Terminal steht zu Hause neben dem Bett.

Insgesamt sind das denkbare, technisch realisierbare Entwicklungen, deren vollständige Verwirklichung allerdings eine neue Infrastruktur, das Glasfaser-Netz, voraussetzt. Weitere Bedingung ist eine große Verbreitung der Endgeräte, die ebenso Geld kosten wie die Anschlüsse und die laufende Nutzung. Vorausgesetzt ist des weiteren, daß die Menschen die neuen Informations- und Kommunikationsmedien akzeptieren und bisherige Gewohnheiten aufgeben.

Um mit dem letzteren zu beginnen: die bisher durchgeführten Versuche mit Kabelpilotprojekten und BTX deuten auf eine geringere »Akzeptanz« in der Bevölkerung hin, als sich dies die Propheten der neuen Medien-Welt vorgestellt hatten. Trotz noch niedriger Kosten bei den Verbrauchern blieben die Teilnehmerzahlen in den Kabelpilotprojekten unter den Erwartungen der Veranstalter. Das Münchener Projekt wird nach zwei Jahren Laufzeit sogar wieder aufgegeben.

Die BTX-Feldversuche haben gezeigt, daß sich der häusliche Alltag nach längerer Nutzungsdauer nur wenig verändert hat; durchschnittlich eine halbe Stunde pro Woche wurden die Informations- und Dialogmöglichkeiten genutzt (Kromrey 1982). Aber dies ist kein »beruhigendes« Ergebnis, wenn man bedenkt, daß die Angebote sehr beschränkt sind und daß für alle Informations- und Dialog-Aktivitäten noch in vollem Maße die »traditionellen« Wege zur Verfügung stehen. Wenn parallel mit dem Ausbau der Telekommunikationsnetze die bisher verfügbaren Alternativen aber abgebaut werden, entsteht ein Zwang zur Benutzung. Gerade die personalintensiven Dienstleistungsbetriebe werden ein Interesse daran haben, Arbeit, für die sie bisher Arbeitskräfte bezahlen müssen, auf die Kunden abzuwälzen. Banken sind ein Beispiel dafür: jeder Überweisungsvorgang, der heute auf dem Papier veranlaßt wird, kann durch Tele-Banking auch von jedem Kunden von zu Hause aus direkt erledigt werden, ohne daß ein Bankangestellter Hand anlegen muß. Gehalts- und Lohnzahlungen sind schon früher in ähnlicher Weise von den privaten Unternehmern auf ihre Beschäftigten abgewälzt worden, die nun, um an ihr Geld zu kommen, auf die Bank gehen und dafür auch noch bezahlen müssen.

Die Externalisierung von Dienstleistungsarbeit ist eines der wenigen und effizientesten Mittel zur Rationalisierung und Kostenreduktion im Dienstleistungssektor (Berger/Offe 1984) und dies ist der Grund, der es so wahrscheinlich macht, daß diese Möglichkeiten der Technik den Konsumenten auch aufgezwungen werden. Denn persönliche Dienstleistungen sind im Vergleich zu Konsumgütern immer teurer geworden, ihr Kauf bzw. Konsum wird daher immer mehr ein Privileg der einkommensstarken Haushalte. Die Abwälzung von teurer und wenig produktiver Dienstleistungsarbeit auf die Haushalte erhöht die Gewinnspannen der Unternehmen, die weniger Personal beschäftigen müssen. Ideologisch wird dies heute gerne mit dem Lob der Eigenarbeit und der »Selbsthilfe« verbrämt, tatsächlich handelt es sich um einen ausbeuterischen und rationalisierenden Zugriff auf den Alltag.

Hersteller und Anwender der neuen Kommunikationstechniken werden versuchen, die Konsumenten zur Benutzung der neuen Dienste zu bringen. Das geht schrittweise und sozial selektiv vor sich. Die Post baut ihre Netze »streng nach den Kriterien der kaufkräftigen Nachfrage aus« (Arnold 1982, 188); nach diesen Kriterien wird sich dann auch die Verbreitung der Anschlüsse und der Besitz von Endgeräten entwickeln.

Die Verbreitung der neuen Kommunikationsmöglichkeiten wird sich daher nur wenig von der Einführungsgeschichte des Telefons unterscheiden, voraussichtlich wird alles nur viel schneller gehen. Das Telefon wurde 1881 in Deutschland eingeführt und lange Zeit vor allem von Gewerbetreibenden genutzt. Noch 1960 hatten nur 14 % aller Privathaushalte ein Telefon, davon waren lediglich 5 % Arbeiterhaushalte (Arnold 1982). Da das Telefon teuer war, war es außerhalb der geschäftlichen Nutzung lange Zeit eine reine Mittelstandtechnologie. In den USA wurden gezielt die stabilen Nachbarschaften der Mittelschicht erschlossen, weil sich das – privatwirtschaftlich organisierte – Unternehmen dort am ehesten rentierte (de Sola Pool 1981).

Das Muster in Deutschland war das gleiche – und dies wird auch das Muster der Etablierung der neuen Medien sein. Vom kommerziellen Bereich ausgehend werden die kaufkräftigen Schichten erschlossen, die Infrastruktur der Dienstleistungsbetriebe paßt sich diesem vorherrschenden Konsummuster an. Die Alltagsversorgung mit Informationen und Waren wird telekommunikativ organisiert. Als direktes, in einem Laden verfügbares Angebot bleibt allein rentabel, was einen spezialisierten und teuer zu bezahlenden Bedarf befriedigt. Diejenigen Haushalte, die nicht über die entsprechenden Kabelanschlüsse und Heimcomputer verfügen, die »Kommunikations-Analphabeten« also, werden dann weite Wege auf sich nehmen müssen, um Erledigungen durchzuführen. Das werden aber gerade diejenigen sein, die auch räumlich wenig mobil sind: die Armen, weil sie die Kosten für die Benutzung der neuen

Technik ebenso wenig aufbringen können wie bisher für ein Auto, die Alten und die gering Qualifizierten, die die Fertigkeiten nicht mehr lernen können, die notwendig sind, um mit der neuen Technik problemlos umzugehen. In der Periode der Einführung und Durchsetzung neuer Informations- und Kommunikationstechniken, bis zu dem Zeitpunkt also, wo die Geräte und die Bedienungsfertigkeiten ubiquitär und kulturell selbstverständlich sind, schafft die neue Technik also neue soziale Ungleichheiten, die auf der Zugänglichkeit und Nutzungsmöglichkeit beruhen.

Der Geschichte der Einführung und Verbreitung des Telefons können wir zwei andere wichtige Aspekte entnehmen:

– Zum einen die lange Dauer von der Erfindung einer Kommunikationstechnik bis zu ihrer nahezu universellen Verbreitung. Diese Periode hat beim Telefon fast 100 Jahre gedauert. Sicher wird dies in Zukunft schneller gehen, weil immense Kapitalmengen in diesem Markt heute Verwertung suchen, aber innerhalb einer einzigen Generation werden die Veränderungen, von denen wir hier sprechen, sich wahrscheinlich nicht vollziehen. Die Hersteller und Betreiber der neuen Techniken wenden sich deshalb heute konsequenterweise vor allem an die Jugend und an die Kinder, die sich diese Techniken leichter und ohne Vorbehalte aneignen – und damit wächst mit der nächsten Generation eine neue Kultur heran, der diese Techniken und Kommunikationsformen immer weniger äußerlich oder fremd erscheinen. Die Schulen sind daher für die Computer-Hersteller zu einem zentralen Marketing-Bereich geworden.

– Zum anderen ist die Art und Weise, wie aus der Wahlfreiheit zwischen verschiedenen Kommunikationsmedien ein Zwang wird, zu beachten: bis vor wenigen Jahren war das Verschicken einer Postkarte oder eines Briefes eine tatsächliche Alternative zur telefonischen Mitteilung. Heute ist das Porto so teuer geworden, daß eine schriftliche Mitteilung gegenüber der Telefongebühr zum Luxusartikel geworden ist. Außerdem sind die Leerungszeiten der Briefkästen so selten und die Transportdauer so lang geworden, daß man sich einen schriftlichen Kontakt eigentlich nur noch leisten kann, wenn die Angelegenheit wirklich Zeit hat.

Verschlechterung der Leistung bei gleichzeitiger Verteuerung ist also ein Mittel, uns zur Benutzung eines bestimmten Mediums zu zwingen – und es ist in diesem Fall sogar ein öffentlicher Betrieb, der diese Strategie verfolgt: Als Zwang empfinden wir dies heute freilich kaum noch, weil das Telefon schon so verbreitet und zu einer kulturell selbstverständlichen Kommunikationstechnik geworden ist, über deren verbindende oder trennende Wirkung nicht mehr diskutiert wird. Darüber, daß sie den Alltag und unsere Verkehrsgewohnheiten gegenüber der Zeit vor dem Zweiten Weltkrieg verändert hat, gibt es aber keine Zweifel.

Bereits in der Vergangenheit sind durch technische Innovationen die funktionellen Beziehungen zwischen privaten Haushalten und städtischen Einrichtungen verändert worden, und in der Folge hat sich dann auch die Stadtstruktur gewandelt: Durch das Auto wurde eine immer noch wachsende Zahl von Transportvorgängen unabhängig vom öffentlichen Verkehrsangebot. Die Städte wurden auf dieses neue Transportmittel umgebaut, und sie konnten sich bei gleichzeitigem Wachstum ins Umland ausdehnen. Kühlschränke und Tiefkühltruhen machten Vorratshaltung möglich, was die Abhängigkeit von einer täglichen Lebensmittelversorgung in unmittelbarer Nähe aufhob und zum Absterben der vielen kleinen Läden »um die Ecke« beitrug; größere Versorgungseinheiten (Supermärkte) verfügten über ein vielfältigeres und billigeres Angebot und erdrückten mit dieser ökonomischen Konkurrenz die kleinen Einzelhändler. Die Ausdünnung der nahräumlichen Versorgung war die Folge. Ähnliches gilt für den Bereich der Unterhaltung: Radio, Plattenspieler und später das Fernsehen ersetzten das »Ausgehen« als Freizeitbeschäftigung. Viele kleine Bühnen, Kinos und Kneipen (vgl. Dröge/Krämer-Badoni 1986) mußten schließen, ihr Angebot war durch die technischen Neuerungen substituiert (Gershuny 1983).

Die neuen Informations- und Kommunikationstechniken ersetzen weitere Dienstleistungsangebote der Stadt: das Flanieren entlang der Schaufenster wird ersetzt durch die Information am Bildschirm, die Kommunikation mit den verschiedensten Verhandlungspartnern wird im Dialog-Verkehr elektronisch vermittelt. Bildungsveranstaltungen und Beratungen im Gesundheitsbereich können telekommunikativ abgewickelt werden. Die Stadt wird »enträumlicht« (Kromrey 1984). Soziale Prozesse, an denen die Menschen aktiv teilnahmen – und sei es nur dadurch, daß sie das Haus verließen und einen anderen Raum in der Stadt aufsuchten –, werden aufgelöst in ein Reiz-Reaktions-Schema.

Das könnte auch zu einer weiteren Veränderung der räumlichen Struktur der Städte führen. Denn im weiten Meer der zahllosen

Kommunikationseinheiten werden einige wenige Plätze eine herausragende Stellung haben: spezielle Serviceeinrichtungen, Zentren des Top-Managements und hochspezialisierter High-Tech-Produktion sowie besonders entwickelte Inseln organisierter Freizeitkultur. Räumliche Indifferenz und extreme Spezialisierung weniger Standorte ergeben so eine vollständige Polarisierung des Stadtraumes. Die Plätze mit höchster Bedeutung dürften exklusiv für die meisten sein (Castells 1986, 44 f.) – eine Spaltung, die die zu erwartende Strukturierung der Beschäftigten widerspiegelt.

Seine politische Funktion hat der öffentliche Raum der Stadt durch die Entwicklung der Massenmedien weitgehend verloren. Interessen, die sich heute noch auf den Straßen der Stadt artikulieren, erweisen sich eben dadurch als politisch schwach. Nur so können sie Zugang zu jenen Medien der politischen Information und Meinungsbildung finden, die wie Fernsehen, Hörfunk und Presse als Verstärker der etablierten Interessen fungieren. Nun verschwindet möglicherweise auch die Marktfunktion des öffentlichen Raums – und seine Funktion als Erfahrungsraum, weil sich die Infrastruktur für Dienstleistungen ändert: statt Straßen, Fußwegen und Gebäuden werden die Antennen und Kabel das primäre Medium der Kommunikation.

Schließlich kann eine weitere Polarisierung des Alltags vermutet werden, ähnlich der Polarisierung von Arbeit und Freizeit, wie sie sich durch die Entwicklung der betrieblich organisierten Lohnarbeit vollzogen hat. Die technischen Möglichkeiten dafür, daß sich auch außerhalb der Berufstätigkeit Prinzipien rein zweckrationalen Handelns durchsetzen, sind gegeben (vgl. Janshen 1981). Auch im außerbetrieblichen Alltag können nun die Handlungsabläufe nach den ökonomischen Kriterien der Minimierung von Zeit- und Wegekosten organisiert werden. Bislang komplexe, gekoppelte Handlungsabläufe, wie Einkaufen und sich Informieren, zur Bank Gehen und einen Kaffee Trinken, einen Brief Einwerfen und ein Schwätzchen Halten, insgesamt also »passageres Verhalten«, wird entmischt in zweckrationale, zielgerichtete Funktionen einerseits und verpflichtungsfreie Zeit andererseits, in der affektive und kommunikative Funktionen als reine Erholung gestaltet sind. So wiederholt sich im außerbetrieblichen Alltag noch einmal die Spaltung in reproduktive und produktive Funktionen, in deren Verlauf eine Freizeit als »trümmerhafte Leere« (Dahrendorf) zurückbleibt, die selber zielbewußt mit zweckfreien Tätigkeiten aufgefüllt werden muß. Für die Hersteller der Unterhaltungselektronik und für die Unterhaltungsindustrie eröffnet sich damit ein weiterer Markt.

Durch die funktionelle Entmischung, die Dezentralisierung und Individualisierung kann sich das städtische Leben insgesamt nivellieren. Die einzelnen Wohnungen werden ihre Antennen für die gesamte Welt offenhalten, aber immer weniger für das ganz unsensationelle Leben in der nächsten Umgebung. Schon heute ist die Wirklichkeitswahrnehmung durch die Massenmedien dominiert, die Möglichkeiten zu unmittelbarer Erfahrung – soweit es das überhaupt noch geben kann – werden weiter reduziert.

Mit der Verbreitung des Autos als primärem Transportmittel hat eine Transformation der Stadtstruktur eingesetzt, die die »schwachen« Nutzergruppen an den Rand gedrängt hat. Die vielfältigen Nutzungsmöglichkeiten der Straße als »öffentlicher Raum« (Kirschenmann 1984) wurden eingegrenzt, Kinder auf spezialisierte Spielflächen verwiesen, Alte ins Altersheim. Die Stadtstruktur ist schon heute auf einen bestimmten Handlungstyp hin, nämlich die aktive »geschäftsfähige« Person, durchrationalisiert. Das spezifisch Städtische, die Gleichzeitigkeit und öffentliche Zugänglichkeit verschiedenartigster Nutzungen, das den Erfahrungsbereich erweitert und die Stadt zu einem einzigartigen Erlebnisraum machte, wird zunehmend ausgedünnt. Diese soziale Dimension der Stadt, das Leben und Lernen im öffentlichen Raum, verschwindet um so mehr, je mehr die Stadt auf die neuen Kommunikationsmedien zugeschnitten wird. Die Stadt wird funktioneller für die Funktionierenden und repressiver für die anderen.

Neben dieser Dimension von Urbanität war auch immer eine andere von besonderer Bedeutung: die Stadt als Ort intellektueller Auseinandersetzung, als Raum für kulturelle Innovation. Sicher, diese Seite der Urbanität war sozial immer stark selektiv, weitgehend eine »bürgerliche« Angelegenheit, aber eine Besonderheit des städtischen Lebens. Die Auseinandersetzung mit dem Neuen, mit dem Anderen, die diskursive Verarbeitung geistiger Provokation, diese »geistige« Kultur machte in der lebendigen Stadt den progressiven Kern des intellektuellen Milieus aus.

Diese Beschreibung einer heutigen Großstadt mit Qualitäten, die vielleicht einmal dem »Salon« anhafteten, erscheint angesichts der Rolle der Massenmedien in unserer gegenwärtigen Kultur vielleicht schon antiquiert. Und liegt nicht gerade in der Vervielfältigung der massenmedialen Kommunikation eine Chance, die Dominanz der nivellierten Massenkultur aufzuheben, weil nun auch Minderheiten den Zugang zu den Medien finden können? Die Alternativen können ihre eigenen Sender haben, transzendentale Meditation kann am Kabel verabreicht werden, die Homosexuellen und Transvestiten können über ihren eigenen Kanal verfügen. Wie in der großstädtischen Kultur können gerade in den Telekommunikationsmedien (und vielleicht noch leichter und besser) spezialisierte Interessenten ihr Angebot finden. Das ist durchaus möglich, was aber fehlen wird, ist die Konfrontation und die diskursive Verarbeitung.

Die Konsumstrukturen bei den Massenmedien sind evident: wahrgenommen und aufgenommen wird weitgehend nur das Bekannte, das Vertraute, das, was in die vorhandenen Vorurteils- und Urteilsstrukturen paßt. »Aneignung« von Kultur wird zur reinen Konsumtion, die Konfrontation mit dem Unbekannten verschwindet; wir werden der produktiven Aneignung in Verständigungsprozessen beraubt, wenn die Wirklichkeit nur noch inszeniert und unter fremder Regie auf dem Bildschirm erscheint.

Was verlorengeht, wenn die oben skizzierten Möglichkeiten einer telekommunikativ strukturierten Stadt Realität werden, ist schwer faßbar und noch schwerer beschreibbar. Die Bedrohung durch eine Entsinnlichung und soziale Verarmung des Lebens kann man sich vielleicht am ehesten klarmachen, wenn man sich eine vollverkabelte Gefängniszelle vorstellt – sie wäre immer noch eine Bestrafung: durch die Isolation von eigener Erfahrung und anderen Menschen.

Die vollkommene Selbstversorgung mit Bildern, Tönen und Informationen führt zu einer Individualisierung, die in einer spezifischen Isolation mündet. Zwar ist die ganze Welt auf Knopfdruck zu Gast, was aber fehlt, ist die Vermittlung zwischen Individuum und globaler Kultur (vgl. Castells 1986). Alles, was nicht gefällt, kann weggeschaltet werden; die technische Aufrüstung ermöglicht es, in der telekommunikativ vernetzten Wohnung die vorhandenen Weltbilder zu pflegen, ungebetener Konfrontation auszuweichen und mißlichen Meinungsstreit zu vermeiden. In diesem Sinne wird es keine Stadt mehr geben. Die Haushalte werden weltverbunden sein, aber nicht weltoffen.

Kapitel 11
Ökologische Stadtkultur oder
Ein neues Verhältnis zur Natur?

Wir haben die Diskussion über Stadtkultur begonnen mit dem Argument, ohne ein neues Bild städtischen Lebens könne es auch keine neue Stadtpolitik geben. In der Städtebaupolitik wechseln seit der Zeit der »Städtebaureform« am Anfang dieses Jahrhunderts Leitbilder (Köhler/Schäfers 1986) fast wie die Kleidermoden. Nach dem Gartenstadt-Ideal (Hartmann 1976), das in den zwanziger Jahren noch heftig umstritten war, dominierte in der Zeit nach dem Zweiten Weltkrieg das Bild der »gegliederten und aufgelokkerten Stadt«, abgelöst vom Schlagwort »Urbanität durch Dichte« in den siebziger Jahren. Seit einiger Zeit ist nun von der »grünen Wende im Städtebau« (Rehberg 1985) die Rede, »ökologische Stadtentwicklung« lautet das neueste Schlagwort. Jedes dieser Leitbilder ist als Reaktion auf gesellschaftliche Entwicklungen zu verstehen, als städtebauliche Antwort auf die jeweilige Krise städtischer Lebenswelten.

Sehen wir einmal von der Konzeption »Urbanität durch Dichte«, die uns die Massierung von Betonhochburgen in Stadtrandsiedlungen bescherte, ab, dann erkennen wir, daß alle anderen Leitbilder von dem Bemühen geprägt sind, die Naturferne oder -feindlichkeit der Stadtstrukturen des 19. Jahrhunderts zu überwinden und städtisches Leben mit Naturerleben zu verbinden – oder besser: das städtische Grau mit Grün zu durchsetzen. Es ging vor allem um Licht, Luft und Sonne – »Durchgrünung« war als Therapie für ungesunde Wohnverhältnisse gedacht; Bäume, Sträucher und Wiesen sollten und konnten konsumiert werden, sie sollten in die städtischen Siedlungen integriert werden als ein Mittel zur Verbesserung der Wohnbedingungen. Der Direktor der Frankfurter Kunsthochschule, Fritz Wichert, der zum Kreis des »Neuen Frankfurt« gehörte, sah im Jahre 1926 darin schon eine Versöhnung mit der Natur: »Alles, was neue Baukunst gestaltet, ist auf Natur bezogen. Sie setzt ihre Siedlungen ins Grüne, an die äußerste Grenze der Städte, sie sorgt für gute Luft, sie will Berührung mit dem Boden, mit Tier und Pflanze, sie lehrt eine neue Vertrautheit mit Wind und Wetter und allen Naturereignissen, die Wachsen und Vergehen bedingen.« (Zitiert nach: Mohr/Müller 1984, 166)

Während in diesen Vorstellungen »Natur« einfach vorhanden ist, die man aussperren oder auch hereinnehmen kann, die Freude oder auch Arbeit bereitet, scheint sich heute das Verhältnis zwischen Stadt und Natur umgekehrt zu haben. Die Frage lautet nicht mehr: wieviel Natur braucht die Stadt bzw. der Städter, sondern: wie können wir die Stadt umbauen, um der Natur zu helfen? Wie können wir mit städtebaulichen Mitteln dem ökologischen Kollaps entgegenarbeiten? Dies bedeutet eine grundsätzliche Veränderung im Verhältnis Stadt-Natur.

Die Geschichte der Stadt begann mit dem Kampf gegen die Natur. Die ersten städtischen Siedlungen waren möglich, nachdem die Produktivität der Landwirtschaft so erhöht worden war, daß nicht jeder Mensch selbst Tag für Tag für seine Lebensmittel sorgen mußte. Denn die natürliche Umgebung in Mittel- und Nordeuropa war für seßhafte Menschen zunächst unbewohnbar – Rodung von Wald und das Trockenlegen von Sümpfen waren Voraussetzungen für dauerhaftes Siedeln.

Der Anfang der Stadt war Kampf gegen die Natur. Natur war gleichbedeutend mit Gefahr, mit wilden Tieren und Katastrophen, auch mit Mord und Totschlag. Die Stadt war der Natur abgerungenes Gebiet, ausgegrenzte und befriedete Zone, in der Regeln des menschlichen Zusammenlebens eine Berechenbarkeit der sozialen Welt herstellten, in die man sich einfügen konnte – je nach Stand und Besitz – und die *Schutz* bot. Sowohl die räumliche wie die soziale Umwelt waren kultiviert – die Stadt ist der Ursprung unserer Kultur, sie selbst beruht auf »Kultivierung«, und was entstand, nennen wir »Zivilisation«. Es wird berichtet, daß im Siena des 14. Jahrhunderts, einer damaligen Weltstadt also, innerhalb der Stadtmauern jedes Pflänzchen ausgerissen, jeder Grashalm vernichtet worden sei, weil jedes Anzeichen von Natur in der Stadt verpönt war.

In Deutschland standen die Begriffe Stadt und Land für unterschiedliche politische, ökonomische und soziale Ordnungen. Land, die grüne Natur, und Stadt, steinernes Bollwerk gegen Übergriffe dieser ländlichen Ordnung, waren unversöhnliche Gegensätze. Die Befreiung von der Naturabhängigkeit war identisch mit der Befreiung von feudaler Bevormundung.

Die Stadt wurde zum Ort der Entwicklung von Wissenschaft und Technik, zum Mittelpunkt von *Naturbeherrschung*. Stadtgeschichte und Technikgeschichte sind eng verflochten, die Natur bzw. das Land wurde zunehmend auf die Funktion eines Reservoirs beschränkt: ein Reservoir für Nahrungsmittel, Rohstoffe und Menschen. Die Entwicklung seit Entstehen der Industrie kann als immer weiteres Bemühen beschrieben werden, sich von der Natur unabhängig zu machen, als immer perfektere Methode der Naturausbeutung und -beherrschung.

Zunächst war es die Überwindung der natürlichen Begrenzungen der Mobilität, die räumliche Konzentration und Warentausch im großen Maßstab möglich machten, dann die Überwindung der Grenzen natürlicher Produktivität durch industrielle Anwendung von Energie und durch die chemische Revolutionierung der Landwirtschaft. Immer galt als Fortschritt, was die Naturabhängigkeit verminderte – und es war tatsächlich Fortschritt. In den Städten war ein von den zeitlichen Rhythmen der Natur unabhängiges Leben möglich, das sich von den Verbindlichkeiten eines ländlichen Lebens emanzipierte, freilich um den Preis neuer Abhängigkeiten, neuer Zwänge, ganz andersartiger Unterdrückung. Aber da diese Ordnung von Menschen gemacht war, erschien sie veränderbar, anstatt Fatalismus war Widerstand, die Hoffnung auf ein Leben ohne diese Zwänge, wenigstens ohne überflüssige Herrschaft, möglich.

Heute ist dieser Fortschrittsoptimismus gebrochen, es verbreitet sich ein Bewußtsein, das in diesem gigantischen Kampf gegen die Naturabhängigkeit eine Sackgasse sieht. Denn anscheinend holt uns die Natur wieder ein. Ihre Reserven scheinen erschöpft, der Traum von der Naturunabhängigkeit scheint ausgeträumt zu sein. Die Kassandra-Rufe sind vielfältig und unüberhörbar: ökologische Katastrophen drohen an allen Enden der Welt, und insgesamt wird die industrielle Produktionsweise dafür verantwortlich gemacht, die heute untrennbar mit der städtischen Siedlungs- und Lebensweise verbunden ist (vgl. Immler 1984).

Unsere Lebensweise zerstört ihre eigenen Grundlagen; die Natur, auf der die künstlichste aller Welten gebaut ist, hält uns nicht mehr aus. Also müssen wir die »grüne Wende« vollziehen, die Natur nicht nur schonen, sondern sie auch wieder herstellen. Doch welche Natur?

Natur gibt es nicht mehr in Europa. Wir leben in einer Kulturlandschaft, in der jedes Fleckchen Erde von menschlicher Nutzung und Gestaltung geprägt ist. Ein »Zurück zur Natur« kann es nicht geben, das kann auch niemand wollen, wenn nicht ein jahrhundertelanger Prozeß von Befreiung und Erweiterung menschlicher Entfaltungsmöglichkeiten aufs Spiel gesetzt werden soll. Es geht ja auch gar nicht um Natur, sondern um Ökologie – und das ist ein wichtiger Unterschied. Ökologie ist die Vorstellung von einem Gleichgewicht, die Lehre von Kreisläufen, die keinen festen Bezugspunkt haben, sondern ihre Logik aus sich, aus ihrem Funktionieren beziehen. Ökologen denken in Systemen, möglichst in geschlossenen, die sich aus ihrem Bestand rechtfertigen – und das bietet Anknüpfungspunkte für allerlei Ideologien.

Eine solche Ideologie ist die, daß die Natur ein harmonisches System sei, das sich ohne menschlichen Eingriff in einem Gleichgewichtszustand befinde. Eine solche Vorstellung ist nicht nur falsch, sondern auch gefährlich. Es gibt keine natürliche Harmonie, Natur ist vielmehr selbst prozeßhaft, und die größten Entwicklungsschritte sind schon immer Veränderungen gewesen, die dem systemischen Gleichgewichtsdenken als Katastrophen erscheinen. Auch die Natur selbst produziert Folgen, an denen sie zugrunde geht, und was neu entsteht, ist wieder Natur. An dieser Paradoxie muß jede statische Natur-Definition scheitern, daher ist auch die Verteidigung eines Gleichgewichts prinzipiell falsch.

Gefährlich ist ein Denken in Kreisläufen, weil es konservativ in dem Sinne ist, daß es keine Zukunft offen läßt. In der zyklischen Vorstellung vom »ewigen Kreislauf der Natur« ist jedes Ungleichgewicht eine Störung, und menschliche Eingriffe in großem Maßstab stören solche Gleichgewichte immer. Im harmonischen Naturverständnis erscheint der Mensch nur noch als Schädling, der Kreisläufe unterbricht und Abfall produziert. Daraus ergibt sich leicht ein inhärenter Autoritarismus, der glaubt, aus Naturprinzipien Verhaltensmaximen für die Menschen ableiten zu können, die undiskutierbar, weil natürlich begründet sind. Vor einem solchen »ökologischen Autoritarismus« müssen wir uns hüten, denn die Reichweite, für die seine angeblich natürlichen Prinzipien Geltung beanspruchen könnte, ist weder logisch noch mit einem irgendwie definierbaren Naturzustand zu begründen. Daher kennt er auch keine Grenzen.

Was folgt daraus für eine ökologische Stadtentwicklung? Ist damit eine generelle Beliebigkeit gerechtfertigt etwa nach dem

Motto: wenn es keine Natur gibt, dann kann es auch keine Naturzerstörung geben? Keineswegs, diese Argumentation soll uns nur
davor bewahren, das Kind mit dem Bade auszuschütten, d. h., die
Unbedenklichkeit der Naturausbeutung einzutauschen gegen die
Büßerklause, in der einer Natur zuliebe die individuellen Freiheiten abhanden gekommen sind.

Der Umgang mit natürlichen Ressourcen muß tatsächlich verändert werden, aber nicht um der Erhaltung eines gerade vorhandenen
Naturzustandes willen, sondern um der menschlichen Lebens-
fähigkeit und Lebensqualität willen. Dies allein sind feststellbare
und diskutierbare Grenzen von Naturveränderung und -ausbeu-
tung. Wo nachweisbar die Ressourcen zu Ende gehen oder zerstört werden, die für menschliches Leben unabdingbar sind, und
wo nachweisbar die Gesundheit und das Wohlbefinden von Menschen, soweit es auf natürlichen Faktoren beruht, beeinträchtigt
werden, ist eine Grenze gesetzt oder zu setzen, an der ökologisch
begründete Schranken aufgebaut werden müssen.

Mit dieser Einschränkung ist allerdings nicht viel gewonnen, da
die Wirkungsketten, die von umweltrelevantem Verhalten ausgehen, kaum überschaubar und schon gar nicht bis ins Letzte exakt
kalkulierbar sind. Aber auch dies ist kein Freispruch von ökologischen Bedenken, denn die erkennbaren Schäden und Belastungen,
denen wir heute ausgesetzt sind, sind erschreckend genug, um sofort mit der Milderung und Beseitigung des Gröbsten beginnen zu
müssen: der Zustand der Luft und die Entwicklung im Grundwasserbereich, um nur zwei wichtige Beispiele zu nennen, sind alar-
mierend – Erschöpfung der Reserven und weitere Schädigung der
Qualität können in absehbarer Zeit tatsächlich zu Bedrohungen
der menschlichen Überlebensfähigkeit werden. Neben der Industrie ist die städtische Lebensweise in ihrer heutigen Form eine
wichtige Ursache für diese Gefährdungen (Spreer/Walter 1985,
Strubelt 1985, Hahn 1987).

Die heutigen städtischen Siedlungs- und Lebensformen tragen zu
einem Verbrauch von Wasser und Luft über das Maß hinaus bei,
das der gegenwärtige Naturzustand vertragen könnte, durch einen
permanent fortschreitenden Landschaftsverbrauch trotz rückläufiger Bevölkerungszahl. Nur zum Beispiel Wasser: die Flächen
von Wohnungen und die Zahl der Haushalte nehmen permanent
zu. Die Versiegelung des Bodens, die Wasserundurchlässigkeit ist
dabei das Hauptproblem. Dadurch und durch mehr Tiefbauten

werden Fluß und Pegel des Grundwassers beeinträchtigt. Die Haushalte verbrauchen aber immer mehr Wasser und geben immer mehr verschmutztes Wasser ab. Das Wasser für die großen Städte muß von immer weiter her transportiert werden, weil das eigene Grundwasser immer weniger genießbar wird und weil auch immer weniger davon vorhanden ist. Notwendig ist ein sparsamerer Wasserverbrauch und eine Rückführung von nicht vergiftetem Wasser in den Grundwasserbereich. Methoden dafür sind die Trennung von Trink- und Brauchwasser, der Bau von Zisternen und die Einrichtung von geschlossenen Kreisläufen innerhalb eines Hauses. Wenn wir den drohenden Wassernotstand ernst nehmen, hat das viele Konsequenzen: weniger Wasser verbrauchen, uns und unsere Wäsche anders waschen, Hausinstallationen verändern, mit Chemikalien anders umgehen usw. usw.

Wenn wir fragen, wie wir in diesen Zustand gekommen sind, daß unsere alltäglichen Lebensgewohnheiten zu einer Gefahr für unsere eigene Existenz geworden sind, dann geben die Stichworte »Modernisierung« und »Funktionalisierung« die generelle Erklärungslinie an. Was ist damit im Hinblick auf Städtebau und Wohnen gemeint?

Der Städte- und Wohnungsbau ist ausgerichtet auf ein Lebensmodell, das auf einer strikten Trennung von Arbeiten und Wohnen, von Erwerbstätigkeit und Freizeit beruht (vgl. Kap. 8). Der Bereich des Wohnens, sowohl die Anlage von Siedlungen wie die Grundrisse der Wohnungen, sind gekennzeichnet durch das Bemühen, den Zwang zur Arbeit auszuradieren – Wohnen ist reiner Konsum. Auf diese Logik ist alles ausgerichtet – eine Wohnsiedlung galt als um so moderner, je weniger Arbeit im einzelnen Haushalt noch zu verrichten war. Wenn die Arbeit, also das Vorbereiten von Mahlzeiten, das Anfertigen und Pflegen der Wäsche, die Herstellung von Einrichtungsgegenständen, das Heizen usw., aus dem Haushalt herausgezogen ist, wird sie von einer neuen Industrie organisiert, die produktiver produziert und nach ihrer eigenen Profitlogik organisiert ist. Dann entstehen Konserven- und Tiefkühlkostfabriken, Bekleidungsindustrie, Färbereien und chemische Reinigungen, Möbel- und Haushaltsgeräteindustrie, Großfeuerungsanlagen und Kraftwerke, Verpackungs- und chemische Industrie.

Diese Art von Modernisierung ist identisch mit umfassender Rationalisierung, die in den zwanziger Jahren als eine neue Möglichkeit zur Humanisierung der Gesellschaft, des Arbeitens und Wohnens entdeckt worden war. Die Propheten des »Neuen Bauens«, die mit ihren Großsiedlungen in Frankfurt, Berlin und anderswo (vgl. Mohr/Müller 1984, Uhlig 1977) eine neue Stadt für neue Menschen bauen wollten, waren von den Möglichkeiten der Rationalisierung in der Produktion fasziniert und versuchten, sie nicht nur auf die Bauproduktion, sondern auch auf die Organisation des häuslichen Alltags zu übertragen. In der Taylorisierung der Arbeit, in der Produktions- und Produktivitätssteigerung aller Arbeit, erschienen die sozialen Probleme als überwindbar. Henry Fords Buch *Mein Leben und Werk*, im November 1923 erschienen, verbreitete diese Botschaft, die auch bei Sozialdemokraten Begeisterung hervorrief. Im Begriff des »Fordismus«, der inzwischen zu einer kritischen sozialwissenschaftlichen Kategorie geworden ist (Hirsch/Roth 1986), war das Bild einer Gesellschaft enthalten, in der technischer und sozialer Fortschritt versöhnt sind.

In dieser Perspektive, der Städtebau und Wohnungsplanung bis heute überwiegend folgen, ist der Haushalt reduziert auf minimale Arbeitsverrichtungen – den Rest besorgt die Industrie. Der Haushalt wird zur Durchlaufstation, in den die Konsumgüter hinein- und Dreck und Müll herausfließen. Unser Leben ist dadurch einfacher geworden, aber wir haben uns unter der Hand zum Schädling entwickelt.

Wenn wir daran etwas ändern wollen, müssen sich vor allem zwei Dinge ändern: erstens die Einspannung des einzelnen Haushalts in ein Geflecht von Großtechnologie und industrieller Versorgung, und zweitens unsere Konsum- und Arbeitsmoral. Einfach gesagt: eine ökologisch verträgliche Lebensweise verlangt mehr Haushaltsarbeit und mehr verantwortliches Denken bei der Haushaltsarbeit. Ist das ein Rückschritt? Ist das eine Zumutung, die auf wenig Zustimmung bei den Menschen hoffen kann?

Unter den heutigen Bedingungen, beim erreichten Stand der Produktivität und angesichts des gesellschaftlichen Reichtums muß eine Umverteilung von Arbeit, eine Neuverteilung zwischen der Erwerbstätigkeit und der Haushaltätigkeit kein Rückschritt in dem Sinn sein, daß mehr fremdbestimmte Arbeit entsteht. Wir haben einerseits eine hohe Arbeitslosigkeit, und wir haben andererseits viele Arbeitsplätze, deren Arbeitsergebnis erst jene Probleme schafft, über deren Beseitigung wir uns Gedanken machen müssen. Nur eine neue Arbeitsteilung zwischen Haushaltsproduktion und formeller Ökonomie könnte die verhängnisvolle Logik aufheben, die darin besteht, daß immer mehr Bereiche unseres Alltags industriell organisiert, bei zunehmender Produktivität die Spaltung zwischen Erwerbstätigen und Arbeitslosen vertieft und gleichzeitig die ökologischen Schäden vergrößert werden.

Weniger Erwerbsarbeit und mehr Zeit für die Haushaltsarbeit, und zwar für Männer und Frauen – könnte diese Forderung auf Gegenliebe stoßen? Wäre das Problem einer neuen Moral lösbar?

Die Konsum- und Wegwerfmoral ist den Menschen nicht angeboren. Jener Satz: »Ich mache mir keine Gedanken über Kernkraftwerke, ich beziehe meinen Strom aus der Steckdose« verweist auf das immer weitere Auseinandertreten von Verursachung ökologischer Probleme und Entstehung der Schäden. Die Schönheit eines Mahagonischranks bezahlen wir mit der Vernichtung des Urwaldes, der große Bedeutung für das Weltklima hat, was auf unsere Niederschlagsmengen zurückwirkt usw. usw. Wenn man das *weiß*, handelt man weniger unbedenklich. Die amerikanische Ökologie-Bewegung hat den Slogan geprägt: global denken, lokal handeln. Es wäre sicher zuviel verlangt, daß wir bei jeder Tasse Kaffee über die weltweite ökologische Krise nachdenken müßten – das ist ja noch nicht einmal das Problem. Das Problem besteht darin, daß wir dieses umfassende Wissen gar nicht haben *können*, und wenn wir es haben, daß wir oft gar nicht anders handeln können, weil wir der Alternativen beraubt sind, weil wir die Selbstbestimmung über unseren Lebensstil verloren haben.

Wenn die bestehenden Siedlungsstrukturen und die damit erzwungenen Lebensstile ökologischen Imperativen unterstellt werden sollen, geht dies nur über Erziehung und Drohungen, über Strafen und Diktate. Dann wird uns gesagt, wir sollen dieses und jenes nicht, dieses und jenes aber auf jeden Fall tun. Den Begriff des »Umweltsünders« gibt es ja schon. Neue Verhaltenszwänge werden uns auferlegt, neue Geräte verkauft, zusätzliche Investitionskosten abverlangt. Und das muß dann ja auch alles kontrolliert werden, die Ökopolizei ist mit Blick auf die Industrie im Bundestag schon verlangt worden. Wie soll das erst im Wohnbereich aussehen? Wer kontrolliert wen? Wird es soweit kommen, daß man mit seinem Farbeimerchen wie ein prinzipiell Verdächtiger durchs Viertel gehen muß?

Soweit die Haushalte zu den Verursachern von Umweltbelastungen gehören, muß ihnen zuerst die Gelegenheit gegeben werden, sich anders zu verhalten. Eine neue Industrie zur Beseitigung von Umweltbelastungen und neue Regimenter von Umweltschutzpolizisten aufzurüsten ist weder ein humaner noch ein erfolgversprechender Weg.

Ökologie ist die Lehre von der Gesamtheit aller Lebenszusammenhänge. Die Herstellung einer »ökologischen Stadt« würde, wenn sie Ergebnis einer Planung sein soll, also systematisch in unseren Lebensalltag eingreifen: angefangen bei der großräumigen Zuordnung von Orten des Produzierens, des Kaufens und Wohnens, um den Verkehrsaufwand zu reduzieren und damit Energie einzusparen, weniger Luftverpestung zu erzeugen und den Rückbau von Straßen zu ermöglichen – bis hin zu den Ernährungsgewohnheiten, den sozialen Beziehungen und individuellem Verhalten. Das ist weder überschaubar noch planbar; jeder Versuch, eine solche Wende planen und zentral steuern zu wollen, muß in neuen Großbürokratien und neuen (Umwelt-)Großindustrien enden. Demokratisch und human kann dies nur erreicht werden durch eine Reduktion der Komplexität von Wirkungsketten, in denen jede harmlose Handlung unübersehbare Folgewirkungen haben kann. Das heißt, daß der Prozeß von Entmündigung und Entfremdung, der unsere gegenwärtigen Wohn- und Lebensstile geprägt hat (Gleichmann 1979), beendet und teilweise umgekehrt werden muß.

Die Diskussion über ökologische Stadtentwicklung führt damit zwangsläufig in Richtung kleinere Versorgungseinheiten, sinnvollere Zuordnung von Nutzungen und mehr Autonomie über die Gestaltung der alltäglichen Lebensvollzüge, bis hin zur Haushaltsver- und -entsorgung. Eine ökologische Strategie wird sicher nicht ohne Verbote auskommen, aber die müssen in erster Linie bei den Herstellern von umweltschädlichen Produkten ansetzen und nicht bei den Verbrauchern.

Ökologische Probleme und demokratische Strukturen hängen enger zusammen, als dies bisher in der öffentlichen Diskussion deutlich geworden ist. Der gegenüber der Umwelt unbedenkliche Lebens- und Wohnstil ist den Haushalten aufgezwungen worden durch einen an einer einseitigen Logik orientierten Wohn- und Städtebau, der nur durch eine Stärkung der Position der Haushalte überwunden werden kann. Und das erfordert einen Umbau sowohl der Arbeitsordnung wie der Siedlungsstrukturen, was uns mindestens so teuer zu stehen kommen wird wie der lange Aufbau unserer bisherigen Lebensweisen. Solche entdifferenzierten Lebensformen dürfen freilich nicht in einer »Ideologie der Unterkomplexität« münden, die dem »vernünftigen Potential und dem Eigensinn der kulturellen Moderne« (Habermas 1985, 27) abschwören. Wie dies aussehen könnte und welche Lebenspraxis daraus entsteht, muß der faktischen Entwicklung in neuen Wohn- und Lebensmöglichkeiten überlassen bleiben – wo Stadtpolitik mehr erreichen will, als die Bedingungen dafür zu schaffen, wird sie bedrohlich.

Kapitel 12
Urbanität oder:
»Wenn es Wirklichkeitssinn gibt, muß es auch Möglichkeitssinn geben«

Unsere bisherigen Überlegungen zu Stadtkultur und Urbanität sind pessimistisch. Kulturpolitik wird immer stärker für ökonomisches Wachstum funktionalisiert, wird immer unverfrorener Ideologieproduktion. Bürgerliche Urbanität und proletarische Kultur sind entweder zum luxuriösen Konsum oder zum folkloristischen Museum verkommen. Die Zukunftsperspektiven weisen auf weitere Privatisierung, räumliche und soziale Isolierung hin, als deren Fluchtpunkt Provinzialität und Borniertheit erscheinen.

Diese Thesen von Verfall und Auflösung legen mit ihrer Verlustrhetorik die Vorstellung nahe, es habe tatsächlich früher gelungene Formen städtischer Kultur gegeben. Kann es einen Rückgriff auf solche Vorbilder von Urbanität geben? Gibt es solche Vor-Bilder, sind sie die Anstrengungen wert, sie wiederherzustellen, und ist es überhaupt möglich und denkbar, zerstörte Traditionen wieder zu beleben? Eine solche Archäologie hat viele Probleme, doch lassen sich daraus Prinzipien dessen, was sich mit dem »Städtischen« verbindet, gewinnen, die eine Stadtpolitik nicht vernachlässigen oder verletzen darf.

Bis zur Herausbildung der Territorialstaaten, die den Städten ihre politische und ökonomische Selbständigkeit nahmen, gab es eine eindeutig bestimmbare und abgrenzbare Stadtkultur. Sie bestand aus dem spezifischen Gemisch von ökonomischen, politischen und sozialen Strukturen, das sich im Gegensatz zum agrarisch-feudalen Land befand. Die Stadt war »ein soziales Totalphänomen« (Gurvitch), das eine andere Gesellschaft darstellte, Vorform der bürgerlichen Gesellschaft, mit allen negativen und positiven Merkmalen, die diese später auszeichnen sollte. Urbanität war damit nicht nur eine Lebens-, sondern eine Gesellschaftsform. Die Grundkategorie, auf die sich alle ihre Charakteristika zurückführen lassen, ist die der Freiheit: Freiheit von politischer Abhängigkeit in Form bürgerlicher Selbstverwaltung, von Ausbeutung in Form des freien Tauschs, von sozialer Deklassierung in Form rechtlicher Gleichheit. All dies war in der Stadt gebunden an Besitz, die bürgerliche Gesellschaft war von Anfang an Klassengesellschaft – aber selbst die Situation der Eigentumslosen, der Armen, des Pöbels unterschied sich von der der Landbevölkerung noch dadurch, daß sie als Personen frei waren, nicht mehr Leibeigene. Selbst wenn es ihnen materiell nicht besser ging als den Untertanen der Feudalherren, so hatten sie als Stadtmenschen doch Anteil an der historischen Perspektive der Emanzipation von persönlicher Unterdrückung und Naturabhängigkeit. Sie gehörten, weil sie in der Stadt lebten, einer anderen Zukunft an.

Im langsamen Prozeß der Ausbreitung ökonomischer Formen, die vordem stadtspezifisch waren, mit der kapitalistischen Kolonisierung sämtlicher Wirtschaftsbereiche und mit der Verallgemeinerung auch der politischen Formen durch die bürgerliche Revolution, ist diese Kultur als Stadtkultur verschwunden. Sie wurde nach und nach zur Form der gesamten Gesellschaft, vollständig erst nach dem Zweiten Weltkrieg, in dessen Folge die letzten Reste der vorbürgerlichen Gesellschaft beseitigt wurden.

Versuche, durch Rückgriffe auf die bürgerlichen Verkehrsformen der mittelalterlichen Stadt so etwas wie eine Essenz der Urbanität gewinnen zu wollen (vgl. Bahrdt 1969, 19), sind seither sinnlos geworden. Sie führen zu einer Reduktion des »Urbanen« auf Verhaltensweisen oder geistige Befindlichkeiten (wie etwa bei Louis Wirth 1974), denen der politisch-emanzipatorische Gehalt vorindustrieller Stadtkultur entschwinden muß.

Mit der industriekapitalistischen Stadt entstehen neue Urbanitäten, die sich allerdings, wie ihre Träger, wie Feuer und Wasser gegenüberstehen. Das ökonomisch selbständige Bürgertum geht in den Aktiengesellschaften und Konzernen auf oder verschwindet in den Angestelltenetagen der neuen Unternehmensverwaltungen. Zum Sinnbild und Inbegriff urbanen Verhaltens werden Konsum und Freizeit, intellektuelle Aufgeregtheit und Sensation. Diese neuartige Freiheit wird gelebt vom Flaneur und von der Boheme, die soziologisch nichts anderes als Kleinbürger sind.

Eine ganz andere Kultur entsteht im anderen Teil der Stadt, wo mit dem proletarischen Milieu der soziale Gegensatz zur Urbanität der Stadtmitte heranwächst. Die proletarische Kultur ist ein spezifisch städtisches Phänomen, geprägt von Not und Solidarität.

Ohne die sozialistische Theorie, die dem Proletariat Bewußtsein und Selbstbewußtsein gab, wäre sie schlicht Armutskultur gewesen. So wurde sie zu einer spezifisch städtischen Kultur, zu einer über die Gesellschaftsform hinausweisenden Lebensweise, die zugleich ihre Grundlage war.

Die urbanen Lebensstile des Kleinbürgertums wie die proletarische Kultur waren daher nicht mehr »Stadtkultur«, sondern in je spezifischem Sinne beschränkt: als Subkultur oder Gegenkultur. Und sie waren ihrerseits selbst innerhalb ihrer sozialen Grenzen selektiv. Die Masse der Proletarier lebte außerhalb der großen Städte. Der in agrarisch geprägte, traditionelle Lebensweisen eingebundene ländliche Arbeiter, für den die Stadt nicht mehr war als Ort seines Arbeitsplatzes, war ein ebenso typischer Vertreter der Arbeiterschaft wie der großstädtische Prolet. Ähnlich war Urbanität als Lebensform nur einem kleinen Teil der städtischen Bevölkerung möglich. Geld und Zeit waren notwendig, um die Anonymität der Stadt, ihr Kauf- und Kulturangebot zu nutzen, um die Wunderlichkeiten und Exzentritäten überhaupt zuschauend wahrnehmen oder selbst mit darstellen zu können – und wenn schon nicht Geld, dann viel, viel Zeit, deren vollkommene Ablösung von natürlichen Rhythmen bereits als Befreiung erlebt werden konnte (»die Nacht zum Tag machen«).

Der Flaneur, dieses flüchtige, ungreifbare Wesen, präsent, aber fremd, nah, aber distanziert, war in einem sehr bestimmt: Es war ein Mann. Nur für ihn war der öffentliche Raum eine Sphäre unbestimmter Fremdheit. Wenn eine Frau »auf die Straße geht«, war ihre Rolle eindeutig, es sei denn, sie ging in Begleitung. Deren Aufgabe war nicht nur, Annäherungen von Männern zu kontrollieren, Zudringlichkeiten abzuschrecken. Die Anstandsdame wahrte den Anstand, indem sie Auskunft über Stand und Namen geben konnte. Sie stellte vor und machte bekannt. Kurz, es ging darum, den Ausbruch der Frau in die Freiheiten der Anonymität zu verhindern.

Die geschlechtsspezifische Beschränkung des öffentlichen Raums (Ostner 1981) korrespondiert mit der sozialen. Segregation ist Kennzeichen der bürgerlichen Stadt des 18. und 19. Jahrhunderts mehr noch als der heutigen. Politische Teilhabe war bis zur Weimarer Republik nach Besitz (Dreiklassenwahlrecht) und Geschlecht begrenzt.

Trotz aller Selektivitäten und Beschränkungen enthielten aber die historischen Formen spezifisch städtischer Kulturen Perspektiven, die über das Bestehende hinauswiesen.

Die historische Kategorie der bürgerlichen Urbanität wie die des proletarischen Milieus sind eminent politische Kategorien (vgl. Salin 1960, Gude 1971). Beide beschreiben städtisches Leben im Vorgriff auf eine gesellschaftliche Utopie. Urbanität postuliert die politische Freiheit des Bürgers unter den Regeln einer aufgeklärten Rationalität und die ökonomische Gleichheit selbständiger Produzenten unter dem Gesetz des Marktes, eine durch und durch anarchische Utopie. Im Bild der kämpferischen Solidarität proletarischen Milieus ist ebenso eine utopische Perspektive einbeschlossen: die Hoffnung auf eine befreite Solidarität in der kommunistischen Gesellschaft. Und selbst die in ihrer sozialen Perspektive äußerst reduzierte Figur des Flaneurs repräsentiert noch einen Teilaspekt bürgerlicher Kultur: die Befreiung von notwendiger Arbeit, die Entlastung von der Mühsal alltäglicher Reproduktionsarbeit, das Befreitsein für Genuß und Kultur, und damit einen Kern und Anfang alles Städtischen, nämlich Zeit zu haben, aus dem Zwang zur tagtäglichen, unmittelbaren Auseinandersetzung mit der Natur ums eigene Überleben ein Stück entlassen zu sein. Kultivierung, das Urbarmachen der Natur, wird in dem Moment städtische Kultur, wo Menschen freigesetzt sind für andere als lebensnotwendige Produktion.

Bürgerliche Urbanität wie proletarisches Milieu haben jedoch ihre objektive Basis und damit auch ihre gesellschaftspolitische Perspektive verloren. Die politischen Emanzipationsbewegungen der Arbeiterschaft haben sich schon Ende des 19. Jahrhunderts von den Problemen der Städte abgewandt. Der Marxismus ließ die Fragen der richtigen Organisation des Alltags außerhalb der Fabrik als nachgeordnete erscheinen. Sie würden sich von selbst lösen, sobald das zentrale Problem der gesellschaftlichen Organisation der Produktion gelöst sei (Benevolo 1967). Die Folge dieser Abwendung der Arbeiterbewegung von der Wohnungs- und Stadtpolitik ist deren Entpolitisierung gewesen. Von den frühsozialistischen Stadtutopien, in denen die Revolutionierung der Arbeit und des alltäglichen Lebens noch mit formalen und technischen Veränderungen der Städte zusammengedacht waren, über den Wiener Gemeindewohnungsbau, die Wohnungspolitik der zwanziger Jahre und die rein ästhetisierenden Architekturphantasien des Expressionismus bis hin zum sozialen Wohnungsbau der Bundesrepublik hat sich der gesellschaftspolitische Gehalt der Stadtpolitik zunehmend reduziert. Das proletarische Milieu hat sich aufgelöst (Mooser 1984). Es existiert allenfalls noch als Folklore und erzwungene Rückständigkeit, nicht mehr als selbstbewußter Gegenentwurf zur bürgerlichen Urbanität. Seine Musealisierung durch »sozialen Milieuschutz« konserviert keine politische Perspektive. Eingezäunt wird eine Lebensweise, die an miese Verhältnisse gebunden ist und daher auch rückständige, borniert Verhaltensweisen umfaßt, keineswegs nur kämpferische Solidarität.

Auch von der bürgerlichen Dialektik von Privatheit und Öffentlichkeit ist nicht mehr übriggeblieben als das Gegenüber von Kaufen und Verbrauchen. Bürgerliche Urbanität war historisch gebunden an die Stadt als revolutionären Verband. Ökonomisch als Marktökonomie gegen die ländliche Oikoswirtschaft, politisch als Frühform der Demokratie gegen feudalistische Herrschaftsstrukturen, kulturell als Dialektik von Öffentlichkeit und Privatheit gegen die sozialen Kontrollen in der Totalität dörflicher Nachbarschaft. Mit dem Rückgang des ökonomisch selbständigen Bürgertums und der Integration städtischer Politik in die politischen Strukturen der Flächenstaaten hat die bürgerliche Urbanität ihren politisch emanzipatorischen Gehalt verloren. Insoweit die städtischen Lebensformen von diesen Perspektiven auf die liberale bzw. kommunistische Utopie objektiv abgeschnitten worden sind, kann zu Recht von einem Verfall der städtischen Lebensform als einer politischen Kultur gesprochen werden.

Die Thesen vom Verlust der Urbanität und der Auflösung einer proletarischen Gegenkultur sind gewiß nicht neu. Neu ist aber die Radikalität, mit der sie heute vertreten werden müssen, denn städtische Kultur ist im bloßen Rückgriff auf diese Topoi nicht nur nicht mehr wiederzubeleben, ihre heutige und zukünftige Realität ist mit den historischen Zitaten nicht einmal mehr einheitlich zu beschwören.

Das bislang homogene Bild der Stadtentwicklung ist in zwei entgegengesetzte Muster zerbrochen: Wachstum und Schrumpfen. Es gibt zumindest plausible Gründe für die Annahme, daß die Existenz zweier polarer Typen städtischer Entwicklung von längerer Dauer sein wird. Aber kann es auch zwei polare Begriffe von Stadtkultur geben, eine asketische Kultur für schrumpfende Städte und eine Konsumkultur in den weiterhin wachsenden? Ist es denkbar, daß sich etwa im Ruhrgebiet ein anderes urbanes Selbstbewußtsein herausbildet, das sich nicht lediglich als zweitklassigen Ersatz empfindet gegenüber Düsseldorf oder München? Anders und allgemeiner ausgedrückt: Ist eine Kultur der Stadt denkbar, ohne daß die ungleiche Verteilung des gesellschaftlichen Reichtums überwunden wäre?

Ein weiteres Problem, einen realitätshaltigen, d. h. in der politischen Praxis sich auch bewährenden Begriff von Stadtkultur zu bestimmen, besteht im Fehlen eines politischen Trägers, der eine solche Kultur der Stadt formulieren und durchsetzen könnte. Mit den Schlagworten Zwei-Drittel-Gesellschaft, Marginalisierung oder Randgruppengesellschaft meinen wir Phänomene der dauerhaften Ausgrenzung von Minderheiten, in erster Linie Ausgrenzung aus dem Beschäftigungssystem, in deren Folge aber auch Ausgrenzung aus anderen sozialen und räumlichen Zusammenhängen. Diese Verschiebung der sozialen Problematik hat weitgehende Konsequenzen für die politischen Durchsetzungschancen alternativer gesellschaftlicher Projekte. Die klassische soziale Frage, also der Gegensatz zwischen Arbeit und Kapital, war politisch konfliktträchtig, weil die Lohnarbeiterschaft ein politisch potenter Träger dieser Frage war. Sie war organisationsfähig aufgrund objektiv gleicher Interessenlage, sie war artikulationsfähig aufgrund der Marxschen Theorie, und sie war konfliktfähig, da sie mit dem Entzug der Arbeitskraft im Streik drohen konnte. Alle drei Voraussetzungen gelten nur sehr eingeschränkt für die marginalisierten Gruppen. Diese sind eben dadurch definiert, daß sie über keine Vetomacht verfügen. Als Besitzer von Arbeitskraft sind sie schwach, denn wenn sie überhaupt Arbeitsplätze besitzen, so im labilen Randbereich des Arbeitsmarktes. Sie können also kaum ernsthaft mit Streik drohen. Sie sind schwach als Konsumenten, denn auf ihre Kaufkraft ist kaum einer angewiesen, und sie sind einflußlos als politische Bürger, denn sie sind schwer politisch organisierbar. Ausländer, Alte, arbeitslose Jugendliche und Suchtkranke leben in sehr verschiedenen sozialen Situationen, haben deshalb sehr verschiedene, schwer vereinheitlichbare Interessen. Die heute benachteiligten Gruppen, die als Leidtragende der Entwicklung auch politische Träger neuer gesellschaftlicher Lösungen sein müßten, besitzen wenig politische Durchsetzungskraft.

Vielleicht erklärt sich daraus, daß viele Vorstellungen von einem »anderen« Leben in der Stadt heute so naiv defensiv sind. Hält man Ausschau nach neuen Bildern vom Urbanen, nach einer positiven

Formulierung des städtischen Lebens, dann trifft man auf solche Konzepte, in denen das Leben aus den Stadtteilen »in das Zentrum überschwappt« (Ditfurth 1986, 864). Der eigentliche Ort städtischen Lebens ist der Stadtteil. Dezentralisierung, Selbstverwaltung, Aufhebung der Trennung zwischen Wohnen und Arbeiten sind die Stichworte, denen Aneignung und Überschaubarkeit korrespondieren. So richtig und notwendig die Forderung nach Dezentralisierung und Selbstverwaltung ist, so falsch ist sie, wenn sie unmittelbar auf die bestehenden Verhältnisse gepfropft wird, und zwar aus drei Gründen:

– Wie die Kommunalpolitik zur Bewältigung der zentralen städtischen Probleme auf Entscheidungen angewiesen ist, die außerhalb ihrer Machtkompetenzen liegen (Umverteilung der Lohnarbeit, Mindesteinkommen), wären dezentrale Selbstverwaltungseinheiten auf Stadtteilebene nicht in der Lage, Umweltprobleme, Arbeitslosigkeit und Armut zu beseitigen. Die Forderung nach Dezentralisierung gibt sich progressiv, sie ist aber fatal, wenn sie die Bereiche, auf die sie sich bezieht, aufs Viertel oder den Häuserblock eingrenzt. Wie die Wachstumspolitik der Verwaltungen würde sie die Spaltung der Stadt nur befestigen und in manchen Bereichen in der Selbstverwaltung von Mangel enden. Dezentrale Selbstverwaltung *setzt voraus*, daß das klassische Programm der Sozialdemokratie, gleiche materielle, soziale und politische Chancen für alle, eingelöst ist. Unter Bedingungen fortdauernder Ungleichheit hieße Dezentralisierung Selbstverwaltung der Reichen neben Selbstverwaltung der Armen, ohne daß noch eine Instanz existierte, die machtvoll genug wäre, von den Reichen zu den Armen umzuverteilen.

– Wenn Dezentralisierung und ökologische Bau- und Lebensweisen verabsolutiert und nicht in einer Einheit mit allen städtischen Funktionen gesehen werden, sind sie sowohl unrealistisch wie bedrohlich. Ökologische Inseln sind nicht mehr denkbar, da Umweltbelastungen räumlich unteilbar geworden sind. Die Wirkungsketten sind zu komplex und zu lang, als daß man ihnen an irgendeiner Ecke entkommen könnte. Verkehrsberuhigung erzeugt an anderer Stelle Verkehrsvermehrung, wenn nicht das gesamte Verkehrssystem umgestaltet wird. Jeder Rückzug in eine Nische, ob als Insellösung oder als Vertrauen auf die kleinen Netze, muß in Sackgassen enden, wenn nicht die wechselseitige Abhängigkeit gesamtstädtischer Prozesse und stadtteilspezifischer

Probleme grundlegend mitgedacht, thematisiert und politisch bearbeitet wird.

– Dezentrale kleine Einheiten und Nachbarschaften bieten nicht nur Nähe, die Kommunikation stiftet, und Vertrautheit, in der sich Identität stabilisiert. Nachbarschaft bedeutet auch soziale Kontrolle und damit Schranken individueller Entfaltung. Urbanität dagegen verspricht gerade Emanzipation von sozialer Kontrolle. Die Anonymität der Großstadt birgt auch die Chance, neue Rollen zu übernehmen, verschiedene Identitäten auszuprobieren. Eine Stadtpolitik, die die überschaubare Nähe der kleinen Einheiten gegen die Anonymität und Fremdheit der Großstadt ausspielt, wird also zu Recht scheitern, weil sie den emanzipatorischen Kern der bürgerlichen Dialektik von Privatheit und Öffentlichkeit nicht bewahrt.

Die Produktivität der Stadt in kulturellem und ökonomischem Sinn resultiert aus Arbeitsteilung, Spezialisierung und Kooperation (Simmel 1984). Zumindest kulturell bleibt dieser Differenzierungsprozeß ein Privileg der Stadt. Dem steht das Bedürfnis nach Überschaubarkeit, ganzheitlichen Lebens- und Arbeitsvollzügen entgegen. Die Forderung nach Entdifferenzierung und Heimeligkeit darf aber nicht zu Lasten des innovativen Potentials der Stadt insgesamt gehen. Die positiven Momente einer städtischen Lebenskultur gehen immer dann verloren, wenn eine Seite ihrer Ambivalenz verabsolutiert wird, wenn die Dialektik von Heimat und Anonymität, von Aneignung und Entlastung negiert oder aufgehoben wird in einseitigen Rezepten einer städtischen Lebensform. Stadtkultur heißt vor allem, Ambivalenzen zu ermöglichen und Widersprüche, wo sie nicht aufgehoben werden können, doch bewußt auszuhalten. Das gilt nicht nur für das Gegenüber von Nähe und Anonymität, sondern auch für die Forderung nach mehr Selbstbestimmung der Stadtbewohner. Wir haben uns daran gewöhnt, Partizipation, Selbstverwaltung, Eigenarbeit und Selbsthilfe als positive Werte städtischen Lebens zu denken: Je größer die Spielräume der Bewohner sind, ihre materiellen, rechtlichen und sozialen Lebensbedingungen selber zu gestalten, desto besser.

Zweifellos ist das richtig und human. Denn die Orte des Wohnens sollen nicht nur Raum für Konsum, sondern auch Orte der eigenen Identität sein. Zur Heimat wird nur, was Teil der eigenen Person ist; Heimatgefühl ist Ergebnis einer lebendigen Auseinandersetzung mit einer sozialen und baulichen Umwelt. Die eigenen

Lebensbedingungen selber bestimmen und gestalten zu können ist eine wichtige Vorbedingung dafür, daß man sich zu Hause fühlt.

Die Kritik an den Großsiedlungen der sechziger und siebziger Jahre fußt auf der Tatsache einer Entfremdung, die sich in Baumassen und zentraler Verwaltung zugleich manifestiert und die Bewohner auf den Status von reglementierten Benutzern reduziert. Im Gegenmodell der Klein- und Eigenheimsiedlung gehen in privatistischen Aneignungsformen allzu leicht die befreienden Dimensionen der städtischen Anonymität und der Entlastung von Arbeit verloren (Mitscherlich 1965).

Selbstverwaltung ist auch Arbeit, Selbstversorgung erst recht, und der Wunsch, davon unbehelligt zu bleiben, ist ein legitimer Wunsch gerade von Städtern. Im heute meist verächtlich gebrauchten Begriff der »Wohnmaschine« steckt ein legitimer Gegenentwurf zur Vorstellung von Stadt als Heimat: die Stadt als Infrastruktureinrichtung zur Entlastung von überflüssiger Arbeit und Unbequemlichkeit. Von Karl Kraus stammt der Satz: »Ich verlange von der Stadt, in der ich leben soll: Asphalt, Straßenspülung, Haustorschlüssel, Luftheizung, Warmwasserleitung. Gemütlich bin ich selbst« (Kraus 1957, 48).

Städte sind immer auch Maschinen, die den einzelnen entlasten sollen von Arbeit, Mühe und Verantwortung, damit er frei wird für andere, selbstgewählte Aktivitäten, sei es in Bildung, sei es im Sport, in politischen Organisationen oder in Faulenzerei. Das ist die progressive Logik von Fouriers Phalenstère, der Frankfurter Küche, Corbusiers Wohnmaschine und des sozialen Wohnungsbaus (vgl. Voesgen 1987).

»Weißt du, warum wir hier leben?« sagte Kate. »Anstatt an den Orten, wo wir her sind? Weil es so einfach ist. Die Leute sagen immer, das Leben hier wäre hart, aber es ist einfach. Du mußt nichts besitzen; du kannst dein Leben mieten. Ich kenn Leute, die Bettlaken und Handtücher mieten. Du mußt dir nie eine Mahlzeit kochen; irgendwo hat immer ein Schuppen offen, der Grillhähnchen verkauft. Du mußt deine Nachbarn nicht kennen. Du mußt nicht mal deine Wohnung verlassen; du kannst dir dein ganzes Leben liefern lassen. Bleiben wir dort, wo wir geboren wurden, dann wird dort was von uns erwartet. Wir müßten Bürgermeister oder Hundefänger sein; wir müßten in der BAR und der VFW oder der NAACP sein. Hier, da sind wir frei, da können wir uns jemand für eine Nacht unter den Nagel reißen und unsere Fertigmenüs essen, und niemand erwartet was von uns.«(Oster 1986, 83)

Das Programm der ökologischen Stadt wie das der Verflechtung von informeller und formeller Ökonomie verlangen dagegen Verbindlichkeit, Verantwortung und Arbeit. Den privaten Haushalt wieder in den Stand einer produktiven Einheit zu versetzen, beinhaltet das Versprechen, Bedürfnisse besser zu befriedigen, die Wohlfahrt der Menschen zu steigern, ohne sie zugleich zu entmündigen. Im Gegenteil, sie sollen auch in der Maschinerie der Stadt ihre Lebensbedingungen sich aneignen, d.h. produktiv umgestalten können. Die informelle Arbeit auf dem Land ist in dem Maße zu einer humanen Arbeit geworden, wie sie durch technische Infrastrukturen (Elektrizitäts-, Wasser-, Kanalisation- und Straßenanschluß), rechtliche und sozialpolitische Sicherungen und durch industrielle Lohnarbeit, kurz durch Urbanisierung vom Zwang der Lebensnot befreit wurde. Umgekehrt müssen heute den Städtern die materiellen, rechtlichen und sozialen Voraussetzungen für einen produktiven und selbstbestimmten Umgang mit ihrer alltäglichen Lebensumwelt neu gegeben werden, von denen sie durch die spezifische Form der Urbanisierung der letzten 150 Jahre gerade enteignet worden sind.

Eine solche neue städtische Lebensform verspricht zwar Aneignung, die eigenen Lebensbedingungen selber gestalten und damit sich in ihnen auch zu Hause fühlen zu können, doch zugleich setzt sie neue Verbindlichkeiten. Sie verlangt verantwortliche Arbeit, an der Wohnung, beim Aufbau des selbstorganisierten Kinderladens, bei der Sorge für die Pflegebedürftigen. Die Verknüpfung formeller und informeller Arbeit eröffnet den privaten Haushalten humane und identitätsstiftende Möglichkeiten produktiver Arbeit, aber damit auch möglicherweise neue Zwänge zu arbeiten. Die Logik, nach der die Befreiung aus der notgedrungenen Subsistenzproduktion auf dem Land im Zuge der Integration der Landbevölkerung in urbanisierte Lebensweisen vor sich ging, folgte weniger dem Wunsch nach Reduktion des Arbeitsumfangs als dem nach Reduktion der Verbindlichkeit von Arbeit (vgl. Jessen/Siebel u.a. 1987). Die neue städtische Lebensform, in der die Aneignungschancen durch informelle Arbeit aufgehoben sind, muß auch die Chancen der Entlastung von notwendiger Arbeit, die die Urbanisierung eröffnet hat, bewahren – eine widersprüchliche Aufgabe, deren Widersprüchlichkeit durch das Programm eines ökologisch bewußten Stadtlebens noch überhöht wird. »Global denken – lokal handeln« ist das Postulat einer neuen protestantischen Ethik. Auch sie verspricht Besseres, nicht die ewige Glückseligkeit, aber doch Gesundheit und Abwehr von Katastrophen. Aber vorausgesetzt wird ein weiterer Schub im historischen Prozeß der Verinnerlichung von Kontrollen. Ein halbwegs effektvolles System der Trennung verschiedener Müllsorten setzt neben Wissen vor allem verantwortungsbewußtes, »innengeleitetes« Handeln voraus. Wie leicht wirft man eine Batterie in den falschen Eimer, und wie ungern klaubt man sie aus dem Dreck dann wieder heraus, wenns doch kaum einer kontrollieren kann. Wieviel »Loyalitätskapital« muß angesammelt sein, damit man der Versuchung widersteht, seine Verpflichtungen mal zu vergessen, den Baum vor der Tür nicht zu gießen, den kranken Nachbarn heute mal nicht zu besuchen. Die Geschichte der Urbanisierung ist die Geschichte der Entlastung von solchen Verbindlichkeiten. Man kann in Urlaub fahren, weil man keine Hühner mehr zu versorgen hat. Zugleich aber ist sie auch die Geschichte der Aufrichtung von Kontrolle und Selbstdisziplin. Sich im Straßenverkehr einer Großstadt heute ohne Gefahr für Leib und Leben bewegen zu können verlangt ein in Fleisch und Blut übergegangenes, eben verinnerlichtes Wissen, das sich anzueignen die Kinder viel Zeit und Verzicht und ihre Eltern viel Angst und Ermahnungen kostet. Sich in der Großstadt zurechtzufinden gelingt nur dem, der sich Selbstdisziplin, Kontrolle spontaner Reaktionen und sehr viel Wissen in einem langen Lernprozeß angeeignet hat. Die Geschichte der Urbanisierung ist der »Prozeß der Zivilisation«, den Norbert Elias (1977) als einen machtgeleiteten Prozeß der Verinnerlichung von Zwängen analysiert hat. Unsere Gleichsetzung von Stadt mit individuellen Freiheiten betont zu Recht die ökonomische und politische Emanzipation des Bürgertums aus feudalistischer Herrschaft. Aber diese Gleichsetzung vergißt allzu leicht die parallelen Prozesse der Verinnerlichung von Kontrollen. Die politische und ökonomische Emanzipation ging einher mit vermehrten Verhaltenszwängen. Es wurden Scham- und Peinlichkeitsschwellen errichtet, die im Vergleich zu früheren Lebensweisen extreme Fähigkeiten zur Selbstkontrolle von körperlichen und psychischen Reaktionen verlangen (Gleichmann 1976). Das Programm einer ökologischen Stadttechnik wird die Schraube dieses Prozesses der Zivilisation weiterdrehen. Es werden neue Schwellen von Scham und Peinlichkeiten in den Menschen aufgerichtet sein müssen, will man nicht ein beängstigendes System von Strafen und polizeilicher Überwachung schaffen, um von außen zu kontrollieren, daß jeder auch an seinem privatesten Ort so handelt, wie es ein globales Denken erfordert.

Die neue städtische Lebensform, in der formelle Berufs- und informelle Eigenarbeit, individuelle Freiheit und ökologische Notwendigkeit miteinander versöhnt sind, ist nichts als eine weite Perspektive. Sie deutet nur an, in welche Richtung die Widersprüche aufgehoben werden müssen. Die Stadt ist sowohl Heimat wie Maschine, Einfamilienhaus wie Hotel. Die Wahl zwischen Aneignung und Entlastung, Selbstverwaltung und Administration, Aktivität und Passivität muß für jeden offen gehalten werden, ebenso wie die Wahl zwischen Nähe und Anonymität.

Der Appell ans Aushalten von Ambivalenz und Widerspruch ist immer unbefriedigend. Aber für städtisches Leben sind Widersprüche konstitutiv. Wenn sie verdrängt werden, wird damit auch die Stadtkultur in ihrem Kern beschädigt. Jenseits der oberzentralen Funktionen, der Einrichtungskultur, der Kultur als Wirtschaftsfaktor und als »Brot und Spiele«, jenseits der Vielfalt also ist Stadtkultur Widerspruch und Konflikt. Leben in Städten ist widersprüchliches Leben: zwischen Distanz und Nähe, Anonymität und Identifikation, vertrauter Heimat und Versorgungsapparatur. Die Versöhnung der Widersprüche, die Überwindung der Ambivalenzen ist nur in utopischer Perspektive möglich: in der durchgesetzten Demokratie, in der verwirklichten sozialen Gleichheit, in der freien Assoziation psychisch unbeschädigter Menschen und in der Versöhnung mit Natur. In der Realität können diese Widersprüche nur bewußt gemacht und ausgehalten werden. Aber aushalten von Ambivalenz heißt immer auch, Möglichkeiten offen zu halten, also Zukunft möglich zu machen: »Wenn es Wirklichkeitssinn gibt, muß es auch Möglichkeitssinn geben ... Wer ihn besitzt, sagt beispielsweise nicht: Hier ist dies oder das geschehen, wird geschehen, muß geschehen; sondern er erfindet: Hier könnte, sollte, müßte geschehen; und wenn man ihm von irgendetwas erklärt, daß es so sei, wie es sei, dann denkt er: Nun, es könnte wahrscheinlich auch anders sein. So ließe sich der Möglichkeitssinn geradezu als die Fähigkeit definieren, alles, was ebensogut sein könnte, zu denken und das, was ist, nicht wichtiger zu nehmen, als das, was nicht ist.« (Musil 1958, 16)

Kulturpolitik, Stadtpolitik generell galt bislang als richtig, wenn sie das Richtige tat. Ob es das Richtige war, wußte man stets erst im nachhinein – häufig war es nicht das Richtige gewesen. Also wäre das Kriterium der Rationalität zu ändern. Nicht, ob die Planung das wirklich Richtige tut, sondern ob sie es gegebenenfalls auch wieder rückgängig machen könnte, nicht der Grad der Gewißheit, sondern das Ausmaß, in dem Irrtum erlaubt wird, also der Grad der Revidierbarkeit bestimmt die Rationalität von Politik. Solchen Irrtumsvorbehalt und ironischen Möglichkeitssinn zu stärken, ist Aufgabe der Kritik an unseren Städten und ihrer Kultur. Damit hält die Kritik an der Stadtkultur die Hoffnung wach, daß es immer auch ganz anders sein könnte. Und dieses Versprechen auf eine offene Zukunft ist der Kern dessen, was Stadtkultur und städtisches Leben ausmacht.

Literatur

Abel, W. 1966: Agrarkrisen und Agrarkonjunktur, Hamburg/Berlin

Afheldt, H./Schultes, W./Siebel, W./Sieverts, T., 1983: Frankfurt im Jahr 2000 – eine Horrorvision? in: Frankfurter Rundschau. 31. 12. 1983 Nr. 104

Afheldt, H./Siebel, W./Sieverts, T. (Hrsg.) 1986: Gewerbepolitik; Robert Bosch Stiftung GmbH, Beiträge zur Stadtforschung Bd. 4, Gerlingen

Altvater, E. 1983: Bruch und Formwandel eines Entwicklungsmodells, in: J. Hoffmann (Hrsg.), Überproduktion, Unterkonsumption, Depression, Hamburg

Arnold, F. 1982: Technik und Entwicklungsdynamik neuer Medien, in: Informationen zur Raumentwicklung, Heft 3/1982

Bade, F.-J./Jacoby, H. 1986: Regionale Einkommensunterschiede in der Bundesrepublik Deutschland 1976-1982, Deutsches Institut für Wirtschaftsforschung Berlin

Bade, F.-J. 1987: Regionale Beschäftigungsentwicklung und Produktionsorientierte Dienstleistungen, Deutsches Institut für Wirtschaftsforschung, Sonderheft 143, Berlin

Bahrdt, H. P. 1969: Die moderne Großstadt. Soziologische Überlegungen zum Städtebau, Hamburg

Beck, U. 1984: Perspektiven einer kulturellen Evolution der Arbeit; in: Mitteilungen aus der Arbeitsmarkt- und Berufsforschung, 17. Jg.

Becker, H./Keim, D. (Hrsg.) 1977: Gropiusstadt: Soziale Verhältnisse am Stadtrand, Schriften des deutschen Instituts für Urbanistik, Band 59, Stuttgart/Berlin/Köln/Mainz

Benevolo, L. 1967: The Origins of Modern Town Planning, London

Bensch, G. 1986: Duisburg 1961-1995: Szenarien struktureller Entwicklung, Materialien zur Stadtforschung, Heft 7 (Amt für Statistik und Stadtforschung), Duisburg

Berg, L. van den/Drewett, R./Klaassen, L. H./Rossi, A./Vijverberg, C. H. T. 1982: Urban Europe. A Study of Growth and Decline, Oxford usw.

Berger, J./Offe, C. 1984: Die Entwicklungsdynamik des Dienstleistungssektors, in: C. Offe, »Arbeitsgesellschaft«, Strukturprobleme und Zukunftsperspektiven, Frankfurt/New York

Berger, U./Engfer, U. 1982: Strukturwandel der gesellschaftlichen Arbeit, in: W. Littek/W. Rammert/G. Wachtler (Hrsg.): Einführung in die Arbeits- und Industriesoziologie, Frankfurt/New York

BfLR 1983: Aktuelle Daten und Prognosen zur räumlichen Entwicklung, in: Informationen zur Raumentwicklung, Heft 12/1983

BfLR 1984: Aktuelle Daten und Prognosen zur räumlichen Entwicklung, in: Informationen zur Raumentwicklung, Heft 12/1984

Blackaby, F. (ed.) 1979: De-industrialisation, London

Blanke, B./Evers, A./Wollmann, H. (Hrsg.) 1986: Die zweite Stadt. Neue Formen lokaler Arbeits- und Sozialpolitik, Leviathan, Sonderheft 7, Opladen

Blaschke, K. H. 1968: Qualität, Quantität und Raumfunktion als Wesensmerkmale der Stadt vom Mittelalter bis zur Gegenwart, in: Jahrbuch für Regionalgeschichte, III. Bd.

Bluestone, B./Harrison, B. 1982: The Deindustrialisation of America – Plant Closings, Community Abandonment, and the Dismantling of Basic Industries, New York

BMJFG 1984: Der Bundesminister für Jugend, Familie und Gesundheit (Hrsg.), Familie und Arbeitswelt, Gutachten des wissenschaftlichen Beirats für Familienfragen beim BMJFG, Band 143 der Schriftenreihe des BMJFG, Stuttgart/Berlin/Köln/Mainz

Böhme, H. 1968: Prolegomena zu einer Sozial- und Wirtschaftsgeschichte Deutschlands im 19. und 20. Jahrhundert, Frankfurt/M.

Bonkowsky, S./Legler, H. 1984: Süd-Nord-Gefälle bei industrieller Forschung und Entwicklung?, in: Süd-Nord-Gefälle in der Bundesrepublik? (NIW-Workshop), Hannover

Borchardt, K. 1966: Regionale Wachstumsdifferenzierung in Deutschland im 19. Jahrhundert unter besonderer Berücksichtigung des West-Ost-Gefälles, in: Wirtschaft, Geschichte und Wirtschaftsgeschichte, hrsg. von W. Abel u. a., Stuttgart

Borchardt, K. 1978: Grundriß der deutschen Wirtschaftsgeschichte, Göttingen

Borner, S. (Hrsg.) 1980: Produktionsverlagerung und industrieller Strukturwandel, Bonn

Borries, H.-W. v. 1969: Ökonomische Grundlagen der westdeutschen Siedlungsstruktur, Veröff. der Akademie für Raumforschung und Landesplanung, Abhandlungen Bd. 56, Hannover

Brandt, G. 1966: Studien zur politischen und gesellschaftlichen Situation der Bundeswehr, Witten und Berlin

Braudel, F. 1985: Sozialgeschichte des 15. bis 18. Jahrhunderts – Der Alltag, München

Breckner, J./Mohn, E./Schmals, K. 1985: Stadtentwicklungspolitik, Neue Technologien und Wandel der Arbeit in München – Formen der Betroffenheit und Versuche ihrer Bewältigung, in: Regionalentwicklung zwischen Technologieboom und Resteverwertung, Bochum

Büchtemann, C. F. 1984: Der Arbeitslosigkeitsprozeß, Theorie und Empirie struktureller Arbeitslosigkeit in der Bundesrepublik Deutschland, in: W. Bonß/R. G. Heinze (Hrsg.), Arbeitslosigkeit in der Arbeitsgesellschaft, Frankfurt/M.

Bullmann, U./Cooley, M./Einemann, E. 1986: Lokale Beschäftigungs-
initiativen, Marburg

Bundesminister für Arbeit und Sozialordnung 1984: Statistisches Taschen-
buch, Arbeits- und Sozialstatistik 1984, Bonn

Castells, M. 1986: Die neue urbane Krise: Raum, Technologie und sozialer
Wandel am Beispiel der Vereinigten Staaten, in: Ästhetik und Kommunikation, 16. Jg.

Coriat, B./Zarifian, P. 1986: Tendenzen der Automatisierung und Neuzu-
sammensetzung der Lohnarbeit, in: Prokla, Zeitschrift für politische Ökonomie und sozialistische Politik, 16. Jg.

Dallago, B. 1987: The Underground Economy in the West and the East. A
comparative Approach, in: S. Alessandrini/B. Dallago (eds.), The Unoffi-
cial Economy, Aldershot

Dangschat, J./Krüger, T. 1986: Hamburg im Süd-Nord-Gefälle, in: Fried-
richs/Häußermann/Siebel 1986

Deutscher Städtetag (Hrsg.) 1984: Kommunale Aktivitäten im Bereich der
Arbeitslosigkeit; DST-Beiträge zur Sozialpolitik, Heft 17, Köln

Disney, W. 1977: Onkel Dagoberts Millionen, Stuttgart

Ditfurth, J. 1986: Leben in Frankfurt – Für ein Konzept ohne Bevormundung, in: Stadtbauwelt 90 (Bauwelt 24, 77. Jg.)

Dröge, F./Krämer-Badoni, T. 1986: Die Kneipe. Zur Soziologie einer
Kulturform, Frankfurt/M.

Droth, W./Dangschat, J. 1985: Räumliche Konsequenzen der Entstehung
»neuer Haushaltstypen«, in: J. Friedrichs (Hrsg.): Die Städte in den 80er
Jahren, Opladen

Durth, W. 1977: Die Inszenierung der Alltagswelt, Bauwelt Fundamente,
Braunschweig

Einem, E. v. 1982: Enterprise Zones: Freie Wirtschaftszonen im Ruhrgebiet? in: Stadtbauwelt 74 (Bauwelt 73. Jg.)

Einem, E. v. 1985: Technologieparks und Gründerzentren; Thesenpapier,
vorgelegt auf dem Kongreß »Politik und Macht der Technik«, Bochum,
8.10.1985

Eisbach, J. 1985: Gründer- und Technologiezentren – Sackgassen kommunaler Wirtschaftsförderung; PIW Studien Nr. 1, Hrsg.: PIW Progress-In-
stitut für Wirtschaftsforschung; Bremen

Elias, Norbert 1977: Über den Prozeß der Zivilisation, Frankfurt/M.

Engels, F. 1970: Über die Umwelt der arbeitenden Klasse. Aus den Schriften von Friedrich Engels. Ausgewählt von Günter Hillmann. Bauwelt
Fundamente 27; Gütersloh

Engels, F. 1971: Zur Wohnungsfrage, in: Marx-Engels-Werke, Band 18,
Berlin

Ennen, E. 1975: Die europäische Stadt des Mittelalters, Göttingen

Esser, J./Fach, W./Väth, W. 1983: Krisenregulierung. Zur politischen
Durchsetzung ökonomischer Zwänge, Frankfurt/M.

Estermann, H. 1986: Industriebrachen, Karlsruhe

Eversley, D. 1982: Planungsprobleme von Ballungsräumen in England, Arbeitsmaterial der Akademie für Raumforschung und Landesplanung, Nr. 62, Hannover

Fischer, C. S. 1985: Studying Technology and Social life, in: M. Castells (ed.), High Technology, Space, and Society, Beverly Hills/London/New Delhi (Urban Affairs Annual Review, Vol. 28)

Forndran, D. 1986: Das Forschungs- und Technologiekonzept, in: Wehrtechnik, Heft 7

Fothergill, S./Gudgin, G. 1983: Trends in regional manufacturing employment: the main influences, in: J. B. Goddard/A. G. Champion (eds.), The Urban and Regional Transformation of Britain, London

Frey, R./Henke, L. 1985: Forschungs- und Wissenschaftstransfer und lokaler Transferbedarf – Entsteht eine neue kommunale Aufgabe? Manuskript vorgelegt auf dem Kongreß »Politik und Macht der Technik«, Bochum, 8.10.1985

Friedrichs, J. 1977: Stadtanalyse, Reinbek bei Hamburg

Friedrichs, J., 1985: Ökonomischer Strukturwandel und Disparitäten von Qualifikationen der Arbeitskräfte, in: J. Friedrichs (Hrsg.), Die Städte in den 8oer Jahren, Opladen

Friedrichs, J./Häußermann, H./Siebel, W. (Hrsg.) 1986: Süd-Nord-Gefälle in der Bundesrepublik? Sozialwissenschaftliche Analysen, Opladen

Fritsch, M./Ewers, H.-J. 1985: Telematik und Raumentwicklung, Bonn

Fröbel, F./Heinrichs, J./Kreye, O. 1986: Umbruch in der Weltwirtschaft, Reinbek bei Hamburg

Fröbel, F./Heinrichs, J./Kreye, O. 1987: Kommen die Arbeitsplätze zurück? in: Gewerkschaftliche Monatshefte, 38. Jg.

Gans, H. 1962: The Urban Villagers, New York

Gershuny, J. 1981: Die Ökonomie der nachindustriellen Gesellschaft, Frankfurt/New York

Gershuny, J. 1983: Goods, Services and the Future of Work, in: Krise der Arbeitsgesellschaft? Verhandlungen des 21. Deutschen Soziologentages in Bamberg 1982, Frankfurt/New York

Gerß, W. 1982: Schätzung des verfügbaren Einkommens privater Haushalte in regionaler Differenzierung, in: Raumforschung und Raumordnung, 40. Jg.

Giedion, S. 1985: Befreites Wohnen, Frankfurt/M. (Erstausg. 1929)

Gleichmann, P. R. 1976: Wandel der Wohnverhältnisse, Verhäuslichung der Vitalfunktionen, Verstädterung und siedlungsräumliche Gestaltungsmacht, in: Zeitschrift für Soziologie, 5. Jg.

Gleichmann, P. R. 1979: Wandlungen im Verwalten von Wohnhäusern, in: L. Niethammer (Hrsg.), Wohnen im Wandel, Wuppertal

Goddard, J. B. 1980: Technology Forecasting in a Spatial Context, in: Futures, April 1980

Goddard, J. B./Champion, A. G. (eds.) 1983: The Urban and Regional Transformation of Britain, London

Gorz, A. 1983: Wege ins Paradies, Berlin

Gräber, H./Holst, M./Schackmann-Fallis, K.-P./Spehl, H. 1986: Externe Kontrolle und regionale Wirtschaftspolitik, Berlin

Gretschmann, K./Heinze, R. G. 1982: Schattenwirtschaft – Politischer Stellenwert und ökonomische Funktion in der Wirtschaftskrise; in: Mehrwert 23

Gretschmann, K. 1984: Schattenwirtschaft – eine weitere Herausforderung für die Städte, in: Der Städtetag 4/1984

Gschwind, F./Henckel, D. 1984: Innovationszyklen der Industrie – Lebenszyklen der Städte, in: Stadtbauwelt 82 (Bauwelt 24, 75. Jg.)

Gude, S. 1971: Der Bedeutungswandel der Stadt als politische Einheit, in: H. Korte (Hrsg.) Zur Politisierung der Stadtplanung, Düsseldorf

Gudgin, G. 1979: Industrial Location Processes and Regional Employment Growth, Farnborough.

Günter, J. 1980: Leben in Eisenheim, Weinheim und Basel

Habermas, J. 1985: Moderne und postmoderne Architektur, in: ders., Die Neue Unübersichtlichkeit, Frankfurt/M.

Hack, L./Hack, I. 1985: Die Wirklichkeit, die Wissen schafft, Frankfurt/New York

Häußermann, H. 1984: Wandel der Wohnverhältnisse von Arbeitern, in: R. Ebbighausen/F. Tiemann (Hrsg.) Das Ende der Arbeiterbewegung in Deutschland?, Opladen

Häußermann, H./Siebel, W. 1986: Die Polarisierung der Großstadtentwicklung im Süd-Nord-Gefälle, in: Friedrichs/Häußermann/Siebel 1986

Hahn, E. (Hrsg) 1987: Ökologische Stadtplanung, Konzeptionen und Modelle, Arnoldsheimer Schriften zur interdisziplinären Ökonomie, Band 13, Frankfurt/M.

Hall, P. 1985: The geography of the Fifth Kondratieff, in: P. Hall/A. Markusen (eds.), Silicon Landscapes, Boston

Hall, P./Markusen, A. R. 1985: High technology and regional-urban policy, in: P. Hall/A. Markusen (eds.), Silicon Landscapes, Boston

Hartmann, K. 1976: Deutsche Gartenstadtbewegung, München

Haverkampf, H.-E. 1985: Fernsicht auf Frankfurt – Entwicklungslinien der Main-Metropole bis zur Jahrhundertwende; Manuskript, Frankfurt/M.

Heinze, R. G./Olk, T. 1982: Selbsthilfe, Eigenarbeit, Schattenwirtschaft, in: F. Benseler, R. G. Heinze, A. Klönne, (Hrsg.), Zukunft der Arbeit, Hamburg

Henckel, D. 1985: Soziale Infrastruktur: Anpassung oder Rückbau?, in: Stadtbauwelt 86, 10. Jg.

Henckel, D. 1986: Gewerbepolitik und Gewerbebrache: Aspekte der Flächennutzung im Süd-Nord-Vergleich, in: Friedrichs/Häußermann/Siebel 1986

Henckel, D./Nopper, E./Rauch, N. 1984: Informationstechnologie und Stadtentwicklung, Stuttgart/Berlin/Köln/Mainz

Herlyn, U./Saldern, A. v./Tessin, W. 1987: Neubausiedlungen der 20er und 60er Jahre. Ein historisch-soziologischer Vergleich, Frankfurt/New York

Herterich, F. 1986: Urbanität oder urbanes Ambiente, in: Stadtbauwelt 90 (Bauwelt 24, 11. Jg.)

Heuer, H. 1975: Sozioökonomische Bestimmungsfaktoren der Stadtentwicklung, Schriften des Deutschen Instituts für Urbanistik, Bd. 50, Stuttgart/Berlin/Köln/Mainz

Heuer, H. 1985: Instrumente kommunaler Gewerbepolitik, Stuttgart/Berlin/Köln/Mainz

Hirsch, J./Roth, R. 1986: Das neue Gesicht des Kapitalismus, Hamburg

Höpner, H./Hüttermann, A. 1982: Erfahrungen mit Industrieparks in der Bundesrepublik Deutschland, in: Raumforschung und Raumordnung, 40. Jg.

Holzer, H./Betz, K. 1983: Totale Bildschirmherrschaft? Staat, Kapital, Neue Medien, Köln

Huber, J. 1985: Modell und Theorie der langen Wellen, in: M. Jänicke (Hrsg.), Vor uns die goldenen Neunziger Jahre?, München

Huffschmid, J. (Hrsg.) 1981: Für den Frieden produzieren, Köln

Huffschmid, J./Voß, W./Jdrowomyslaw 1986: Neue Rüstung – neue Armut, Köln

Huster, E.-U. 1985: Struktur und Krise kommunaler Sozialfinanzen, in: S. Leibfried/F. Tennstedt (Hrsg.), Die Politik der Armut und die Spaltung des Sozialstaats, Frankfurt/M.

Immler, H. 1984: Damit die Erde Heimat werde, Gegen ökologischen Selbstmord und atomaren Holocaust, Köln

Ipsen, D. 1986: Neue urbane Zonen, in: Stadtbauwelt 91

Ipsen, D./Glasauer, H./Heinzel, W. o. J.: Teilmärkte und Wirtschaftsverhalten privater Miethausbesitzer, Arbeitsbericht des Fachbereichs Stadt- und Landschaftsplanung der Gesamthochschule Kassel, Heft 9

Jacobs, J. 1970: Stadt im Untergang, Frankfurt/M.

Jänicke, M. 1985: Langfristige Wachstumsperspektiven der westlichen Industrieländer, in: ders. (Hrsg.), Vor uns die goldenen Neunziger Jahre?, München

Janshen, D. 1981: Neue Kommunikationstechnologien im Alltag – Soziale Folgen und politische Strategien der Beeinflussung, in: D. Janshen/O. Keck/W.-D. Webler (Hrsg.), Technischer und sozialer Wandel, Königstein

Jessen, J./Siebel, W./Siebel-Rebell, C./Walther, U.-J./Weyrather, I. 1987:

Arbeit nach der Arbeit – Schattenwirtschaft, Wertewandel und Industrie- arbeit, Opladen

Joerges, B. 1985: Eigenarbeit unter industriellen Bedingungen, in: R. Brun (Hrsg.), Erwerb und Eigenarbeit, Frankfurt/M.

Jung, H.-U. 1984: Berufs- und Qualifikationsstrukturen im Süd-Nord- Vergleich, in: Süd-Nord-Gefälle in der Bundesrepublik? (NIW-Work- shop 1984), Hannover

Junne, G. 1979: Internationalisierung und Arbeitslosigkeit, in: Leviathan, 7. Jg.

Kantzow, W. T. 1980: Sozialgeschichte der deutschen Städte und ihres Bo- den- und Baurechts bis 1918, Frankfurt/New York

Kaufhold, K. H. 1986: Gewerbelandschaften in der frühen Neuzeit (1650- 1800) in: H. Pohl (Hrsg.), Gewerbe- und Industrielandschaften vom Spät- mittelalter bis ins 20. Jahrhundert, Stuttgart

Keeble, D. 1980: Industrial Decline in the Inner City and Conurbation, in: A. Evans/D. Eversley (eds.), The Inner City; Employment and Industry, London

Keeble, D. E. 1980: Industrial Decline, Regional Policy and the Urban- Rural Manufacturing Shift in the United Kingdom, in: Environment and Planning, 12. Jg.

Keeble, D. 1984: Veränderungen in der Raumstruktur der Wirtschaft in Großbritannien und der Niedergang der Metropolen, in: Die Zukunft der Metropolen, Berlin

Keim, K. D. 1979: Milieu in der Stadt, Stuttgart/Berlin/Köln/Mainz

Kern, H./Schumann, M. 1984: Das Ende der Arbeitsteilung?, München

Kiesewetter, H. 1986: Regionale Industrialisierung in Deutschland zur Zeit der Reichsgründung, in: Vierteljahresschrift für Sozial- und Wirt- schaftsgeschichte, Bd. 73, H 1

Kirschenmann, J. 1984: Wohnungsbau und öffentlicher Raum, Stuttgart

Klauder, W./Schnur, P./Thon, M. 1985: Arbeitsmarktperspektiven der 80er und 90er Jahre. Neue Modellrechnungen für Potential und Bedarf an Arbeitskräften, in: Mitteilungen aus der Arbeitsmarkt- und Berufsfor- schung, 18. Jg.

Klein, H.-J. 1982: Regionale Wirtschafts-, Technologie- und Berufsbil- dungspolitik vor dem Hintergrund veränderter Rahmenbedingungen, in: Informationen zur Raumordnung, Heft 9/1982

Kleinknecht, A. 1984: Innovationsschübe und Lange Wellen, in: Prokla, Zeitschrift für politische Ökonomie und sozialistische Politik, 14. Jg.

Köhler, G./Schäfers, B. 1986: Leitbilder der Stadtentwicklung in der Bun- desrepublik Deutschland, in: Aus Politik und Zeitgeschichte, Beilage zur Wochenzeitung Das Parlament, B. 46-47/86

Köllmann, W. 1978: Von der Bürgerstadt zur Regional-»Stadt«. Über einige Formwandlungen der Stadt in der deutschen Geschichte, in: J.Reu- lecke (Hrsg.), Die deutsche Stadt im Industriezeitalter, Wuppertal

Köppel, M. 1983: Zur Bedeutung der Dienstleistungssektoren für die regionale Entwicklung in der Bundesrepublik, in: Mitteilungen des Rheinisch-Westfälischen Instituts für Wirtschaftsforschung, 34. Jg.

Krämer-Badoni, T./Ruhstrat, E.-U. 1986: Soziale Folgen des Süd-Nord-Gefälles – Ein Vergleich zwischen Bremen und Stuttgart, in: Friedrichs/Häußermann/Siebel 1986

Kraus, K. 1957: Auswahl aus dem Werk, München

Krohn, W. 1976: Zur soziologischen Interpretation der neuzeitlichen Wissenschaft, in: E. Zilsel, Die sozialen Ursprünge der neuzeitlichen Wissenschaft, Frankfurt/M.

Kromrey, H. 1982: Räumliche Wirkungen der Bildschirmtextnutzung durch private Haushalte, in: Informationen zur Raumentwicklung, Heft 3/1982

Kromrey, H. 1984: »Enträumlichung« sozialen Verhaltens, in: ARCH+, Nr. 75/76

Krüger, H. 1985: Wieviel Geschichte braucht eine Stadt?, in: Frankfurter Allgemeine Zeitung, 14.12.1985, Nr. 290

Kubicek, H./Rolf, A. 1985: Mikropolis. Mit Computernetzen in die »Informationsgesellschaft«, Hamburg

Kujath, H. J. 1986: Die Regeneration der Stadt – Ökonomie und Politik des Wandels im Wohnungsbestand, Hamburg

Kunz, D. 1984: Das Süd-Nord-Gefälle, in: Süd-Nord-Gefälle in der Bundesrepublik? (NIW-Workshop 1984), Hannover

Läpple, D. 1985: Internationalization of Capital and the Regional Problem, in: J. Walton (ed.), Capital and Labour in the Urbanized World, London/Beverly Hills

Läpple, D. 1986: »Süd-Nord-Gefälle«. Metapher für die räumlichen Folgen einer Transformationsphase: Auf dem Weg zu einem post-tayloristischen Entwicklungsmodell? in: Friedrichs/Häußermann/Siebel 1986

Lamperts, W. 1984: Nord versus Süd: Ist die Produktionsstruktur Nordrhein-Westfalens veraltet? in: Mitteilungen des Rheinisch-Westfälischen Instituts für Wirtschaftsforschung, 34. Jg.

Langewiesche, D. 1979: Mobilität in deutschen Mittel- und Großstädten, in: W. Conze/U. Engelhardt (Hrsg.), Arbeiter im Industrialisierungsprozeß, Stuttgart

Landes, D. S. 1983: Der entfesselte Prometheus, Technologischer Wandel und industrielle Entwicklung in Westeuropa von 1750 bis zur Gegenwart, München

Lem, S. 1979: Tagebuch, in: ders., Nacht und Schimmel; Frankfurt/M.

Lörcher, S. 1983: Forschung und Entwicklung (FuE) im Vergleich, in: Bremer Zeitschrift für Wirtschaftspolitik, 6. Jg.

Lowenthal, D. 1975: The Social Economy in Urban Working-Class Communities, in: G. Gappert/H. M. Rose (eds.), The Social Economy of Cities, Beverly Hills/London

Lutz, B. 1984: Der kurze Traum immerwährender Prosperität, Frankfurt/
New York

Lübbe, H. 1986: Musealisierung. Über die Vergangenheitsbezogenheit
unserer Gegenwart; hrsg. von der Stiftung »Freunde des Zuger Kunsthau-
ses«, Nr. 5

Macke, C.-W. 1987: Schickeria mit Chips und Schick, in: Links Nr.203,
19. Jg.

Mackensen, R. 1974: Städte in der Statistik, in: W. Pehnt (Hrsg.), Die
Stadt in der Bundesrepublik Deutschland, Stuttgart

Maier, H. E./Wollmann, H. (Hrsg.) 1986: Lokale Beschäftigungspolitik,
Basel/Boston/Stuttgart

Mandel, E. 1972: Der Spätkapitalismus, Frankfurt/M.

Marschalck, P. 1984: Bevölkerungsgeschichte Deutschlands im 19. und 20.
Jahrhundert, Frankfurt/M.

Maslow, H. A. 1977: Motivation und Persönlichkeit, Olten

Massey, D. 1979: In What Sense a Regional Problem?, in: Regional Studies, Vol. 13

Massey, D. B./Meegan R. A. 1978: Industrial Restructuring versus the Cities, in: Urban Studies, Vol. 15

Massey, D. B./Meegan, R. A. 1982: The Anatomy of Job Loss, London

Matzerath, H. 1985: Urbanisierung in Preußen 1815-1914, Stuttgart/Ber-
lin/Köln/Mainz

Matzner, E. 1982: Der Wohlfahrtsstaat von morgen, Frankfurt/New
York

Megerle, K. 1979: Regionale Differenzierungen des Industrialisierungs-
prozesses: Überlegungen am Beispiel Württembergs, in: R. Fremdling/
R. H. Tilly (Hrsg.), Industrialisierung und Raum, Studien zur regionalen
Differenzierung im Deutschland des 19. Jahrhunderts, Stuttgart

Mensch, G. 1979: Stalemate in Technology, Cambridge/Mass.

Milzkott, R. 1982: Substitutionsbeziehungen zwischen Verkehr und
Kommunikation, in: Informationen zur Raumentwicklung, Heft 3/
1982

Mintzel, A. 1975: Die CSU – Anatomie einer konservativen Partei, Opladen

Mitscherlich, A. 1965: Die Unwirtlichkeit unserer Städte. Anstiftung zum
Unfrieden, Frankfurt/M.

Mohr, C./Müller, M. 1984: Funktionalität und Moderne. Das neue Frankfurt und seine Bauten 1925-1933, Köln

Moore, B./Rhodes, J./Tyler, P. F. 1984: Geographical Variations in Industrial Costs, Dep. of Land Economy, Univ. of Cambridge, Res.Rep.

Mooser, J. 1984: Arbeiterleben in Deutschland 1900-1970, Frankfurt/
M.

Mottek, H. 1976: Wirtschaftsgeschichte Deutschlands, 1. Band (5. Aufl.),
Berlin

Müller, J. H. 1984: Regionale Qualifikationsstrukturen im Süd-Nord-Vergleich, in: Süd-Nord-Gefälle in der Bundesrepublik? (NIW-Workshop 1984), Hannover

Musil, R. 1958: Der Mann ohne Eigenschaften, Hamburg

Naylor, H./Türke, K. 1982: Welche Wirkungen können neue Kommunikationsmedien auf Raumordnung und Stadtentwicklung haben?, in: Informationen zur Raumentwicklung, Heft 3/1982

Neef, R. 1986: Raumentwicklung, Wirtschaftsbewegung und die Wirkungen der Krise in Frankreich, in: Friedrichs/Häußermann/Siebel 1986

Niethammer, L. 1979: Umständliche Erläuterung der seelischen Störung eines Communalbaumeisters in Preußens größtem Industriedorf oder: Die Unfähigkeit zur Stadtentwicklung, Frankfurt/M.

Niethammer, L. 1984: Nachindustrielle Urbanität im Revier? in: ders. u. a. (Hrsg.), Die Menschen machen ihre Geschichte nicht aus freien Stücken, aber sie machen sie selbst, Berlin/Bonn

Offe, C. 1983: Arbeit als soziologische Schlüsselkategorie?, in: Krise der Arbeitsgesellschaft? Verhandlungen des 21. Deutschen Soziologentags in Bamberg 1982, Frankfurt/New York

Offe, C./Heinze, R. G. 1986: Am Arbeitsmarkt vorbei: Überlegungen zur Neubestimmung »haushaltlicher« Wohlfahrtsproduktion in ihrem Verhältnis zu Markt und Staat, in: Leviathan, 14. Jg.

Olbrich, J. 1984: Regionale Strukturpolitik mit Büroarbeitsplätzen? in: Raumforschung und Raumordnung, 42. Jg.

Olle, W. 1986: Neue Dimensionen der Produktionslogistik, in: WSI-Mitteilungen 4

Oster, J. 1986: New York Babylon, Reinbek bei Hamburg

Ostner, I. 1981: Frauen und Öffentlichkeit, in: ARCH+ (Zeitschrift für Architekten, Stadtplaner, Sozialarbeiter und kommunalpolitische Gruppen), Nr. 60

Otten, D. 1986: Die Welt der Industrie. Entstehung und Entwicklung der modernen Industriegesellschaften, 2 Bde., Reinbek bei Hamburg

Pahl, R. E. 1984: Divisions of Labour, Oxford

Pahl, R. E./Wallace, C. 1985: Arbeitsstrategien von Haushalten in Zeiten wirtschaftlicher Rezession., in: J.Krämer/R.Neef (Hrsg.), Krise und Konflikte in der Großstadt im entwickelten Kapitalismus, Basel/Boston/Stuttgart

Picot, A. 1985: Integrierte Telekommunikation und Dezentralisierung in der Wirtschaft, in: W. Kaiser (Hrsg.), Telecommunications, Bd. 11, Integrierte Telekommunikation, Berlin/Heidelberg/New York

Piore, M. J./Sabel, C. F. 1985: Das Ende der Massenproduktion, Berlin

Premus, R. 1984: Urban Growth and Technological Innovation, in: R. D. Bingham/J. P. Blair (eds.), Urban economic developement, Beverly Hills/London/New Delhi (Urban Affairs Annual Reviews, Vol. 27)

Preteceille, E. 1985: The Industrial Challenge and the French Left: Central and Local Issues, in: International Journal of Urban and Regional Research, 9. Jg.

Rees, G./Lambert, J. 1985: Cities in Crisis, The Political Economy of Urban Development in Post-war Britain, London

Rehberg, S. (Hrsg.) 1985: Grüne Wende im Städtebau. Wege zum ökologischen Planen und Bauen, Karlsruhe

Reidenbach, M. 1986: Die kommunalen Baumaßnahmen in der ersten Hälfte der achtziger Jahre, in: Deutsches Institut für Urbanistik, Aktuelle Information 1/86

Reulecke, J. 1985: Geschichte der Urbanisierung in Deutschland, Frankfurt/M.

Rojahn, G. 1984: Großunternehmen und regionale Disparitäten in Europa, Frankfurt/Bern/New York

Rommelspacher, T. 1985: Periferisierung: Chance für neue Regionalkultur im Revier?, in: Regionalentwicklung zwischen Technologieboom und Resteverwertung, Bochum

Rommelspacher, T./Oelschlägel, D. 1986: Armut im Ruhrgebiet – Regionale Entwicklungstrends und kleinräumige Prozesse am Beispiel Duisburgs, in: Friedrichs/Häußermann/Siebel 1986

Rothgang, E. 1985: Stadtentwicklung und Arbeitslosigkeit, in: Archiv für Kommunalwissenschaft, 24. Jg.

Rügemer, W. 1985: Neue Technik – alte Gesellschaft: Silicon Valley, Köln

Salin, E. 1928: Standortverschiebungen der deutschen Wirtschaft, in: B. Harms (Hrsg.), Strukturwandlungen der deutschen Volkswirtschaft, Berlin

Salin, E. 1960: Urbanität, in: Erneuerung unserer Städte, 11. Hauptversammlung des Deutschen Städtetages, Stuttgart/Köln

Saxenian, A. 1985: The Genesis of Silicon Valley, in: P. Hall/A. Markusen (eds.), Silicon Landscapes, Boston

Schäfer, C. 1986: Auch bei Wachstum bleibt die Bekämpfung der Arbeitslosigkeit bis zum Jahre 2000 eine politische Aufgabe – Szenarien zur Entwicklung des Arbeitsmarktes bis 2000, in: WSI-Mitteilungen, 39. Jg.

Schettkat, R. 1982: Das Bruttosozialprodukt und die Produktion in privaten Haushalten, Berlin

Schliebe, K. 1978: Zur regionalen Verteilung höherwertiger Unternehmensfunktionen und Arbeitskräfteressourcen, in: Informationen zur Raumentwicklung, Heft 7/1978

Schliebe, K./Hillesheim, D. 1980: Das Standortwahlverhalten neuerrichteter und verlagerter Industriebetriebe im Zeitraum von 1970-1979, in: Informationen zur Raumentwicklung, Heft 11/1980

Schnorbus, A. 1986: Das Museum als Unternehmen, in: Frankfurter Allgemeine Zeitung, 19. 4. 1986, Nr. 91

Schöller, P. 1967: Die deutschen Städte, Wiesbaden

Schremmer, E. 1978: Industrielle Rückständigkeit und strukturstabilisierender Fortschritt. Über den Einsatz von Produktionsfaktoren in der deutschen (Land-)Wirtschaft zwischen 1850 und 1913, in: H. Kellenbenz (Hrsg.), Wirtschaftliches Wachstum, Energie und Verkehr vom Mittelalter bis ins 19. Jahrhundert, Stuttgart/New York

Schumann, M./Wittemann, K. P. 1985: Entwicklungstendenzen der Arbeit im Produktionsbereich, in: Arbeit 2000. Über die Zukunft der Arbeitsgesellschaft, Hamburg

Schwarz, K./Höhn, C. 1985: Weniger Kinder – weniger Ehen – weniger Zukunft? Im Auftrag der Deutschen Liga für das Kind in Familie und Gesellschaft, Ottweiler

Selle, K. 1986: Hilfe zur Selbsthilfe bei Stadterneuerung und Wohnungsbestandspflege – Arbeitsweise und Funktionsvoraussetzungen intermediärer Organisationen, Werkbericht Nr. 19 der Arbeitsgruppe Bestandsverbesserung, Manuskript, Dortmund

Sens, E. 1986: Der Traum von der Metropole. Zur neuen Sehnsucht nach Urbanität, in: Ästhetik und Kommunikation, 16. Jg.

Simmel, G. 1984: Die Großstädte und das Geistesleben, in: ders, Das Individuum und die Freiheit, Berlin

Simonis, G. 1979: Die Bundesrepublik und die neue internationale Arbeitsteilung, in: Leviathan, 7. Jg.

Sinz, M./Strubelt, W. 1986: Zur Diskussion über das wirtschaftliche Süd-Nord-Gefälle unter Berücksichtigung entwicklungsgeschichtlicher Aspekte, in: Friedrichs/Häußermann/Siebel 1986

Smith, I. J. 1979: The effects of external takeover and manufacturing employment change in the Northern Region, 1963-73, in: Regional Studies, 13. Jg.

de Sola Pool, J. (ed.) 1981: The Social Impact of Telephone, Cambridge/Mass.

Spiegel, E. 1986: Neue Haushaltstypen, Frankfurt/New York

Spreer, F./Walter, K. 1985: Handlungskonzepte für den ökologisch orientierten Städtebau, in: S. Rehberg (Hrsg.), Grüne Wende im Städtebau, Karlsruhe

Statistisches Bundesamt 1985: Bevölkerung gestern, heute und morgen, Mainz

Sternlieb, G./Hughes, J. W. (eds.) 1975: Post-Industrial America: Metropolitan Decline and Inter-Regional Job Shifts, New Brunswick/New York

Stoob, H. 1979: Frühneuzeitliche Städtetypen, in: H. Stoob (Hrsg.), Die Stadt – Gestalt und Wandel bis zum industriellen Zeitalter, Köln/Wien

Stromer, W. v. 1986: Gewerbereviere und Protoindustrien in Spätmittelalter und Frühneuzeit, in: H. Pohl (Hrsg.), Gewerbe- und Industrielandschaften vom Spätmittelalter bis ins 20. Jahrhundert, Stuttgart

Strubelt, W. (Hrsg.) 1985: Stadt und Umwelt, Umweltstrategien im Städtebau, Reihe »Seminare, Symposien, Arbeitspapiere« der Bundesforschungsanstalt für Landeskunde und Raumordnung, Heft 19, Bonn

Taubmann, W./Behrens, F. 1985: Wirtschaftliche Auswirkungen von Kulturangeboten in Bremen, Gutachten im Auftrag des Senators für Bildung, Wissenschaft und Kunst, Universität Bremen

Tessin, W. 1978: Stadtumbau und Umsetzung, in: Leviathan, 6.Jg.

Tenfelde, K. 1982: Großstadtjugend in Deutschland vor 1914. Eine historisch-demographische Annäherung, in: Vierteljahresschrift für Sozial- und Wirtschaftsgeschichte, 65.Bd.

Thompson, W. R. 1977: Interne und externe Faktoren in der Entwicklung der Stadtwirtschaft, in: D. Fürst (Hrsg.), Stadtökonomie, Stuttgart/New York

Thürmer-Rohr, G. 1974: Zur vermeintlichen und sozialen Bedeutung von Milieu, in: ARCH+, Nr. 23

Trespenberg, U./Voosholz, U. 1984: Unternehmenszonen: Ein neues Instrument der Stadterneuerung in Großbritannien und in den USA; Schriftenreihe »Städtebauliche Forschung« des BMB, Heft 03.105, Bonn

Türke, K. 1983: Stadtentwicklung in den USA, in: Raumforschung und Raumordnung, 41.Jg.

Uhlig, G. 1977: Stadtplanung in der Weimarer Republik: Sozialistische Reformaspekte, in: Wem gehört die Welt – Kunst und Gesellschaft in der Weimarer Republik, Neue Gesellschaft für bildende Kunst, Berlin

Vernon, R. 1966: International Investment and International Trade in the Product Cycle, in: The Quarterly Journal of Economics, Vol. LXXX

Voesgen, H. 1987: Bedürfnis und Widerspruch – Eine Kritik des Rationalitätsanspruchs in der Bedürfnisforschung, Frankfurt/Bern/New York

Vonderach, G. 1980: Die ›neuen‹ Selbständigen. Zehn Thesen zur Soziologie eines unvermuteten Phänomens, in: Mitteilungen zur Arbeitsmarkt- und Berufsforschung, 13.Jg.

Wagner, M./Droth, W./Dangschat, J. 1983: Räumliche Konsequenzen der Entwicklung neuer Haushaltsstrukturen, unveröff. Ms. (TU Hamburg-Harburg)

Welzk, S. 1986: Boom ohne Arbeitsplätze, Köln

Winkelhage, F. 1982: Wirkungen neuer Medien auf Arbeitsteilung und Arbeitsabläufe in Wirtschaft und Verwaltung, in: Informationen zur Raumentwicklung, Heft 3/1982

Wirth, L. 1974: Urbanität als Lebensform, in: U. Herlyn (Hrsg.), Stadt- und Sozialstruktur, München

Wollmann, H. 1974: Das Städtebauförderungsgesetz – für wen?, in: Leviathan, 2.Jg.

Wupper, H./Schrooten, F./Krummacher, M. 1986: Umbruch der Stadt – z.B. Bochum, Bochum

Young, M./Willmott, P. 1957: Family and Kinship in East London, London

Zang, G. (Hrsg.) 1978: Provinzialisierung einer Region – Zur Entstehung der bürgerlichen Gesellschaft in der Provinz, Frankfurt/M.

Zapf, K. 1969: Rückständige Viertel. Eine soziologische Analyse der städtebaulichen Sanierung in der Bundesrepublik, Frankfurt/M.

Soziologie, Ethnologie, Anthropologie
in der edition suhrkamp

305/1/2.92

Soziologie, Ethnologie, Anthropologie
in der edition suhrkamp

305/2/2.92

Soziologie, Ethnologie, Anthropologie
in der edition suhrkamp